普通高等教育"十三五"规划教材

大学生创新创业基础

杜　彬　谢建平　主　编

中国农业大学出版社
·北京·

内 容 简 介

大学生创新创业教育以全新的教育理念和人才培养模式在促进大学生就业和社会经济发展中发挥了重要作用。本书力图针对高校教学实际和学生特点，贯彻“精品化、课程化、实训化、教材化”的原则，通过建构大学生创业的知识体系，从知识、技能、态度和理念四个层面，着力把学生培养成为创新创业人才。

图书在版编目(CIP)数据

大学生创新创业基础/杜彬，谢建平主编. —北京：中国农业大学出版社，2018.3
ISBN 978-7-5655-1948-2

Ⅰ.①大… Ⅱ.①杜…②谢… Ⅲ.①大学生-创业 Ⅳ.①G647.38

中国版本图书馆 CIP 数据核字(2017)第 295124 号

书　名 大学生创新创业基础
作　者 杜　彬　谢建平　主编

策划编辑 孙　勇　　**责任编辑** 王笃利
封面设计 郑　川
出版发行 中国农业大学出版社
社　址 北京市海淀区圆明园西路 2 号　　**邮政编码** 100193
电　话 发行部 010-62818525,8625　　读者服务部 010-62732336
编辑部 010-62732617,2618　　出 版 部 010-62733440
网　址 http://www.caupress.cn　　**E-mail** cbsszs@cau.edu.cn
经　销 新华书店
印　刷 涿州市星河印刷有限公司
版　次 2018 年 3 月第 1 版　2018 年 3 月第 1 次印刷
规　格 787×1092　16 开本　16.75 印张　410 千字
定　价 42.00 元

编　委　会

主　编：杜　彬　谢建平

参　编：胡　迅　马　海　黎明艳　杨　洋

刘思妮　闫宇薇　赵野逸　马　刚

李　钰　尹媛媛　王文龙　侯希莲

严　妲

前　言

加快建设创新型国家，建立以企业为主体、市场为导向、产学研深度融合的技术创新体系，鼓励创业带动就业，是党的十九大提出的战略部署，是包括科技界、教育界在内的全社会的共同目标。高等学校是培养和造就大批高级专门人才和拔尖创新人才的重要基地，是体现国家综合实力的重要部分，在增强自主创新能力、推进创新型国家建设中具有不可替代的重要作用。

教材作为教学内容改革成果的重要体现形式之一，在高校创新创业人才培养和创新创业教育改革中扮演着重要的角色。教材是体现教学内容和教学方法的知识载体，是进行教学的具体工具，也是深化教育教学改革、全面推进素质教育、培养创新人才的重要保证。本书为系统、有效地对大学生进行创新创业指导而编写，旨在培养学员善于思考、勇于探索的创新精神，敢于承担风险、挑战自我的进取意识，识别机会、快速行动并解决问题的实践能力，善于合作、诚实守信的道德素养，以及创造价值、回报社会的责任感。

本书的编写基于实际工作中对学生的情况掌握及相关调研情况，遵循理论与实践相结合的原则，将创新创业的理论知识与贴近大学生生活的实践案例有机融合，用通俗易懂的方式使学生对创新创业有系统的理解，突出创业活动的独特性、试验性和学习性，强调创业思维的培养和创业技能的提升，采用集体讨论、分头执笔、交叉修改的方式完成。

本书的部分内容引用了一些学者的著作和研究成果，特在此向这些作者表示衷心的感谢！本书的出版得到了中国农业大学出版社的积极支持与帮助，在此向出版社表示感谢！

限于作者水平，书中难免存在不妥之处，敬请读者批评指正。

编　者

2017 年 10 月 23 日

目　　录

Chapter 1

第一章 创新概述

学习目标

- 了解创新的含义与特征。
- 掌握创新的类型。
- 了解我国大学生自主创新的现状。
- 树立创新的信心。

案例导读

不断创新，坚持“精英陪伴式教育”的掌门1对1

在线教育行业的浪潮中，两三年的时间足够经历一场腥风血雨。在这期间，那些定位不准、经营不善的创业公司最终会倒下。而作为一家面向全国中小学生的1对1在线辅导创业公司，掌门1对1在不到两年的时间里将用户规模拓展到数十万、体验店覆盖线下十余座城市，它究竟是有怎样的“独家秘籍”？而它的“掌门人”张翼又经历了怎样的创业之路呢？(摘自新浪教育)

回顾掌门1对1的发展路径，在2014年资本和创业者纷纷转向在线教育和O2O教育的时候，掌门1对1坚持做偏重的B2C模式。掌门1对1的前身是“掌门教育”，2009年由张翼在上海交通大学上学期间创办，有5年线下教育培训的背景，当时因为有线下扩张效率低等弊端，张翼开始转型做线上。虽然是在线教育，但张翼一直认为掌门1对1做的是B2C的生意。张翼不仅重视对线上技术工具的开发，也很重视对师资、教研方面的研发。在教学工具方面，掌门1对1自主研发了一套1对1直播教学系统，支持PC、iPad、手机端、电视端多屏上课；在师资方面，掌门1对1旗下教师达到2万，均来自清华、北大、复旦等全国一流的名校，并自主研发了超过2万套教研材料。张翼曾说，影响孩子学习的决定性因素包括三方面，第一是孩子自身的能力，第二是学习的态度，第三是学习的动力，而学霸老师能在学习动力方面给孩子起到关键的榜样作用。

此外，张翼还在2015年底的时候尝试探索线下体验店的模式。在掌门1对1B轮融资时，张翼曾说1对1在线教育发展到后期有一个悖论，纯互联网模式的获客优势逐渐下降，成本逐渐增加。而线下体验店模式，随着规模的扩张，并不会出现获客成本攀高的问题，成本结构比较稳定，所以它可以维持企业在扩张过程中的良性发展。同时，线下体验店可以提高用户体验，在线下试听后可直接线上报名，付费上课，为线上导流。2017年7月5日，在线教育公司“掌门1对1”获得C+轮融资，本轮融资由任泉、李冰冰、黄晓明等一众明星创办的Star VC投资，并且张翼宣布掌门1对1的单月营业额已经突破1亿。

张翼成立掌门1对1的初衷是想让二三四线城市的孩子也能享受到一线的教师资源，缓解地区教育资源不公平的矛盾。截至目前，掌门1对1注册学员接近200万，覆盖全国超过500个城市。（摘自创业邦）

第一节 创新的概念、特征与原则

一、创新的概念

创新是指人们为了满足自身的需要，不断拓展对客观世界及自身的认知与行为，从而产生有价值的新思想、新举措、新事物的实践活动。

创新往往突破常规和原有的思维定式，是一种新的变革，能够产生新的发明，带来新的改变。在创业中，创新可以是产品结构、性能、外部特征等方面变革，也可以是造型设计、表现形式等方面的创造，还可以是业务内容方面的完善。

二、创新的特征

具体来讲，创新具有以下几个基本特征。

（1）目的性。任何创新活动都有一定的目的，这个特性贯穿于创新过程的始终。创新总是围绕解决某一问题而进行的，总是与完成某一任务相联系的。归根结底，创新的最终目的就是不断满足人类自身生存发展的需要。

（2）变革性。创新是对已有事物的改革和革新，是一种深刻的变革。故步自封、安于现状、不想变革，就不会有创新。

（3）新颖性。创新是对现有的不合理事物的抛弃，是革除过时的内容、确立新事物。在确立新事物的过程中所引入的新概念、新工艺或新产品等，与过去相比都具有新颖性。只有对原有的事物注入新的因素才能使其得以更新、发展和突破。

（4）价值性。创新的成果必须具有明显的、具体的价值，必须能够满足人们的某种需要，能够对促进经济社会的发展具有一定的效益；否则，创新也就失去了意义。

(5)发展性。创新是一个不断发展的过程，是创造新知识、应用新知识并不断发展知识的过程。对知识创造、应用、再创造、再应用的这种循环往复是人类创新永无止境、无限发展的客观规律。在知识经济时代，创造知识和应用知识的能力与效率将成为影响一个国家综合国力和国际竞争力的重要因素。

三、创新的原则

创新的原则就是开展创新活动所依据的法则和判断创新构思所凭借的标准。

1. 遵守科学原理原则

创新必须遵循科学技术原理，不得有违科学发展规律。因为任何违背科学技术原理的创新都是不能获得成功的。例如，近百年来，许多才思卓越的人耗费心思，力图发明一种既不消耗任何能量又可源源不断对外做功的“永动机”。但无论他们的构思如何巧妙，结果都逃不出失败的命运。其原因在于他们的“创新”违背了“能量守恒”的科学原理。

2. 社会评价原则

创新设想要获得最后的成果，必须经受走向社会的严峻考验。爱迪生曾说：“我不打算发明任何卖不出去的东西，因为不能卖出去的东西都没有达到成功的顶点。能销售出去就证明了它的实用性，而实用性就是成功。”在进行社会评价时把握住评价事物使用性能最基本的几个方面，然后在此基础上做出结论，主要包括：解决问题的迫切程度，功能结构的优化程度，使用操作的可靠程度，维修保养的方便程度，美化生活的美学程度。

3. 相对较优原则

创新不可盲目追求最优、最佳、最美、最先进。创新产物不可能十全十美。在创新过程中，利用创造原理和方法，获得许多创新设想，它们各有千秋，这时，就需要人们按相对较优的原则，对设想进行判断选择。运用该原则应着重考虑以下几方面：从创新技术先进性、创新经济合理性、创新整体效果上进行比较选择。

4. 机理简单原则

创新只要效果好，机理越简单越好。在现有科学水平和技术条件下，如不限制实现创新方式和手段的复杂性，所付出的代价可能远远超出合理程度，使得创新的设想或结果毫无使用价值。在科技竞争日趋激烈的今天，结构复杂、功能冗余、使用烦琐已成为技术不成熟的标志。因此，在创新的过程中，要始终贯彻机理简单原则。为使创新的设想或结果更符合机理简单的原则，可进行如下检查：新事物所依据的原理是否重叠，超出应有范围；新事物所拥有的结构是否复杂，超出应有程度；新事物所具备的功能是否冗余，超出应有数量。

5. 构思独特原则

我国古代军事家孙子在其名著《孙子兵法·势篇》中指出：“凡战者，以正合，以奇胜。故善出奇者，无穷如天地，不竭如江河。”所谓“奇”，就是“思维超常”和“构思独特”。创新贵在独特，创新也需要独特。在创新活动中，关于创新对象的构思是否独特，可以从以下几方面来考察：创新构思的新颖性，创新构思的开创性，创新构思的特色性。

6. 不轻易否定、不简单比较原则

不轻易否定、不简单比较原则是指在分析评判各种产品创新方案时应注意避免轻易否定的倾向。在飞机发明之前,科学界曾从"理论"上进行了否定的论证;过去也曾有权威人士断言,无线电波不可能沿着地球曲面传播,无法成为通信手段。显然,这些结论都是错误的,这些不恰当的否定之所以出现是由于人们运用了错误的"理论",而更多的不应该出现的错误否定,则是由于人们的主观武断,给某项发明规定了若干用常规思维分析证明无法达到的技术细节的结果。

在避免轻易否定倾向的同时,还要注意不要随意在两个事物之间进行简单比较。不同的创新,包括非常相近的创新,原则上不能以简单的方式比较其优势。不同创新不能简单比较的原则,带来了相关技术在市场上的优势互补,形成了共存共荣的局面。创新的广泛性和普遍性都源于创新具有的相容性。如市场上常见的钢笔、铅笔就互不排斥,即使都是铅笔,也有普通木质的铅笔和金属或塑料杆的自动铅笔之分,它们之间也不存在排斥的问题。

以上是在创新活动中要注意并需要切实遵循的创新原理和创新原则,这些均是根据千百年来人类创新活动成功的经验和失败的教训提炼出来的,是创新智慧和方法的结晶。它体现了创新的规律和性质,按创新原理和原则去创新并非束缚人的思维,而是把创新活动纳入安全可靠、快速运行的大道上来。

四、我国大学生创新现状

推进大众创业、万众创新,就是要通过加强全社会以创新为核心的创业教育,弘扬"敢为人先、追求创新、百折不挠"的创业精神,厚植创新文化,不断增强创新创业意识,使创新创业成为全社会共同的价值追求和行为习惯。但目前,我国创新创业理念还没有深入人心,创业教育培训体系还不健全,大学生的创新能力还比较弱,具体表现为以下几方面。

1. 好奇心强,但创新意识贫乏

大学生已不满足于现成的结论,具有强烈的好奇心,并对事物因果关系的规律性探索越来越感兴趣,独立思考和独立判断的能力开始逐步发展。但由于国家教育体制和其自身的原因,大学生的好奇心还没能尽快落实到具体行动上,尚缺乏创新的意识和投身于实践的勇气。

2. 有创新热情,但创新精神不足

在"大众创业,万众创新"的时代,随着国家和地方对大学生创新创业的积极支持和教师的积极引导,大学生有了一定的创新热情。但由于缺乏对社会的全面了解,很多大学生没有明确的创新目标,这使他们虽然不满足于现状,但往往只是牢骚满腹、唉声叹气,缺乏行动的信心和积极创新的精神。

3. 思维敏捷,但缺少创新思维方法

大学生一般在20岁左右,正处于人的思维创造能力发展的重要阶段,随着知识和经验的不断积累,其想象力、思维能力,尤其是逻辑思维能力,有了很大程度的发展,思维也较敏捷。但由于他们的知识面不够宽广和缺乏实践经验,他们的思维方式比较单一,在思考问题时缺乏灵活性和全面性。

4. 具有一定的创新想法，但缺乏创新技能

如今，大学生对创新已有了一定的认识，且希望在学习中产生新思想与新理论，积极寻找新的学习方法。但由于学校创造性学习的条件局限及大学生自身不去创设和充分利用学校的条件，大多数大学生往往不能把握本学科最新发展的动态，而常常是闭门造车，不去向知识和经验丰富的教师或能力较强的学生请教，不重视相关学科的知识迁移等，导致其创新技能缺乏，这限制了大学生创新能力的进一步发展。

第二节　创新类型与创新过程

创新虽有大小层次之分，但无领域范围之限。从不同角度可以对创新做出不同类型的划分。

一、创新的分类

(一)根据创新的性质划分

1. 原始创新

原始创新是指前所未有的重大科学发现、技术发明、原理性主导技术等创新成果。原始性创新意味着在研究开发方面，特别是在基础研究和高技术研究领域取得独有的发现或发明。原始性创新是最根本的创新，是最能体现智慧的创新，是一个民族对人类文明进步做出贡献的重要体现。

2. 集成创新

集成创新是利用各种信息技术、管理技术与工具等，对各个创新要素和创新内容进行选择、集成和优化，形成优势互补的有机整体的动态创新过程。集成创新强调灵活性，重视质量和产品多样化。

现代企业集成创新以提高企业持续的整体竞争力为目标，创新过程与创新资源创造性地集成与协同。虽然集成创新的概念还没有一个非常准确的定义，但无论何种表述都一致认为，集成创新的主体是企业，集成创新的目的是有效集成各种要素，在主动寻求最佳匹配要素的优化组合中产生“1＋1＞2”的集成效应。

3. 引进、消化吸收再创新

引进、消化吸收再创新是最常见、最基本的创新形式。其核心概念是利用各种引进的技术资源，在消化吸收基础上完成重大创新。它与集成创新的相同点在于，都是以已经存在的单项技术为基础；不同点在于，集成创新的结果是一个全新产品，而引进、消化吸收再创新的结果，是产品价值链某个或者某些重要环节的重大创新。引进、消化吸收再创新是各国，尤其是发展中国家普遍采取的方式，这也是我国最为薄弱的环节之一。

(二)根据创新的内容划分

1. 理论创新

理论创新是指人们在社会实践活动中，对出现的新情况、新问题做新的理性分析和理

性解答，对认识对象或实践对象的本质、规律和发展变化的趋势做新的揭示和预见，对人类历史经验和现实经验做新的理性升华。简单地说，就是对原有理论体系或框架的新突破，对原有理论和方法的新修正、新发展以及对理论禁区和未知领域的新探索。

2. 制度创新

制度创新是指在人们现有的生产和生活环境条件下，通过创设新的、更能有效激励人们行为的制度、规范体系来实现社会的持续发展和变革的创新。所有创新活动都有赖于制度创新的积淀和持续激励，通过制度创新得以固化，并以制度化的方式持续发挥着自己的作用，这是制度创新的积极意义所在。

制度创新的核心内容是社会政治、经济和管理等制度的革新，是支配人们行为和相互关系的规则的变更，是组织与其外部环境相互关系的变更，其直接结果是激发人们的创造性和积极性，促使不断创造新的知识和社会资源的合理配置及社会财富源源不断地涌现，最终推动社会的进步。

3. 科技创新

科技创新是指创造和应用新知识和新技术、新工艺，采用新的生产方式和经营管理模式，开发生产新产品，提高产品质量，提供新的服务的过程。按钱学森开放的复杂巨系统理论的分类，科技创新包括三类：知识创新、技术创新以及现代科技引领的管理创新。从微观上讲，科技创新有助于企业占领市场并实现市场价值，从而提升企业核心竞争力乃至区域竞争力；从宏观上讲，科技创新能推动技术的创新发展，促进整个社会生产力的提高，同时减少环境污染，满足社会需求，解决社会问题。

经典案例

“i驾车”领跑自主学车新风潮

肖军森，我校2014级动物科学专业本科生。大二开始创业“i驾车”驾考App，现任成都市彦诚网络科技有限公司COO。不久前，作为川农第一人喜获“2016全国大学生创业英雄百强”称号。他说：“我怀揣着我的农业梦想，所以我来到了农大。”

当时大二的肖军森，萌生出创建一个自助学车App的念头，可以解决现在学车难、考证难的问题，同时又能保证学车质量。于是他联合有创业想法的朋友筹集创业资金，聘请专业的软件编辑人才来开发这样的App。这是一款叫“i驾车”的App，运用“互联网+驾校”的模式实行自主学车，是一种类似于“滴滴打车”和“淘宝”的模式。学员可以直接在手机上预约教练练车，按小时收费，学后可以在App上给教练评分留言。

在解决了资金和技术上的问题后，肖军森满怀希望地去寻求驾校的推广支持，却遭遇“闭门羹”——校长还没见面就拒绝了与他的合作。祸不单行，在他们在回校的路上却发生车祸，险些受伤。虽然让心情雪上加霜，却也因祸得福，校长被他们的真诚所感动，同意了见面。很快，肖军森获得校长认可，并通过校长的引荐认识到更多驾校的校长，逐渐与他们建立起合作关系，可以说是成功迈出了“万里长征的第一步”。

2015年5月，成都市彦诚网络科技有限公司诞生，并投入到“i驾车”App的开发和研究中，仅用三个月时间便实现平台上线，覆盖全成都。更幸运的是，他们的办公地点由“一张桌子几张椅子”变成了市中心天府广场的航天科技大厦。办公地点的改变离不开肖军森的“慧眼”。那是肖军森坐高铁回老家普通的一天，他无意间看见地铁传媒正响应国家号召，为创业者服务，寻找项目入住他们的孵化器，而报名截止时间就在第二天。时间紧迫，肖军森既惊讶又兴奋，在赶回家后迅速整理材料报名参加。在与六十名竞争对手比拼后，他们最终以前五名的身份成功迎来了地铁传媒的战略入股，不光“i驾车”的视频广告会登陆全成都的地铁线路，同时也拥有在地铁站增设自助驾校报名点的资格，这无疑大大增加了“i驾车”的推广力度，使得公司在短时间内得到快速发展。

如今，公司业务已覆盖了成都、重庆和武汉市，其App平台已拥有了1 100多个教练，在成都达到了平均每一公里就有一个教练的密度。有各大投资公司找上门来，出价最高的是投资3 000万元，但肖军森最终还是说服了整个团队，“这个App已经成了我们的‘孩子’，我想一直把它‘养大’。”（摘自四川农业大学新闻网）

4. 文化创新

文化不论在交流的过程中传播，还是在继承的基础上发展，都包含着文化创新的意义。文化发展的实质，就在于文化创新。文化创新，是社会实践发展的必然要求，是文化自身发展的内在动力。

文化创新可以推动社会实践的发展。文化源于社会实践，又引导、制约着社会实践的发展。推动社会实践的发展，促进人的全面发展，是文化创新的根本目的，也是检验文化创新的标准所在。

二、创新的过程

创新的“四阶段理论”是一种影响最大、传播最广，而且具有较大实用性的过程理论，由英国心理学家沃勒斯提出。该过程理论认为创新的发展分四个阶段：准备期、酝酿期、明朗期和验证期。

（一）准备期

准备期是准备和提出问题阶段。一切创新是从发现问题、提出问题开始的。问题的本质是现有状况与理想状况的差距。爱因斯坦认为：“形成问题通常比解决问题还要重要，因为解决问题不过牵涉数学上的或实验上的技能而已，然而明确问题并非易事，需要有创新性的想象力。”他还认为对问题的感受性是人的重要的资质，准备还可分为三步：对知识和经验进行积累和整理；收集必要的事实和资料；了解自己提出问题的社会价值，能满足社会的何种需要及价值前景。

（二）酝酿期

酝酿期也称沉思和多方思维发散阶段。在酝酿期要对收集的资料、信息进行加工处理，探索解决问题的关键，因此常常需要耗费很长时间，花费巨大精力，是大脑高强度活动时期。这一时期，要从各个方面，如前面讲到的纵横、正反等去进行思维发散，让各种设想在头脑中反复组合、交叉、撞击、渗透，按照新的方式进行加工。加工时应主动地使用创造方法，不断选择，力求形成新的创意。著名科学家彭加勒认为：“任何科学的创造都发端于选择。”这里的选择，就是充分地思索，让各方面的问题都充分地暴露出来，从而把思维过程中那些不必要的部分舍弃。创新思维的酝酿期，特别强调有意识的选择，富有创造性的人就注意选择，所以，彭加勒还说："所谓发明，实际上就是鉴别，简单说来，也就是选择。"

为使酝酿过程更加深刻和广泛，还应注意把思考的范围从熟悉的领域扩大到表面上看起来没有什么联系的其他专业领域，特别是常被自己忽视的领域。这样，既有利于冲破传统思维方式和"权威"的束缚，打破成见，独辟蹊径，又有利于获得多方面的信息，利用多学科知识"交叉"优势，在一个更高层次上把握创新活动的全局，寻找创新的突破口。有时也可把思考的问题暂时搁置一下，让习惯性思维被有意识地切断，以便产生新思维。再有，灵感思维的诱发规律告诉我们，大脑长时间兴奋后有意松弛，有利于灵感的闪现。酝酿期的思维强度大，困难重重，常常百思不得其解，屡试难以成功，"山重水复疑无路"却又欲罢不能。此时良好的意志品质和进取性性格就显得格外重要，因为这是酝酿期取得进展直至突破的心理保证。创造性思维的酝酿期通常是漫长和艰巨的，也很有可能归于失败。但唯有坚持下去，方法对头，才能充满希望。

(三)明朗期

明朗期即顿悟或突破期，寻找到了解决办法。明朗期很短促、很突然，呈猛烈爆发状态。久盼的创造性突破在瞬间实现，人们通常所说的"脱颖而出""豁然开朗""众里寻他千百度，蓦然回首，那人却在灯火阑珊处"等都是描述这种状态的。如果说"踏破铁鞋无觅处"描绘的是酝酿期的话，"得来全不费功夫"则是明朗期的形象刻画。在明朗期，灵感思维往往起决定作用。

这一阶段的心理状态是高度兴奋甚至感到惊愕，像阿基米德那样因在入浴时获得灵感而裸身狂奔，欣喜呼喊："我发现了！我发现了！"虽不多见，但完全可以理解。

(四)验证期

验证期是评价阶段，是完善和充分论证阶段。突然获得突破，飞跃出现在瞬间，结果难免稚嫩、粗糙甚至存在若干缺陷。验证期是把明朗期获得的结果加以整理、完善和论证，并且进一步得到充实。创新思维所取得的突破，假如不经过这个阶段，创新成果就不可能真正取得。论证一是理论上验证，二是放到实践中检验。

验证期的心理状态较平静，但需要耐心、周密、慎重，不急于求成和不急功近利是很关键的。

思考题

(1)简述创新的含义。

(2)简述创新的特征。

(3)简述创新的类型。

(4)简述创新的过程。

实训与操作

1. 实训目的

通过搜集和阅读与创新相关的案例，初步了解创新的相关概念，锻炼学生收集分析资料、团队合作和口头表达能力。

2. 实训内容

以小组为单位,通过网络搜集创新案例。选择小组成员认为与本专业学生实际情况最相近的创新案例,小组代表以个人陈述的方式将该案例介绍给全班同学。分析指出本组所陈述的案例中创新成功或失败的主要原因,在校大学生可以从中吸取哪些经验或教训。

3. 实训组织与实施

(1)教师布置实训项目及任务,并提示相关注意事项及要点。

(2)将班级成员划分为4~5个小组。小组成员既可以自由组合,也可以由教师指定组合。小组人数视班级总人数而定。每组选出组长1名,案例陈述代表1名,案例总结代表1名。

(3)以小组为单位,通过网络搜集创新案例若干。仔细阅读案例资料,充分展开讨论(课堂讨论或课外讨论均可)。选择其中最有启发性的案例作为实训的陈述对象。

(4)陈述之前,小组组长对本组的成员及各自承担的任务进行介绍,案例陈述代表以PPT形式进行案例陈述。

(5)自由讨论期间允许并鼓励其他小组成员提问,该组成员做出有针对性的解答。

(6)案例总结代表进行案例总结。

(7)各组组长组成评审团,对各组的表现进行评分。

(8)教师进行最后总结及点评,并分条进行评分。

Chapter 2

第二章 创新精神

学习目标

- 了解创新精神的内涵与特征。
- 掌握创新精神的基本构成。
- 掌握大学生创新精神培养的要点。

案例导读

海尔的创新精神

海尔总裁张瑞敏在中国企业家论坛首届弥勒论坛上谈到了海尔的创新精神。他认为企业的成功取决于企业家的管理创新,而难就难在一个战略成功之后,往往有个思维定式,很难转向另外一个更高层次的战略,往往用过去的一个成熟战略思维定式再来做新的工作,很难做好。作为海尔自己的理念,海尔只有创业没有守业,不断挑战新的领域,挑战新的机遇。

1. 创新的目的是为顾客创造价值,满足顾客就有市场

企业的创新目的是为用户创造价值,因为用户所要的不是一个产品,而是要解决问题的方案。例如,洗衣服并不是非要洗衣机,一点儿脏衣服没必要买那么一个大家伙回家。如果不用水能洗净衣服,没有人愿意再用水洗衣服。最重要的是要知道用户到底需要的是什么。最近新疆一家企业做了很畅销的产品,就是荞麦皮的枕头,但是荞麦皮没有办法用洗衣机洗,一洗荞麦皮就都漂起来,弄得到处都是。于是有人发明了荞麦皮清洗袋,用有一定厚度又透气的网眼布,机洗不易打散,又可以起到过滤的作用。同时,因为只有平铺晾晒荞麦皮才会容易干,于是发明者做了一个带有小窗口的网眼袋把荞麦皮枕头变

成了一张荞麦皮被，整个放到洗衣机里洗，整个放到衣架上晾晒，非常方便，而且不会弄得到处都是。你只要抓住了企业创新的目的是为顾客创造价值，满足这个需求，就一定有市场。

企业存在的目的就是创造顾客，如果不能创造顾客，这个企业不可能存在。好的公司是满足需求，伟大的公司是创造市场。要主动去创造市场，而不是被动适应用户的要求。中国家电业战争价格战打得非常激烈，很多行业几乎全行业亏损。我想我们提出一个原则，要打价值战，而不是价格战。打价格战可能再发展的时机不会再有，打价值战就是要创造用户价值，了解到用户有什么需要，再来满足。

2. 组织创新

对于组织创新，我们搞个市场流通链再造。波特有个著名的价值链：企业所有活动都要和市场紧紧连在一起，把原来企业的金字塔式结构由纵向信息流动变成横向信息流动，使每个人直接面对市场，改变了以前企业的上下级关系，现在上下级的关系变成了用户关系，而在原来的企业中是职能的关系，现在把职能关系变成服务关系。原来科研开发人员开发出产品就可以拿到收入，现在开发产品之后所有的投入都算是对企业的负债，产品开发出来卖到市场，市场的销售利润决定你的提成。如果没有利润就没有收入，每个人不是在实验室里面冥思苦想，而是要到市场上了解客户的需求，这样就打通了很多程序，现在你自己要一干到底，对全程负责。

我们在1998年正式提出了市场链的流通再造。现在的情况是每个人都成了企业的老板，每个人都成了经营者。现在如果企业亏损，或者是企业没亏损的时候但已经出现了亏损苗头，但没有一个员工可以对此付费，只有企业付费，这样是不对的。我们是把企业的经营指标落实到每个人身上，每个人都要直接面对市场，这样，每个人就会根据他的市场目标去创造价值。

3. 每个企业都要面对三个大问题

每个企业有三张报表，把三张表结合在一起，就像经营一个小公司一样来经营。一个采购人员的采购价格要低，质量要好，而且送料要及时。如果出现问题就算你亏损，如果有了盈利，你从盈利当中可以提到你应得的收入。

现在很多企业搞着搞着就亏损了，家电行业里面亏损的企业很多。我认为每个企业都要面对以下三个大问题：库存、应收账款、不良品。空调企业也好，彩电企业也好，库存量都非常大，大家为什么积极降价？价格战的动力应来自库存压力。一般情况下，空调市场过了7月15日后有库存，再想卖会很难，这就迫使大家五六月的时候只要卖得出去就卖，价格战也就由此而产生了。空调价格已经出现六百块钱一台的情况了，而一个空调压缩机差不多就要400元，这种情况极不正常，而家电行业库存是降价的一个重要诱因。

再一个就是应收账款。我看到过一个资料，中国现在的库存是4万亿元人民币，而中国一年的GDP只有10万亿元，库存占GDP的比例相当高，谁都不敢动这块，一动就是亏损，就是个大窟窿。

不良品的概念现在已经改变了，过去干得不好那就是不好，现在顾客不要的或者无理由退货那也是不良资产，这三块对企业来讲是非常大的问题，怎样消灭这三座大山，如果消灭不了企业就没办法生存。

我们现在把所有的指标落实到每个人，说起来很容易，但做起来很难，但我们已做了五年，从1998年到2008年做十年，我认为也非常可能。把所有指标量化下来，而且储存到计算机里面，要分给每个人。如果不分给每个人，做企业做来做去就像搞政治运动一样。

4. 企业文化的创新

企业文化应该是没有国界的，企业文化的创新意识不管是哪个国家的人都是能够接受的。瑞士洛桑MD讲海尔的案例，当时下面坐的都是欧洲各类大公司的老总，大家都觉得企业做来做去，没有规模不行，但大企业扯皮、办事效率低也是个很大的问题，这方面大家都有同感，我们的企业文化是大家接受的。我们在美国设立个工厂，一开始把中国工厂的办法拿过去。管理方法是挂起三张脸，干得好的就是笑脸，干得一般的就是不哭也不笑，干得不好的就是哭脸。美国人说这个不行，美国人不能接受，这有可能侵犯人权，笑脸可以，但哭脸不行。我们说你可以用别的方式，但是必须要分出谁好谁坏，美国人能不能接受这个观点？结果是可以接受。他们到商店买了两个玩具，一个是大熊一个是猪，谁干得好放一个熊，谁干得不好放一个小猪，这样的做法美国人可以接受。有些创新理念是共通的，但是表现形式可以在不同国家、不同文化氛围下采取不同的手段。

海尔文化里面有一个概念，是画一幅漫画，谁画得好就把漫画拿出来，大家共同参与。这个方式已经被日本神户大学作为MBA的教学案例。在美国我们用这个办法，美国员工也能接受，大家都明白根据质量要求，1%的缺陷会造成用户99%的危险。（摘自文档库）

第一节 创新精神的内涵与特征

创新精神作为一种奋发向上、积极进取、追求进步、建功立业的精神状态，充分体现着一个民族自强不息的坚定意志，展现着一个社会蓬勃发展的强劲势头。了解创新精神的内涵和特征，将有助于我们科学地理解和培养创新精神。

一、创新精神的内涵

创新精神是指要具有能够综合运用已有的知识、信息、技能和方法，提出新方法、新观点的思维能力和进行发明创造、改革、革新的意志、信心、勇气和智慧。

创新精神是一个国家和民族发展的不竭动力，也是一个现代人应该具备的素质。

创新精神属于科学精神和科学思想范畴，是进行创新活动必须具备的一些心理特征，包括创新意识、创新兴趣、创新胆量、创新决心，以及相关的思维活动。

创新精神是一种勇于抛弃旧思想、旧事物、创立新思想、新事物的精神。例如，不满足已有认识（掌握的事实、建立的理论、总结的方法），不断追求新知；不满足现有的生活和生产方式、方法、工具、材料、物品，根据实际需要或新的情况不断进行改革和革新；不墨守成规(规则、方法、理论、说法、习惯),敢于打破原有框框,探索新的规律、新的方法;不迷信书本、权威,敢于根据事实和自己的思考,同书事和权威质疑;不盲目效仿别人的想法、说法、做法,不人云亦云,唯书唯上,坚持独立思考,说自己的话,走自己的路;不喜欢一般化,追求新颖、独特、异想天开、与众不同;不僵化、呆板,灵活地应用已有知识和能力解决问题……都是创新精神的具体表现。

创新精神是科学精神的一个方面,与其他方面的科学精神不是矛盾的,而是统一的。例如,创新精神以敢于摒弃旧事物、旧思想,创立新事物、新思想为特征,同时创新精神又要以遵循客观规律为前提,只有当创新精神符合客观需要和客观规律时,才能顺利地转化为创新成果,成为促进自然和社会发展的动力;创新精神提倡新颖、独特,同时又要受到一定的道德观、价值观、审美观的制约。

创新精神提倡独立思考,不人云亦云,并不是不倾听别人的意见、孤芳自赏、固执己见、狂妄自大,而是要团结合作、相互交流,这是当代创新活动必不可少的方式;创新精神提倡胆大、不怕犯错误,并不是鼓励犯错误,只是出现错误认知是科学探究过程中不可避免的;创新精神提倡不迷信书本、权威,并不反对学习前人经验,任何创新都是在前人成就的基础上进行的;创新精神提倡大胆质疑,而质疑要有事实和思考的根据,并不是虚无主义地怀疑一切……总之,要用全面、辩证的观点看待创新精神。只有具有创新精神,我们才能在未来的发展中不断开辟新的天地。

二、创新精神的特征

具体来说,创新精神具有以下几个特征。

(1)综合性。综合性反映了创新精神内涵的丰富性和结构构成的多重性。创新精神不是单一的某种创新因素,而是因素集合,是一个完整的结构。这种综合性表明了它作为素质教育重点的适切性。

(2)关联性。所谓关联性,包含两层意思:一是创新精神的外部关联性,指的是创新精神的构成因素是指与创新活动、成果、创新主体最直接相关的因素。这种关联性提供了一种限定,也给研究和实践提供了一种便利。二是内部关联性,是指创新精神内部构成因素之间具有密切的相互依存、影响、促进的关系,在相辅相成的关系中,统一于一体,构成一个整体。

(3)发展性。创新精神不是天生的,虽然与生理遗传密切相关,特别是特殊领域的创新,如音乐、美术、运动等,但其真正实质性的发展,则是后天的。所以,创新精神具有可发展性。

经典案例

三年重构花卉供应链,宜花科技荣超

宜花科技创始人兼 CEO 荣超,江湖人称“十三哥”,曾任大唐电信副总裁、高鸿商城董事长,25 年程序设计经验,国家“863”项目骨干路由器软件研发工程师,华中科技大学计算

机本科，清华大学 MBA，中国人民大学经济学博士，选择创业后平均起床时间在凌晨 3∶45，号称中国创业公司起床榜前三名。

"十三哥"说："罗马显然不是一天建成的，2008 年大家还认为京东是一家卖 3C 的网站。创业者一定要选对路径，梦想才不会破灭。"宜花成立之初，做的是鲜花 B2C 电商平台，直接卖花给消费者，鲜花成本低、售价高，之间的差价让"十三哥"觉得鲜花电商是可行的。但在实际操作过程中，却有很多痛苦，鲜花质量始终没法保证，货品参差不齐，后来他干脆去原产地采购。而宜花选择供应链作为切入口，只因曾经"两万支玫瑰毁于一旦"。2014 年七夕，"十三哥"去云南买了整整两万支鲜花，准备到北京销售，结果由于中间流转环节的问题，这些鲜花晚到两天，发霉腐烂，全部报废。这些购花经历让他体会到了鲜花行业中，供应链之低效和不可控急需改善。有人选择从花卉品牌开始，有人选择从花卉产品开始，宜花则选择了从花卉供应链流通环节切入花卉领域。

重整供应链后，宜花把每个区域原来需 1 000 多人的供应链改造成了剩下 20 多人的团队，鲜花的运输损耗率从 29%左右降到了不到 3%，运费降低了 48%，而宜花的花期也从市场上的 3～4 天平均水平，提升到 10 天以上。效率的提升带来的是销量的提升，从宜花对外公开的数据来看，2015 年，宜花共卖出 2 亿支花，在刚刚过去的 2017 年520 当日，宜花卖出 2 400 万支玫瑰。同时，宜花还为农民增收了多达 2 000 万元，节约了 2 000 万个小时不必要售卖时间，帮助花店节约 730 万个小时并为他们节约了 3 000 万元的成本。宜花正是选择了供应链这个正确的切入口，结构化的变革带来了可观的变化，这种变化才会深刻地影响整个行业。

市场会变，但持续的创新不会。找到最佳的模式，在适当的时机，以适当的方法进场，做一家清醒的、花卉行业的领跑者。而这一切，宜花只用了不到 3 年。（摘自创业邦）

第二节 创新精神的构成要素

创新精神是一个综合体，它由多个要素构成，这些要素相辅相成、互相依存、缺一不可。创新精神主要由勇于探索的精神、艰苦奋斗的精神和乐于奉献的精神三部分构成。其中，勇于探索的精神是创新精神的核心，艰苦奋斗的精神是创新精神的保障，乐于献身的精神是创新精神的依托。

一、勇于探索的精神

勇于探索精神是创新精神的核心，它可以从以下三方面来诠释。

1. 强烈的好奇心

好奇心是对客体的选择性态度。具有好奇心，就会很自然地受到未知世界的吸引，乐于施展才智以寻求答案。具有创新精神的人，往往有强烈的好奇心、旺盛的求知欲，酷爱探索和钻研。对客观世界有好奇心，才会产生观察事物、解决问题的兴趣，才能有志于探索和思考创新事物。

2. 稳定的兴趣

兴趣是成功的内在起点。当我们对客观世界的某些现象或问题产生浓厚的兴趣时，就喜爱观察和思考它们，从而产生旺盛的求知欲望，很想进行深入了解，追究原因，并做出解答。兴趣还能诱发和增强勇气和决心，从而使我们千方百计地去克服困难、排除障碍。

3. 旺盛的求知欲

求知欲是指追求某些现象发生的原因、探究客观事物变化的规律和寻求解决问题的办法的内心欲望。只有具备强烈的求知欲，才能有不畏困难、坚持探索、不达目的誓不罢休的雄心和勇气，而最终取得成功。求知欲是个体进行创新活动的开端，是影响个体创新能力的主要因素，也是创新型人才的基本特质。

拓展阅读

勇于探索，百度自动驾驶时代来临

当今世界，科技发展日新月异，新技术迭代加速，竞争愈发激烈。无人驾驶作为人工智能的一项应用，科技成果转化步伐加快。2017 年 7 月 5 日，在百度的 AI 开发者大会上，百度总裁陆奇公布了百度在自动驾驶领域的 Apollo 生态正式诞生，并宣布 Apollo 将向开发者正式开放。在百度 AI 开发者大会的现场，正在对 Apollo 计划进行介绍的陆奇突然将镜头切至场外，原来百度创始人李彦宏正在驾驶一辆百度和博世一起开发，基于 Apollo 技术的自动驾驶汽车，在前来参会的路上。陆奇表示，Apollo 的愿景是成为自动驾驶领域的 Android，并具备更高的开放度和更强的能力。

陆奇表示，Apollo 1.0 是一个重要的里程碑。百度开放了封闭场地循迹自动驾驶能力、自定位能力和端到端等非常有价值的数据。更为重要的是，Apollo 会快速地开放越来越多的能力，每周都会更新，每两个月左右都有新的版本和总体能力的提升。接下来百度的具体计划是，到今年 9 月份，Apollo 将会开放固定车道自动驾驶能力和开放部分的仿真引擎数据；到今年年底，Apollo 将开放一系列新的能力，使车辆能够在简单城市路况下，完成自动驾驶任务，同时会开放更多的数据及数据上传的接口；2018—2020 年，Apollo 会加强开发能力，加速开放速度，直到最后实现完全自动无人驾驶。

基于开放的 Apollo 生态，百度已经与全球 60 多家车企、超过 200 款车型进行合作，包括奇瑞、北京汽车、一汽解放、博世集团、大陆集团等。按照百度的构想，Apollo 生态正如手机的安卓一样，是一个开放的、完整的、安全的生态系统，将帮助汽车行业及自动驾驶领域的合作伙伴结合车辆和硬件系统，快速搭建一套属于自己的完整的自动驾驶系统。（摘自创业邦）

二、艰苦奋斗的精神

艰苦奋斗是一种不怕艰辛苦难而勇敢去战胜困难的精神。艰苦奋斗的精神要具有足够的自信心和顽强的意志力。

1. 足够的自信心

具备创新精神的人往往相信自己是更有创造性的。没有足够的自信，是很难大胆创新的。信心是胜利的起点，是产生勇气和实现雄心壮志的保证。

2. 顽强的意志力

意志是人自觉地确定目标，并支配行动去克服困难以实现预定目标的心理过程。顽强的意志是不可或缺的创新素质之一。

经典案例

杂交水稻之父——袁隆平

1960年，袁隆平成为湖南省安江农校的一名普通教师，除了教好课，他还有一个任务，就是在农业科研上做出些成绩来，为老乡们培育出高产量的好种子。袁隆平教过遗传育种、作物栽培等学科，在他看来，杂种优势是自然界中存在的普遍现象。然而，按照传统经典理论，水稻恰恰没有杂种优势，它是一种自花授粉作物，一株水稻只要一开花，雄花自然就会给同株上同时开放的雌蕊柱头授粉。难道水稻真的不能杂交？袁隆平有些不服气。1960年7月，袁隆平在安江农校实习农场早稻试验田里，偶然发现一株水稻植株与众不同。怀着好奇的心理，第二年春天，他把收获的这株种子播到试验田里，结果表明这是一株地地道道的天然杂交稻。这令袁隆平欣喜若狂，他当即决定跳出无性杂交学说的束缚，开始进行水稻的有性杂交试验。

然而，要找到天然雄性不育株却不是一件容易的事。袁隆平有恒心，一边教学一边继续试验。1964年7月，袁隆平在稻田里惊喜地寻找到一株天然雄性不育株，经人工授粉，结出了数百粒第一代雄性不育材料种子。1966年2月，袁隆平第一篇论文"水稻的雄性不孕性"在《科学通报》杂志上发表，首次提出了通过培育雄性不育系、保持系和恢复系的三系法培育杂交稻，以大幅度提高水稻产量。这一发现震动了整个农业界和科技界。袁隆平不仅思想开明，而且意识超前，他主张建立起分子育种室，并不遗余力地加强对人才的引进和培养，先后输送多名年轻科技人员出国或到香港深造。

在袁隆平的培养和影响下，不论是在他的研究中心，还是在全国杂交水稻技术攻关协作单位，已经形成了一支梯队结合、协同作战的杂交水稻技术队伍，肩负起将杂交水稻向纵深发展的重任。(摘自农博网)

三、乐于献身的精神

创新探索的道路上充满了矛盾和斗争。新理论、新观点、新产品的出现常常会遭到质疑、反对。拥有创新精神的人往往坚持真理，甚至献出了自己的生命。从心理学的角度来看，为真理而献身，是完善性格品质的最高表现。献身精神是智力因素与非智力因素的完美结合，反映了对科学的正确认识，对真理的追求，对科学无限的热爱，坚韧不拔的毅力，大无畏的勇敢精神和高度的牺牲精神。在创新的过程中，如同战斗一样，总会有人"负伤"，甚至"牺牲"。只有勇敢地坚持真理，勇于献身才能为科学创新做出重大贡献。

经典案例

用体温抵御寒冬，拥抱种子入眠，奇女子上海滩吹响“创业号角”

她种的草莓，被食品行业认为是最为挑剔的、只使用纯天然原料的哈根达斯品牌的冰激凌选用。她种“上海青”，直接供货给“湾仔码头”水饺，并为上海民众配送数十种优质根、茎、瓜、果、叶等高端有机产品。国际经济与贸易专业毕业生葛颖，2007 年毕业后只身到大上海闯荡，经历颇多周折后，终于在上海站稳了脚跟，承包了 50 多亩（1 亩≈667 m^2）土地进行有机水果和蔬菜的种植。目前，葛颖注册的上海七月云农业科技有限公司已经实现年销售额数百万元，今年在崇明岛租用了 200 亩地扩大蔬菜规模，年底即将投产，预计将实现年 1 500 万以上的销售额，四川农大学子在黄浦江畔吹响了“创业号角”。

为了保证作物更天然、安全，在种植上，她一直坚持自然的耕作方式。由于学的是国际贸易专业，她一开始就将信息管理、专业客户管理系统引入生产和管理的每一个环节。努力实践着“从农田播种，到蔬菜上桌”，每一个细节都有可追溯记录，确保客户食用的每颗蔬菜都是天然安全的。在扩大市场规模的时候，正遇上了上海的冬天，天气异常地寒冷，种子很难发芽，有经验的农户教给她说，晚上睡觉的时候要把一定要把种子揣在自己的怀中，用自己的体温让它先发芽再播种才能行。50 亩地至少需要 10 kg 左右的种子，而用体温催芽一次最佳的只有 50 g 左右，靠他们几个人最少需要 30 天左右的时间。为了保证较好的催芽率，在晚上睡觉前，她们几个就把泡在水里的种子分装在她才买回来的新丝袜里面，躺床上后，把心爱的种子塞在各自身体较温暖的怀里和腋下，抱着冰冷冰冷的种子入眠，农场设施不好，很冷，大家自身的体温也并不高，仅有的一点温度都给了种子，外面风呼呼地刮着，大家晚上实在冷得无法入睡，却丝毫不敢乱动，就讲笑话、唱歌，经过 30 多个漫漫长夜的坚持，直到一颗颗种子逐渐发芽。

如今葛颖成功获得中国青年创业国际计划（YBC）提供的创业资金，并成为中国青年创业国际计划项目上海站的重要成员，上海松江区、闵行区、崇明县的相关领导也被葛颖的创业经历深深打动，在各方面都给予了关心和帮助。“黎明已带我上路，我不能停下脚步，善良的人儿在为我祝福；黄昏已落下帷幕，其实我并不孤独，再多的苦我愿意付出！”她相信四川农大的创业者们能在创业的路上越走越远，越走越好。（摘自四川农业大学新闻网）

第三节　培养大学生创新精神

“中国梦”归根结底是人民的梦，为了实现“中国梦”，广大青年要奉献智慧和力量，让青春在时代进步中焕发出绚丽的光彩。改革创新精神已融入时代精神的核心，成为社会主义核心价值体系的要素之一。培养大学生的创新精神既是其自身发展进步的客观需求，也是国家重大战略的核心要求。

一、更新观念与优化内容

思想是行为的先导，正确的意识能够促进客观事物的发展。1919年，我国著名教育家陶行知先生第一次把“创造”引入教育领域。他在《第一流的教育家》一文中提出，要培养具有“创造精神”和“开辟精神”的人才，培养学生的创新能力对国家富强和民族兴亡具有重要意义。观念进步是行为改进的前提和基础，要想培养具有创新能力的创新型人才，就必须有创新观念的引入，就必须有创新精神的培养。

新时期的创新观念要牢固树立并充分体现以改革创新为核心的时代精神，紧紧围绕实现中华民族伟大复兴的“中国梦”，有效利用思想政治理论课提供的理论支撑和动力之源，要充分认识到创新精神是以改革创新为核心的时代精神的重要内容，时代精神是社会主义核心价值体系的重要元素，改革创新是实现中华民族伟大复兴的唯一途径。

高校在建构现代课程体系时，首先要改进课程教材。大学的思想政治课程教材要在与时俱进中不断丰富和完善社会主义核心价值体系的内容、以改革创新为核心的时代精神的内容和“中国梦”的内容，使之既高屋建瓴，又很接地气，融思想性、趣味性、实践性于一体，切实加强基础学科建设、综合学科建设，开辟多学科协调发展之路。其次要拓宽专业口径。大学生的年龄和实践经验差异很大，所处环境也不尽相同，他们在高考选择专业时的盲目性也很大。随着知识的积累和眼界的开阔，大学生的志趣会发生变化，对自我的了解和认识也会逐渐加深，因此高校要弱化具体的专业方向，按专业大类、学科门类设置课程体系，实施综合化的人才培养模式，这既有利于大学生创造性潜能的开发，又有利于大学生充分展示个性，发挥个性优势，进而培养自己的创新才能。

二、深化教学改革

构建开放式的教学模式，合理、科学地引进、借鉴国内外一切积极的教学因素，从内容到形式、从方式到方法都要有所开发。在教学上，要引用创新精神的事例，潜移默化地培养创新意识，增强课程内容的实践性，让学生独立解决问题，进而引领创新精神的培养。在课程教育的研究上，要继续加大投入力度，明确发展改革目标，使学生由善学变成乐学。

三、创新管理机制

管理机制创新以构建共享平台来保障实时进行，以持续开发来保证长远发展，以合理授权来激发创新才智，以优化激励来兑现价值，以开放兼容来实现才智融通，从而最大限度地激发人才的创新精神和创造活力。

第一，保障人才自由流通、自由发挥、自由创造。强化服务意识，推进简政放权，减少行政干预，打破简单依靠行政手段解决人才问题的惯性，构建新型人才人事管理制度。坚持事业为重、务实为要，根据人才所需所盼创新管理和服务，加强与人才的思想联系、工作联系和感情联系，建立帮扶成长成才和解决实际问题的长效机制，鼓励人才潜心研究，包容人才创新失败，让各类人才的创造激情和创新活力竞相迸发。

第二，在人才培养过程中，强调教育的适用性和实用性。根据社会和市场的实际需求，适时、适度调整学科专业设置，加强产学合作，实行开门办学，建立与企业和行业之间的密切联系，在教学的各个环节倾听和反映产业的需求，聘请有实践经验和理论功底的产业工程师任教，实行灵活多样的培养模式，培养学生的实践能力和工作技能。切实开展好非学历的大学后续教育，改变传统的高校成人教育以学历教育为主的情况，通过有效的继续教育满足大学后人员知识更新、职业流动和科技创新的需要，全面构建起终身学习的新体制。

四、提升综合素质

树立均衡发展的观念，注重文理渗透，人文素质教育要传授文学、历史、哲学等知识，以培养学生的历史感。在专业领域内增强创造力，使文科与理科相互指导，用哲学指导数学的大方向，用数学的思维促进对哲学的领会。文科与理科本身并没有优劣之分，它们都对社会发展和人类进步产生作用，只是理论侧重点不同。大学生创新精神的培养既需要理科的逻辑思维，更需要文科的敏捷意识；既需要系统性的构建，又要善于捕捉瞬间的灵感。文科与理科的交融和均衡发展为创新精神的培养提供了学科建设前提。

五、开发教育资源

促进创新资源高效配置，建设一批具有先进水平、对我国经济社会发展具有显著作用的科技基础设施、重要科研机构、重大创新能力建设项目和重点实验室等区域创新支撑平台。建设科研技术创新合作基地和高校产学研基地，促进深度合作与融合。加快开放式大学的建设步伐，积极开展多边和双边科技合作，开发并有效利用全社会的优质教育资源，形成资源共享的教育体制、和谐互济的运行机制，让社会资源的广阔平台承载、催生、铸造大学生的创新精神。

六、有效利用新媒体

新媒体传播具有便捷性和直观性。为此，学校要充分利用自身全方位覆盖、全过程渗透的网络教育体系，主动适应网络快速发展的新形势，充分发挥新媒体的积极作用，搭建好大学生教育、管理和服务的新平台，实现网络新媒体与学生教育和管理的紧密结合；充分利用网络教育资源，建立融趣味性、理论性、服务性于一体的主题教育网站，打造创新教育网络平台。

思考题

(1)什么是创新精神？

(2)创新精神的基本构成是什么？

(3)如何培养大学生的创新精神？

实训与操作

坚持艰苦奋斗

1. 实训目的

通过搜集并分析艰苦奋斗的案例，进一步明确坚持艰苦奋斗精神的重要性，懂得要实现个人理想必须发扬艰苦奋斗的精神，更能够在学习和生活中，继承和发扬艰苦奋斗精神。

2. 实训内容

(1)谈谈你对“成功=艰苦奋斗+正确方法+少说空话”这句话的理解。

(2)列举出我国艰苦奋斗的案例，并写出看完这些案例之后自己的收获。

(3)谈一谈在今后的学习、生活及未来的工作中，如何做到艰苦奋斗。

Chapter 3

第三章
创 新 意 识

学习目标

- 了解创新意识的内涵和作用。
- 了解创新意识的特征。
- 掌握创新意识的基本构成。

案例导读

全球最大的网络书店——亚马逊

亚马逊公司的崛起是一出典型的喜剧，剧中的主角、亚马逊的创办人杰夫·贝索斯30岁出头，创办亚马逊以前是萧氏企业(D. E. Shaw & Co)最年轻的高级副总裁。

1994年的一天，他上网浏览时发现了一个统计数字，网络使用人数每个月以2 300%的速度在成长。吃惊之余，他花了两个月的时间研究了网络销售业的潜力与远景，希望自己像微软一样，在IT行业取得成功，做网络浪尖上的弄潮儿。于是他做了个决定，辞掉现有工作，和他的妻子开着老式雪佛莱，跑到西部打算创立网络零售业。

贝索斯拟出了20种认为适合于虚拟商场销售的商品，包括图书、音乐制品、杂志、电脑和软件等，最后他逐一精简选择了图书网络营销。这里有3个原因：一是因为美国每年出版的图书有将近130万种，而音乐制品大约只有30万种；二是美国音乐市场已经由6家大的录制公司控制，而图书市场还没有形成垄断，而且每年图书行业的营业额能够达到250亿美元，全球每年出版的书籍更是多达300多万种，书籍零售有820亿美元的市场；三是读书是很多人的爱好，在国外有80%的人说读书是他们的业余爱好之一。因此，最后他选择了书籍作为网络销售的突破口，公司地点选择了西雅图，因为那里是书籍发行商英格拉姆(Ingram)的大本营。

1995 年 7 月,贝索斯在西雅图市郊贝尔维尤的一栋租来的有两个房间的屋子里,以 30 万美元投资创业,成立了亚马逊书店。他给书店取名为亚马逊,希望它能够像巴西的亚马孙河(又译亚马逊河)那样勇往直前。在将近两年时间里,亚马逊处于沉寂的状态,但两年之后亚马逊开始神话般崛起。在短短的半年时间里亚马逊完成了第一个目标,成为了全球最大的网上书店,从而改变了出版业的整个经济形态。从 1995 年 6 月到 1997 年 5 月,亚马逊在默默地进行着探索、积累,在 1997 年后半年完成了质的飞跃。那时的亚马逊,在那个领域里没有劲敌,原因很简单,这是个全新的市场,亚马逊是进入这个市场的第一人。(摘自创业邦)

第一节 创新意识的内涵和作用

在现实生活中,创新往往带有偶然性,给人一种可遇而不可求的感觉。其实创新并不是偶然的,尽管它在很大程度上存在着机遇问题,但是为什么有些人能够抓住机遇,而有些人却只能看着机遇从眼前白白溜走?其中最为重要的原因就是创新意识。

一、创新意识的内涵

创新意识是创新活动的起点和前提,离开了创新意识,一切创新活动都将无从谈起。所谓创新意识,是人们对创新与创新的价值性、重要性的一种认识水平、认识程度及由此形成的对待创新的态度,并以这种态度来规范和调整自己的活动方向的一种稳定的精神态势。创新意识总是代表着一定社会主体奋斗的明确目标和价值指向性,成为一定主体产生稳定、持久创新需要、价值追求和思维定式及理性自觉的推动力量,成为唤醒、激励和发挥人所蕴含的潜在力量的重要精神支持。

它是人类意识活动的一种积极的、富有成果性的表现形式,是人们进行创造活动的出发点和内在动力,是创造性思维和创造力的前提。

二、创新意识的作用

具体而言,创新意识的作用具有以下三方面。

(1)创新意识是决定一个国家、民族创新能力最直接的精神力量。创新意识推动社会生产力的发展。科学的本职就是创新,科学技术的每一次进步都是通过创新实现的。科学技术的迅猛发展对人类社会各个方面都产生了深刻而广泛的影响。创新更新了人们的生产工具和生产技术,提高了劳动者的素质,开辟了更广阔的劳动对象,推动了社会生产力的发展。

(2)创新意识促成社会多种因素的变化,推动社会的全面进步。创新意识根源于社会生产方式,它的形成和发展必然进一步推动社会生产方式的进步,从而带动经济的飞速发展，促成上层建筑的进步。创新意识进一步推动人的思想解放，有利于人们形成开拓意识、领先意识等先进观念。创新意识会促进社会政治向更加民主、宽容的方向发展，这是创新发展需要的基本社会条件。这些条件反过来又促进创新意识的扩展，更有利于创新活动的进行。

(3)创新意识促成人才素质结构的变化，提升人的本质力量。创新实质上确定了一种新的人才标准，它代表人才素质变化的性质和方向，它输出一种重要的信息：社会需要充满生机和活力的人、有开拓精神的人、有道德素质和现代科学文化素质的人。而创新意识能够促成人才素质的结构变化。因为创新意识使人有追求新颖事物和真知灼见的强烈欲望，不满现状，敢于大胆质疑、标新立异。正是因为有了创新意识，才会有发现创新可能的慧眼，为创新做好充分的准备和前提，并且实施创新活动。另外，创新意识是个体进行相关创新活动的内在指导力量。如创新过程中面临的路线选择、信息收集、价值判断等，而且由于创新过程中会遇到很多困难和不良情绪等，创新意识会通过动机、情感和意志等对创新实践进行调控，让创新向着目标前进。因此，创新意识客观上引导人们朝着这个目标提高自己的素质，使人的本质力量在更高的层次上得以确证。它激发人的主体性、能动性、创造性地进一步发挥，从而使人自身的内涵获得极大丰富和扩展。

经典案例

ofo 7 亿美元新融资，或将决定共享单车最终战局

一夜之间，单车不仅是最时髦的出行方式，更是最火爆的创业项目。30 多家共享单车涌现城市街头巷尾，甚嚣尘上的融资快讯也是见诸报端，一片欣欣向荣。然而，今年继 6 月 13 日“悟空单车”官方宣布退出共享单车市场，成为国内首家倒闭的共享单车企业之后，相隔仅 8 天，6 月 21 日，3Vbike 通过官方公众号发布公告，称由于大量单车被盗，3Vbike 共享单车从 2017 年 6 月 21 日起停运，短短半个月两家共享单车相继倒闭。但“第一个吃螃蟹”的 ofo 单车却势头正盛，今年 6 月 30 日，小黄人定制版“ofo 大眼车”正式发布，在北京国贸率先上线。

ofo 的创始人兼 CEO 戴威，2009 年就读于北京大学光华管理学院金融系本科，2013 年毕业以后跟随团中央支教团在青海大通县东霞镇，做了一年的数学老师，2014 年回到北大读硕士。2014 年与 4 名合伙人创立 ofo 共享单车，提出了“以共享经济＋智能硬件，解决最后一公里出行问题”的理念，创立了国内首家以平台共享方式运营校园自行车业务的新型互联网科技公司。长期来看，租一辆单车不比买车便宜，但双向流动给用户的行程规划带来不便。ofo 的创立初衷也是源自其本人的用户痛点，“每次早上从东门骑车出去，晚上从西门回来就懒得去拿车，我大学 4 年为此丢了 4 辆单车。”

如今 ofo 在全球共享单车市场的影响力，也得到了世界知名机构的公认，成为入选 Interbrand“2017 全球最具突破性品牌”、CB Insights“全球最具价值独角兽”等权威榜单的唯一共享单车品牌。近期 ofo 宣布完成 7 亿美元的 E 轮融资，刚好比摩拜多一亿美金，由阿里巴巴、弘毅投资和中信产业基金联合领投，滴滴出行和 DST 跟投。此次融资不仅打

破了摩拜单车的融资额度，甚至还创下了共享单车行业最高的融资记录。浩浩荡荡的共享单车市场在经过不断的搏杀和淘汰之后，整个市场上仅仅只剩下摩拜单车和 ofo 两家公司依然还在资本市场之中不断冲杀前进。最新数据显示，ofo 小黄车已连接了 650 万辆共享单车，累计向全球 150 座城市、超过 1 亿用户提供了超过 10 亿次的出行服务，日均订单量超过 2 500 万。（摘自搜狐科技）

三、创新意识和实践能力

创新意识和实践能力是人的精神发展的有机组成成分。它们都是人的本质属性的表现，是不可分割的。创新意识是在实践基础上产生的、在人的思想内的实践预演，既是过去实践的精神结果，又是即将开展的实践活动的准备。这种观念性的东西是否正确、是否符合实际需要，必须在实践过程中进行验证。

实践能力是实践主体在实践过程中逐渐形成的对目的、计划、方案等思想意识付诸行动的执行力，会对创新意识产生促进作用。

创新意识和实践能力都来自实践，同时对即将进行的实践具有促进作用。当代大学生只有具备创新意识和实践能力，才能适应快速发展的社会需要。

拓展阅读

贴心“柠萌”，刷“柜子”取早餐

宋何非是个“爱折腾”的人，就读于北京邮电大学的王牌专业通信工程。从大三开始，宋何非就在一家科技创业公司实习，从新媒体营销，到产品运营，接触到一片全新的领域。渐渐地，他萌生创业念头，想要在移动互联网的大潮中试试身手。然而，创业没有想象中那么容易，他开发的第一个项目，起初既缺乏“痛点”，更没有可持续的盈利模式。“我们没日没夜地修改，不断调整思路，终于拿出了较为成熟的产品，并获得了 2014 年‘赢在南京’青年大学生创业大赛第一名。”宋何非说，在这过程中，他学会了如何和小伙伴们进行团队合作，更对互联网创业有了清醒的认识。

2014 年 1 月，他决定暂时休学，全心全意创业，“柠萌”的创意应运而生。说起来简单，“打个比方，从火车站上地铁到新街口，想在新街口找点东西吃，这时，打开我们的 App，在里面选到自己喜欢的美食，下好单，到新街口时，便可以到店里直接取货，也可到‘柠萌’设在地铁里的中转站取货。”宋何非说，目前他们已经和 400 多家地铁商铺合作，覆盖南京所有地铁站，不出地铁站可以买到地铁全线和周边所有商铺的商品。

“柠萌”团队目前有 20 多人，虽然年轻，但个个都是牛人，“有曾经在 500 强工作的技术人员，还有原来拉手网的南京区总经理。”宋何非说，“柠萌”做送货只是开始，基于这一平台，未来还可以做很多延展性服务。“现阶段，我们团队全心打磨‘柠萌’的服务流程，给地铁乘客带来更加方便、快捷的购物体验。第二阶段，会把我们的标准服务输出给更多本地合作商户，帮助他们实现‘互联网＋’的服务升级，带给地铁乘客更多的服务。未来我们会以南京为起点，辐射到全国已经建成地铁的城市，把‘柠萌’带给全国的地铁乘客。”2015

年，“柠萌”已经拿到了上市公司江苏省交通科学研究院股份有限公司、天奇阿米巴创投基金的2 000万元天使投资。（摘自《南京日报》）

第二节　创新意识的特征与基本构成

创新意识有着自身的特征和基本构成因素，了解和掌握其特征有助于我们进一步培养创新意识，熟悉其基本构成能够帮助我们深入理解创新意识。

一、创新意识的特征

具体来讲，创新意识具有以下几个特征。

1. 新颖性

创新意识或是为了满足新的社会需求，或是用新的方式更好地满足原来的社会需求，创新意识是求新意识。

2. 社会历史性

创新意识是以提高物质生活和精神生活水平需要为出发点的，而这种需要很大程度上受具体的社会历史条件制约，在阶级社会里，创新意识受阶级性和道德观影响制约。人们的创新意识激起的创造活动和产生的创造成果，应为人类进步和社会发展服务；创新意识必须考虑社会效果。

3. 个体差异性

人们的创新意识和他们的社会地位、文化素质、兴趣爱好、情感志趣等相适应，它们对创新起重大的推进作用。而这些方面，每个人都会有所不同，因此对于创新意识既要考察其社会背景，又要考察其文化素养和志趣动机。

二、创新意识的构成要素

创新意识主要由创新兴趣、创新动机、创新情感和创新意志四方面构成。

1. 创新兴趣

兴趣是人们力求探究某种事物和从事某项活动的意识倾向。创新兴趣则是对挑战陈规、创造新事物、提出新方法等感兴趣，热衷于从事创新活动。创新兴趣往往与好奇心、求知欲联系在一起，这是人的天性，有的人将这种天性抑制和闲置，而有的人将这种天性保持和发扬。

创新兴趣引导着创新目标的确立、创新能力的开发，人们总是优先根据自己的兴趣来选择合适的创新内容和方向。对创新的强烈兴趣是进行创新活动最重要的心理条件之一。

2. 创新动机

动机是激发和维持个体的活动，并使这种活动朝着一定目标努力的内部心理倾向。

创新动机是指引起和维持个体进行创新行动的内在驱动力，是创新行为的动力基础。

创新动机在创新活动中主要有以下三个方面的功能。

(1)激活功能。创新动机激发、推动个体产生创新行为。

(2)指向功能。创新动机总是使创新活动指向一定的目标或对象。

(3)维持与调节功能。创新动机一旦引起创新实践，会使人表现出极大的积极性，维持创新过程。

3. 创新情感

情感是人对事物的态度的体验，如对创新的态度是认可的，那么相应会产生热爱、崇尚的情感体验。创新情感是指创新主体对创新的主观情感体验，包括对创新及创新过程涉及的各方面内容，它是主体进行创新活动的情感力量，对创新活动的维持和调节起着很大的作用。

(1)智力和创新情感相互作用。在任何一种活动中，认知活动与情感活动都是相互交织的，健康积极的情感对认知活动起着促进作用，反之则带来消极影响。同样，人的创新过程不仅仅是激烈的智力活动过程，而且也是强烈的情感活动过程，在智力和创新情感双重因素的积极作用下，人们的创新才可能有持续的力量和思想火花。

(2)创新情感作用于创新活动的全过程。从创新动机的产生到创新过程的持续，再到创新结果的验证，各个环节无不蕴含着创新者的情感因素。创新过程需要以创新情感为动力，如求实精神、坚强的信念及道德感等因素。

4. 创新意志

创新是一种意志行为，创新的特征就是要克服困难，做前人和别人没有做的事，可以说，意志就是力量，意志是创新的支柱。创新意志是有意识、有目的、有计划地调节和支配创新活动的心理现象。创新意志是在创新情感的基础上产生的，没有情感就不可能产生任何意志。创新意志又使创新情感具有了目的性，使创新情感能够按照人的价值需要进行发展。

经典案例

历尽艰辛，打造“重楼王国”

因为梦想，他辞去公职，告别都市，走进深山，开始过着吃夹生米、喝“矿泉水”的艰难生活，在云朵里起航他的“重楼梦”；因为梦想，他拿下创业大赛第一名，获8 100万元投资，受到总理接见，成为远近闻名的创业达人。陈飞宇，今年30岁，四川农业大学2010届毕业生，绵阳市天岭中药材开发有限责任公司董事长，2015四川十大杰出民营企业家，“中国创翼”创业创新大赛全国总冠军。2016年，天岭公司重楼种植面积达6 600余亩，规模居全国第一。年销售额4 000多万元，年利润收入2 000多万元，为10 070家种植户提供了技术服务。

“创业灵感来自一次踏青。”陈飞宇说，2011年春天，他与几个朋友在安县踏青时，看到高山上生长着一小片重楼，了解到这是一种药用价值很高，濒临灭绝的中药材。嗅到商机的陈飞宇拉来几位大学同学和好朋友，便开始筹划他的创业梦想。回到攀枝花，他开始恶补重楼的知识。他发现，重楼除了是“云南白药”“季德胜蛇药”等知名药物的主要原材料外，还应用于其他3 500余个配方中。我国的野生重楼资源在近年遭到毁灭式的疯狂采挖，仅剩不到20%。“2002年时云南白药公司投资了万亩基地种植重楼，但我们去的时候已经只剩下20多亩了。”在考察了云南白药公司种植的重楼后，再总结了国内重楼种植的经验，最后结合天池县独到的地理优势，他当即决定就在天池县搞“仿野生种植”。2012年，陈飞宇辞去在攀枝花团市委的工作，回到家乡，开始了他艰难的创业历程。陈飞宇辞去公职，告别大都市，筹资50万元，流转了海拔2 000 m以上适合重楼生长的土地300亩，在云朵里启航创业梦想。

由于创业基地建在海拔2 000多m的高山上，周围没有人家，没有水电气，没有手机信号，甚至没有一条可以称之为路的路。唯一和外界通信的途径是在天气晴朗的时候爬到距离基地2 km的那棵近10 m高的大树上才能打电话。创业初期，陈飞宇和他的团队驻扎在基地，每两个星期下山一次。“每次下山准备好山上需要的物资后，第二天一早又上去。”在山上，他们吃的是用水壶泡出来的夹生米，喝的是地表渗出来的“矿泉水”，住的是两三根竹竿加一块油布搭起来的简易帐篷。由于山上缺水，经常十天半个月没法洗澡，最穷时陈飞宇身上只有几十块钱。手机没信号，家人无法与他取得联系。有一次当他和往常一样，下山去准备下两个星期的物资时，他看到手机里有100多个未接电话，全是妈妈打来的。想到自己的前途还一片茫然，他哭了一晚上。第二天早上6点，陈飞宇准时装好盒饭，再次上山去了。后来，他特别感谢那个夜晚，觉得那一夜他长大了10岁。由于创业艰难，部分初创队友中途退出，有的人因为觉得看不到“重楼”未来，有的因为和队友产生了分歧矛盾。就连相处了5年的女朋友最终选择离开他。这些经历并没有击垮陈飞宇，他始终秉持初心，默默地咬着牙坚持了下来，坚守在创业一线上。陈飞宇说：“因为我有做什么一定要做到的决心，再加上我家庭培养了我独立、包容的性格，所以我能一直坚持着。”

重楼生长缓慢，要七八年才能采挖，出苗率还极低。在天池村，村民一直习惯零散零种，甚至只挖不种，苦候数年，就靠卖重楼赚钱。近年来，中药材价格一路大涨，价格越往上冲，挖得越猛，野生重楼已濒临灭绝。为了攻克重楼种植难关，拥有自己的核心竞争力，陈飞宇带领他的团队，与四川农业大学共建了西南首个药用植物学博士科研工作站，该博士工作站在全国药用植物学范围内属第一例。截至目前，共获得6项专利，发表论文两篇，拥有两个注册商标。其中，他们2012年发明的专利“缩短重楼种子休眠期的办法”将其缩短了将近一半的时间，打破了重楼种植的难关，成为振奋整个行业的专利。

2015年10月，在由中国宋庆龄基金会与人力资源和社会保障部联合主办“中国创翼”青年创业创新大赛中，陈飞宇PK掉了全国3 000余个参赛项目，成为冠军，赢得了8 100万元的巨额融资，受到了总理接见。时至今日，天岭公司重楼种植面积达6 600余亩，规模居全国第一。（摘自中国青年网）

思考题

(1)什么是创新意识？创新意识的作用是什么？

(2)简述创新意识的特征。

(3)创新意识的基本构成包括哪四方面？

实训与操作

培养创新兴趣

1. 实训目的

通过搜集、整理、分析经典案例、名言警句来明确自己的创新兴趣，以便进一步培养自己的创新兴趣，为创新意识的产生奠定基础。

2. 实训内容

(1)分析案例。阅读下面的案例，并分析之后回答问题。

两次荣获诺贝尔化学奖的英国生物化学家弗雷德里克·桑格说："我很幸运获得了两次诺贝尔奖。我的工作能得到认可是令人激动的，但真正的乐趣蕴含于工作本身。科学研究就像发现新大陆，需要你不断地尝试以前没有尝试过的新事物。这些尝试有很多是没有效果的，但我在计划遭受挫折时从来不着急，我会开始设计下一次实验，整个探索的过程都充满了快乐。"

①试分析弗雷德里克·桑格所说的话蕴含的道理，并简单说明兴趣的作用。

②你身边是否有相似的案例？试举例说明。

(2)搜集名言警句。通过网络、书籍、报刊等搜集有关创新兴趣的名言警句及任务，并简单谈谈你对这些名言警句的理解。

(3)发现自己的创新兴趣。仔细分析自己的情况，找出自己的创新兴趣点，并试着说明这些兴趣点的价值在什么地方。

Chapter 4

第四章 创新思维

学习目标

- 了解创新思维的含义、创新思维的基本活动过程、创新思维的测定内容。
- 理解创新的时代背景，掌握培养创新思维的原则。
- 掌握几种主要的创新思维方式，包括直觉、灵感、顿悟、想象、联想、发散思维和收敛思维等。
- 学会如何正确培养创新思维，能利用创新思维的方法进行创新活动。

案例导读

一支粉笔，卖到联合国

刘大锋，1983年出生，毕业于华南师范大学。他的家乡刘垸村被誉为“中华粉笔第一村”，全村385户，有340户从事粉笔生产。在校期间他一直想壮大家乡的粉笔产业，可不知从何入手。2006年3月，刘大锋应聘到一家知名互联网公司任行政管理。当春节回家过年的他跟乡亲们谈起了家乡粉笔的兴衰起落后半年，刘大锋毅然辞去待遇丰厚的工作，决心回乡创业，通过网络销售的渠道彻底改变父辈们传统的粉笔销售模式。做别人没有做过的，这就是刘大锋区别于别人的创新思维，而今天他却带动刘垸村的乡亲们一起走上致富道路，把刘垸村的粉笔远销东南亚、俄罗斯等200多个国家，甚至联合国，他们生产的“文峰”牌粉笔畅销国内，粉笔产销占国内市场份额的85%，依据不同国家客户的要求，刘大锋所生产的粉笔达300多个品种，120多个花色和12个大类。他在阿里巴巴上有5个“诚信通”账户、1个“中国供应商”账户，同时他还在百度、谷歌等网站进行推广。刘大锋有一个目标是成为阿里巴巴全球十大网商，现已进入30强，远期目标是打造一个集粉笔生产、模具开发、印刷包装、运输销售、旅游观光为一体的产业链。

应城的粉笔在创新中摸索，在创新中改变。目前，阿里网商刘大锋已经成了媒体明星，被央视、人民日报、中国质量报、湖北卫视、湖北经济广播电台、楚天都市报、武汉晨报、长江商报、鄂商杂志等媒体多次报道。（摘自央视网）

第一节 创新思维概述

一、创新思维的概念与特征

(一)创新思维的概念

创新思维是指人们为解决某一问题，自觉、能动地综合运用各种思维方式进行思考，从而获得新发现的思维过程，是人类在探索未知领域过程中的一种积极向上的思维活动。创新思维是进行创新实践活动的基础条件，是思维的高级形式。培养大学生的创新思维是提高大学生创新能力的关键。

(二)创新思维的特征

创新思维以新颖的思路、新的方法解决新的问题。创新思维具有以下特征。

1. 新颖性

创新思维重在创新，体现在思考的方式上、思路的方向上、思维的角度上具有创造性和开拓性。对事物的认识不停留在原有的层面，而是进行重新的认识和分析，常常有超出常人的见解，用独特的方法解决问题，用新奇的方式处理事情，产生新产品、新工艺、新方法、新方案等，成果别具一格，具有独到之处，形成新的实用性或新的价值。

2. 多样性

创新思维活动的领域就像艺术演示活动的领域一样，是发挥个人独特才华的地方。在创新的过程中，人们积极主动，敏锐观察，发挥创新思维的思考力，可以迅速得到各种不同的结论。在创新思维方式下，发现一种现象时会立即想到产生这种现象的原因，会想到其对立面，会及时联想到相关和相似的事物，从而使人们的创新活动呈现出千姿百态、千变万化的丰富情景。

3. 开放性

创新思维是一个视野开阔、思维开放、善于学习、勤于思考，实现与外界的物质、能量和信息交换的开放的思维系统。处于开放状态下的创新思维，能够超越事物的体系，打破固有的限制，将思维从本体系向外拓展，获得新的启示，激发创新的火花。

拓展阅读

应该扔下谁

一只热气球里面坐着3个人，一个是环境保护科学家，他可以保护地球环境；一个是核专家，他可以防止地球发生核战争；还有一个是农业科学家，他可以把荒漠变成良田。当热气球飞到高空之后，由于过重，必须扔下一个人。该扔下谁呢？结果一位12岁的小女孩所给出的答案最为奇特，也最具震撼力。在小女孩的眼中，这个问题非常简单，那就是尽可能减轻气球的质量，应该扔下体重最大的那个人。

4．突破性

创新思维属于非常规性、非逻辑性的思维活动，独具卓识、敢于质疑、破除陈规，善于打破思想的禁锢，追求与常规不同的独立性；善于从新的角度思考问题，力求另辟蹊径，得到突破性的新发现，思维的跨越性很大，往往带给人们巨大的震撼和惊喜。

拓展阅读

堆堆粪便成座座金山

一名斯里兰卡商人经营的一家造纸作坊正好挨着斯里兰卡的“大象孤儿院”，孤儿院里收容了近百头与象群走失的大象。

最初，这家作坊的原材料主要是挨家挨户收来的废纸和草秸。一天，他遇到了大象孤儿院的负责人，负责人正为每天堆积如山的象粪苦恼不已，他半开玩笑地说，如果大象粪也能造纸就好了。

当时正在为原料供应不足而发愁的商人二话没说，背了一筐象粪回到作坊让工人加工起来。经过过滤清洗、粉碎打浆、筛浆脱水、压榨烘干以及压光等制作程序后，一张张光亮的象粪纸奇迹般出现了。

这一意外的发现，使商人兴奋极了，白天在大象孤儿院里看到的那一堆堆象粪仿佛变成了一座座金山。当晚，他决定把自己的作坊注册成为一个纸业公司，并用亚洲象学名中的后一个单词给公司命名，即“马克西莫斯”。

大象孤儿院再也不用为打扫不完的大象粪便发愁了，如今，大象的粪便成了“珍贵的粪便”，甚至人们还开玩笑地说道：“哪里有粪便哪里就有钱。”

其实，大象的粪便并不是那么“丑陋”，它颜色金黄，本身也没有什么腥臭气味。斯里兰卡的象粪纸主要有两种颜色，而这与大象的食物息息相关：一种是深色纸，用吃棕榈树叶的大象的粪便制成；另一种是浅色纸，其原料则是专吃椰子的大象的粪便。

象粪纸成本低，产出却高得惊人。一般情况下，一头成年大象平均每天要排出 100 多 kg 的粪便，1 kg 象粪能制造出 60 多张 A4 大小的纸张。虽然象粪纸里 75%的原料都是大象的粪便，但因为使用了特殊的工艺，产品不但没有臭味，而且手感非常细腻。

象粪造纸不仅给大象孤儿院和当地的工人带来了可观的经济收益，而且也给斯里兰卡这个饱经战乱的国家赢得了殊荣。2006 年，在荷兰举办的“世界挑战”大赛中，象粪纸以其人与自然和谐共处、有效利用和保护野生动物资源的超人创意一举夺冠。

如今，象粪纸已成为斯里兰卡人引以为豪的国宝，很多名人政要用象粪纸制作自己的名片。还有不少高级酒店用象粪纸制作成《入住须知》和别致菜单。象粪纸还一度被斯里兰卡政府包装成精美的国礼，赠送给外国政要。（摘自网易新闻）

二、创新与创新思维

创新与创新思维的关系十分密切，具体有如下几方面。

(一)创新的成功取决于创新思维

创新是进步的源泉,社会的进步依赖于创新。在人们认识世界和改造世界的一切活动中,创新活动对于推动人类社会的发展与进步起着决定性的作用。而创新思维则是人们从事创造性活动必不可少的一种弥足珍贵的思维品质。一个人能否创新主要取决于他(她)的创新思维能力。创新的实质就是具有新颖性或首创性的人类的思维与行为,创新的基础就是人们的创造性思维,即创新思维。随着现代社会发展越来越快,创新思维的重要性日益凸显。

(二)创新思维引导创新活动

创新思维是人类思维活动的高级过程。创新思维是人们从事创新实践及取得成功的动力。创新思维引导并形成创新活动,创新思维是创新活动的核心和灵魂。没有创新思维,就没有创新活动。

(三)创新思维是创新实践的思想前提

创新思维是人们从事科学发明、创造革新及各种高效的组织管理活动的思想前提,创新思维是创新活动中十分重要的智能要素。培养创新思维可以开发人的智力,尤其对青年大学生的成长、成才具有特殊的重要意义,是使大学生成长为创新型人才不可缺少的重要方面。

经典案例

大展宏图写未来——武大创业学生获千万风险投资

2009 年,25 岁的吴斌,是武大市场营销专业研二学生,同时也是武汉锐尔生物科技有限公司的 CEO。该公司的生物医用膜,已顺利打入省人民医院等多家医院。一次,他无意发现,对于创伤病人,医院全部用的是纱布。他随后了解,国内传统的伤口疗法采用干燥法,用棉纱布捆绑创伤面,换药时很不方便,会撕裂病人的创伤面;而且由于不是透明的,医护人员要频繁拉开纱布观察伤口。能不能找到一种更为理想的替代品?吴斌琢磨了好几天。于是,他和几个同学一合计,决心动手起来,并组成"纽绿特"创业队。学校给了他们很大的支持,并成立了跨学科攻关小组。在接下来的近两年时间里,他们先后到深圳等地进行市场调研,取得了第一手资料。

终于,在老师的指导及团队成员的共同努力下,面膜状创可贴"纽绿特"问世。在全国第五届"挑战杯"上,"纽绿特"获金奖。尽管吴斌的"纽绿特"在业界引起不小的轰动,但它毕竟还只是实验室的产品,要想走向"中试",进而真正走向市场,还有一段距离。建厂房、生产线,整个投资至少需要 500 万元。吴斌和他的团队,开始到各地推销他们的新发明,希望能得到投资。然而,他们先后跑了 50 家企业,没有一家愿意投资。

公司濒临倒闭,怎么办?一同创业的 7 个人一致觉得项目不错,如此放弃实在是心有不甘。团队成员一方面凑钱,一方面不断完善技术。2007 年 6 月,他们终于弄到了第一笔资金,江浙一个比较"内行"的老板为他们出资 50 万元,产品走出了实验室,取得了"中试"成功。能替代纱布的生物医用膜也正式问世。它的优点很多,不仅起着纱布的隔菌作用,而且还有愈合伤口的功效。由于是透明包装,医护人员可随时观察病情,而无须像纱布要频繁打开观察。由于设备太贵，还要发人员工资，尽管团省委等多部门先后伸出援手，但由于硬件投入过多，公司几度因缺钱停发了工资。公司再次陷入困境。正在这时，一位曾指导他们参加“挑战杯”的上市公司老总看中了吴斌的团队和他们的产品，投资 1 000 万元给锐尔公司。不久，活性敷料生产线在医药科技园落成，占地 400 多 m^2，拥有齐全、独立的生产设备和检测设备，还顺利获得了医疗器械生产许可证。他们的生物医用膜，也同时在省人民医院、省妇幼等医院进行临床实验。

这新玩意真的比纱布要好？刚开始时，不仅病人有疑虑，连医护人员也将信将疑。一个星期后，病人发现，换药时不再会因撕裂伤口带来疼痛，并且伤口愈合的时间也比以往要快一些。由于无须频繁打开观察病情，也减轻了医护人员的工作量。三家医院的临床实验效果相当不错，一时订单不断，产品成功地打入了市场。(摘自《长江日报》)

第二节 创新思维的方式

创新思维是一种综合性很强的思维活动，涵盖了在创新过程中发挥作用的一切形式的思维方式。它是多种思维方式的综合应用，具有极为复杂的形式，包含极为丰富的内容，有着多种多样的实现途径。它是显意识思维与潜意识思维、逻辑思维与非逻辑思维、发散思维与收敛思维等多种思维方式的有机整合。

一、显意识思维与潜意识思维

根据自觉性的差异，人类的意识可以分为显意识和潜意识两种状态。显意识是人们自觉的、有目的的、能够通过语言来表达的意识活动状态；潜意识具有非自觉性，是随意的和零散的意识活动状态。显意识思维以理性的逻辑思维为主要表现形式，潜意识思维以非理性化的非逻辑思维为主要表现形式。在显意识思维与潜意识思维之间发挥作用的创新思维方式主要有直觉、灵感和顿悟。在现代社会中，尤其在具有创造性的科学探究和教育活动及创造性的艺术设计中，人们都会深切地感受到直觉、灵感和顿悟的巨大贡献。

(一)直觉

1. 直觉的概念

直觉是指不受某种逻辑规则约束而直接领悟事物本质的一种思维形式。直觉是未经逐步分析和逻辑推理就迅速对问题的答案做出合理的猜测、设想的一种跃进式的思维方式。直觉是人类思维的一种独特智慧能力，是创新思维活动的一种表现，在创新活动中占有重要地位。

在科学历史上，许多重大的突破往往是直觉的结果，直觉把看上去毫不相干的事物联系在一起。因此，看到别人看不到的特殊关联，是创新思维的一个突出体现。美国心理学家瑞普提出，直觉的隐喻联想可帮助人们在一个更广泛、更特别的情景下看待同一件事物的不同功能和作用，从而实现思维中的一次次飞跃。直觉这种感性思维能够先于理性思维而敏锐地对事物及其关系做出整体和本质上的把握，从整体上达到对认识对象的深刻洞察。它把事物或过程之间的内在联系揭示出来，使观念清晰化，从而确定了认识的方向，为进一步的认识做出了意向性的提示。直觉判断的准确性取决于个人的阅历、知识、经验的丰富程度和思维水平的高低。一般来说，一个人所拥有的知识、经验的丰富程度，与其直觉的准确性成正比。

2. 直觉的特征

根据直觉的含义，可知其具有以下特征。

(1)直接性。直接性是指思维主体依据主观经验，通过对研究对象的整体把握，脱离了严谨缜密的逻辑思维的推理，直接把握研究对象的本质特征。直接性最大限度地发挥了想象、质疑及判断的功能。

(2)瞬间性。直觉是人们在认识过程中，在意识和无意识之间、新知识和旧知识之间的突然结合而产生的认识上的飞跃，这一过程节省了许多中间环节，简化了思维推理的过程，是非常短暂而快速的。当一个人的思维被大脑内所储存的信息激活时能够在一瞬间清晰地认识事物的本质。例如，德国数学家高斯曾经花了数年都没能成功求证的一个数学定理，却在突然之间就解决了。他说："像闪电一样，谜一下子揭开了。我自己也说不清楚是什么导线把我原先的知识和使我成功的东西连接了起来。"

(3)无意识性。直觉思维是一种潜意识的思维活动，是基于对研究对象整体的把握，在思维主体还没有意识到自己思维过程的情况下，就已经找到结果。人们往往不知道直觉思维到底是怎样在大脑中进行的。直觉思维过程一直处于无意识状态，只是在某种新信息的刺激下，才从潜在状态突发出来。

3. 直觉的作用

直觉在创造性活动中普遍存在，其作用如下。

(1)直觉能够帮助人们敏锐把握创新的方向。在研究探索中，人们会面临许多方向，在众多方向中难分优劣、研究方向模糊不清，能否从中做出正确的抉择就成了关键的问题。这时不能仅仅依靠逻辑推理，还需要凭借直觉来把握，这样才能导致重大的发现和发明。

有经验表明，创新活动单单运用逻辑思维、按照逻辑规则进行推理是没法完成的，必须依靠直觉。直觉往往偏爱知识渊博、经验丰富的人，只有他们才能够在很难分清各种可能性优劣的情况下做出优化抉择。例如，当普朗克提出量子假说以后，物理学就出现了问题，究竟是通过修改来维护经典物理理论，还是进行革命，另创新的量子物理呢？爱因斯坦凭借他非凡的直觉能力，选择了一条革命的道路，创立了"光量子假说"，对量子论做出了重大的贡献。

(2)直觉能够帮助人们创造性地做出科学预见。直觉能够突破形象思维和抽象思维的束缚，充分发挥思维的潜能，能够创造性地提出新颖的科学假设、理论或概念。在科学公理的提出和科学命题的验证中，很多科学家正是在经验的基础上凭借直觉提出了创新的概念、判断、假说，并取得了重大的科学成就。

值得注意的是，直觉并不是天生的，在不同的领域和从事不同职业的人有着不同的直觉形式。一般地，直觉的形成和应用主要与个人的智慧、经验及知识存量等因素有关。其中，个体的智慧对直觉的形成起着最重要的决定作用。一个人的智慧越高，他的直觉能力便越强；同时，特定的职业经验和专业知识是直觉产生的必要条件。因此，具有丰富的经验和厚实的知识，加上高水平能力与智力的协作，才能产生敏锐的直觉判断。

(二)灵感

1. 灵感的概念

灵感是一种高度复杂的思维活动。麦迪在其《激发灵感》一书中对灵感的定义为："灵感，实际上是一种潜思维形式，是一种近似于无意识或潜意识的非逻辑思维活动。"

灵感是形象思维从显意识扩大到潜意识，由于创造力突然达到超水平发挥的一种特殊的心理状态。

事实上，灵感出现在创造者从事科学或文艺创作过程中的高潮，是突然出现的、转瞬即逝的短暂思维过程。

2. 灵感的特征

灵感具有以下主要特征。

(1)突发性。灵感是大脑被高度激发时新思路的接通。灵感的出现，不是人们按照一定的程序就能制造出来的。灵感往往在无意中"突如其来""忽有所悟"。德国哲学家费尔巴哈感叹："热情和灵感是不为意志所左右的，是不由钟点调节的，是不会依照预定的日子和钟点迸发出来的。"灵感在任何时间、任何地点都可能出现，但在何时、何地出现，却是不确定的。

(2)瞬时性。灵感是突破惯性思维的闪光，通常以闪现的形式、飞跃的姿态突然出现又转瞬即逝。灵感迸发所持续的时间是非常短暂的，像闪电一样，来不可遏，去不可留。正因如此，许多科学家、发明家、文学家、艺术家等常常随身携带纸和笔，以便随时捕获各种时机下产生的灵感。

(3)创造性。一方面，灵感表现在思维方式上对常规思路的打破，使思想突然进入一个新的境界；另一方面，灵感表现在思维结果上形成了新的概念、新的观点，以及新的技术、新的工艺等，往往导致认识上的飞跃。

(三)顿悟

1. 顿悟的概念

顿悟即顿时领悟，即思维主体对百思不得其解的问题的突然明白，或者知道了如何解决问题的方法的状态。顿悟时，人们常常"恍然大悟"或"茅塞顿开"。因此，顿悟是指思维主体在顿悟思维活动中所体现出来的方式和状态。在格式塔心理学家们看来，顿悟包含着一种特殊的加工过程，不同于常规的、线性信息加工思维。有学者认为这种特殊的加工过程主要在以下情况下出现：思维的无意识跳跃，心理加工被极大地加快，认知加工过程产生某种类型的短路。

2. 顿悟的特征

顿悟具有以下主要特征。

(1)自发性。顿悟的自发性是指顿悟的产生表现为一种潜意识的、自发的形式，它不自觉地但又自然而然地在大脑中获得问题的答案。顿悟前有一段"潜伏期"，在这段时间内经常发生多次失败，并伴随一定程度的挫折感。例如，一个小女孩天天试着把线穿进睡衣的穿线洞里去，却总是不行。一天下午，她做完游戏后跑进房间，从冰箱中拿出冰激凌时，突然明白了——她把这根线弄湿放进冰箱里，把它冻成一根冰线，然后把冰线穿过睡衣的穿线洞里。

(2)突发性。顿悟的突发性是指思维主体的“突然明白”或“突然觉悟”。顿悟和渐悟是相对应的。渐悟是逐渐明白，是一种渐变性的、循序渐进的过程；而顿悟是思维主体新的“神经回路”突然接通，突然出现的问题解决方案，或者是解决方案即将出现的意识。

顿悟的产生往往由于受到某一认知事件的启发，顿悟者从该事件中获得启发的信息，并将其用于问题的解决上面。例如，阿基米德在躺进浴盆的那一瞬间，看见水溢出浴盆而突然悟出了浮力原理，“王冠之谜”迎刃而解。当然，顿悟思维方式的产生及完成过程，必须以顿悟者具有足够的信息储备和进行大量的思考为前提，方可对某一问题在百思不得其解时突然有所领悟，否则是“悟”不出什么东西的。

(3)直指性。顿悟的直指性是指思维主体直接把握事物的原理或问题的答案。在顿悟思维状态中，问题的答案或解决问题的有效方法是突然地直接呈现在思维主体的眼前的，而不是经过反复试验，或者是对大量数据的复杂分析而获得的。

经典案例

带动大学生创业的发明者

大学4年收获9项国家专利，还未毕业就淘得人生第一桶金，放弃保研机会走上创业道路……中国地质大学2007届毕业生赵温才的“创业三部曲”，在武汉迅速传播开来，搅动了这个高校聚集的城市的一江春水。

“Merry Christmas，I love you。”轻轻一碰赵温才办公室里的一束玫瑰，突然传出一句温馨浪漫的表白。

“这是‘会说话的玫瑰花’，现已被3家公司批量生产。”赵温才自豪地说，“像这样的发明成果我们已开发了156项。”走进赵温才设在武汉华乐大厦的办公室，目光很快就会被形态各异的模型所吸引。

24岁的赵温才，出生于贵州一个农村家庭。小学时他就喜欢用泥巴做一些玩具车、坦克等模型；到了中学，这种“嗜好”便转移到电器上，家里的收录机、电视机被他拆了装、装了又拆，因此他被家人视为“败家子”。2003年，赵温才被中国地质大学(武汉)录取，虽然没能读上第一志愿“机电专业”，但他没放弃自己的兴趣。

宿舍成了他的发明“实验室”，一间约50 m^2 的房间里，两张书桌上摆满了焊丝、芯片、电钻等各种实验器材和科研书籍，墙壁四周则贴满了最新的专利发明信息。

大一时，赵温才发明了一个可自动加热的节水龙头，并获得国家专利，从此一发不可收拾。4年下来，他相继发明“瓜果自动去皮装置”“矿物快速检测仪”“语音型单灯盘交通灯”“指纹式酒后禁驾系统”“能测试瓦斯浓度的矿井用安全帽”等，获得9项国家专利。

谈到这些专利发明的灵感来源，赵温才说，一切源于生活。他有个和大多数男生不同的爱好——逛商场。“最喜欢到电器专柜观察那些新科技产品”。

大二暑假时，他曾目睹一起车祸。一名妇女过马路时，由于发短信入迷而被一辆飞驰而来的小汽车当场撞死。站在惨祸现场，他突然想到：“如果有一种带语音提示功能的交通灯，这场车祸也许就能避免。”为此，他多次访问交管部门、司机及路人，得到充分肯定后，他便一头扎进了语音型单灯盘交通灯的研制工作，每天深夜一两点睡觉成了常事。灯盘模型的研制费用最低需要1 000多元，他掏光当月的生活费，之后半个月全靠馒头充饥。

2005年12月，这项研究获得国家专利。专家点评，这种交通灯对于提高交通系统的安全性具有较高科学实用价值。一些看来不可思议的想法，常常成为赵温才研究的课题，好多同学笑他是个“疯子”。作为一名科技爱好者，赵温才在学校经常帮助那些喜爱创新的低年级同学。时间一长，他发现了一个问题：许多同学因为不了解知识产权或缺少必要条件，有创意的想法往往无法转化为专利产品；或者因为找不到可靠的平台，专利永远都是一纸证书，不能转化为生产力。

“国家大力提倡创新，我们为什么不能自己动手创办一家知识产权咨询公司呢？”还在上大二的赵温才第一次有了创业的想法。既然是搞创新，那就要了解知识产权相关知识。在一个博士生朋友的帮助下，赵温才自学了《专利法》等相关知识。同时，他也意识到，要创业，需要学会如何适应未来商业社会的各种游戏规则、如何适应团队合作的运行方式、如何解决市场开发等至关重要的问题。

进入大四，大多数同学都忙着准备考研或找工作。赵温才学的资源勘查工程是紧缺专业，原本也能找到很好的工作，但他放弃了直接就业和保研的机会，和张善明、李州木、赵浪等几名志同道合的同学一起，把所有精力都花在了筹办公司的事上。

恰好赵温才的一项专利发明“液态水瞬时加热技术”，以14万元的高价转让给商家。人生的第一桶金，为创办公司奠定了资金基础。临近毕业，赵温才与合伙人筹资10万元，注册成立了“武汉加权知识产权咨询服务有限公司”，主要服务范围为创意指导、科技发明优化设计、专利代理及转化经纪。万事开头难。创业初期的一切都在考验着几个年轻人的勇气和毅力。目前，公司正致力于开拓武汉高校市场，与高校开展合作，举办大学生科技创新活动。不到半年时间，他们已指导在校大学生成功申报国家专利156项，其中有数项专利正在跟开发商洽谈转化事宜；开展讲座培训上万人次，在武汉高校掀起了一股创新热潮。

赵温才感慨，一场创新思维和专利开发讲座，经常让能容纳数百人的教室水泄不通。大学生的创新热情深深感染了他，而不断的交流也引发了他对我国高等教育的反思。在公司网站首页，赵温才写下了这样一段话：我国教育产业已现雏形，但发明创新指导、开发学生新思维方面的服务尚属市场空白，在学生群中营造创新氛围，科学地培养创新人才，大有可为。（摘自《中国青年报》）

二、逻辑思维与非逻辑思维

创新过程是逻辑思维和非逻辑思维协作的过程。一般来说，创新思维要经历新思想的提出和新思想的论证两个基本思维阶段。前一阶段以非逻辑思维为主要的思维方式，后一阶段则以逻辑思维为主要的思维方式。

（一）逻辑思维

逻辑思维是按照逻辑规律建立概念和命题之间推理关系的形式化思维。逻辑思维从概念出发,经过判断,推论出结果来。它包括概念、判断和推理三方面的内容。逻辑思维通常采用比较与分类、分析与综合、抽象与概括、归纳与演绎等方法进行思考。逻辑思维具有严格的程序性和规范性的特点。

逻辑思维主要运用在创新过程中的准备、验证阶段,其作用在于将思维引入深处,在创新结束阶段对创新成果进行论证。

(二)非逻辑思维

非逻辑思维是不依从逻辑规律的思维,实质上是一种不经充分的论证分析就得出结论的思维活动。它包括想象、联想,以及直觉感受、灵感启发、顿悟等思维方式。非逻辑思维是创造的源泉,是产生创造的必经环节。

1. 想象

(1)想象的概念。想象是创新思维中必不可少的重要方法,是一种非逻辑的跳跃式的思维活动。人们通过想象,在大脑中对已有事物的表象进行加工、改造,形成一种新的形象。想象可以帮助人们摆脱现实的局限,在思想的广袤空间里去发现和创造。例如,作家在写小说之前,在大脑中已经虚构了并未发生的故事情节,就属于想象。

想象是智慧的翅膀,是发明和创造的基石。人类离不开想象,人的想象能力越强,其思考的范围就越广。培养想象能力能有效促进创新思维的发展。

(2)想象的特征。想象的主要特征如下。

①形象性。在人脑中,一切信息都是以形象的形式被储存起来并被再现的。想象思维的基本单元是表象,是一些画面,如静态的照片、动态的电影。

②概括性。想象思维的概括性表现在想象思维能找出一类事物的共性并把它们归在一起,从而认识该类事物的性质。例如,人们可以把形状、大小不同而能结出枣子的树木归为一类,称为枣树。想象思维的概括性使人们能够从部分事物的相互联系中找到普遍的联系,并推广到同类的现象中去。

③独创性。想象绝不是生活原貌的机械再现,而是要经过创新者的加工、改造和美化的。艺术形象是通过艺术家的意识对现实的能动反映,在真正的艺术作品里,所有的想象都是独创的。想象思维的独创性表现在创作者看到别人所未曾看到的艺术意蕴时能够激发自己的独特想象与创作思路,并将自己的发现别出心裁地表现出来。

(3)想象的作用。想象具有以下作用。

①想象是科学创新的重要支撑。爱因斯坦曾说过:"想象比知识更重要,因为知识是有限的,而想象力概括着世界上的一切,推动着进步,并且是知识进化的源泉。严格地说,想象力是科学研究中的实在因素。"经过想象,思维能够产生具有新颖性的结果,但这一结果并不是凭空产生的,而是在已有的记忆表象的基础上加工、改组或改造。想象思维就像一双翅膀,能够把人们带到创新活动的理想目的地。

经典案例

想象力实验

曾经有这样的一个科学实验,科学家把孩子分成两组,一组是听老师讲白雪公主的故事，一组是看白雪公主的动画片。之后让两组孩子画出心目中的白雪公主。听了故事的孩子画出的白雪公主各不相同，而且孩子们会根据想象，赋予白雪公主不同的形象、装束和表情。看了动画片的孩子，画出的白雪公主全都一模一样，因为他们看到的都是一样的。

过些天，科学家又让这两组孩子再画白雪公主，听故事的孩子这次画的和上次的又不一样，因为他们又有了新的想象，而看过动画片的孩子，画的和上次还是一样的。（摘自《教育》）

②想象丰富了人们的精神文化生活。想象思维使人类的精神文化生活更加多姿多彩。作家、艺术家需要发挥强大的想象力才能创作出优美的、令人震撼的作品，而读者、观众也需要借助自己的想象力去欣赏这些作品。艺术作品中的许多事物，包括某些人物形象都是想象思维的结果，如国内外神话故事中的天宫、海外仙山等都是人类想象思维所创造出来的虚幻事物。

③想象是知识进化的源泉。许多科学家都是富有想象思维的，一些重大的科学理论就是从想象开始的。爱因斯坦年轻的时候，就曾根据自己掌握的知识，想象到：如果有人追上了 30 万 km/s 的光速将会怎样？如果有人坐在自由下落的升降机中将会看到什么？这些想象的内容表面看来显得毫无意义，但爱因斯坦却紧紧追踪着自己的想象，通过十几年的持续研究，终于发现了相对论，使现代科学技术向前跨进了一大步。

2. 联想

(1)联想的概念。联想是由此及彼并设法用一种新的方式、关系把原本并不相同的两种事物彼此联系起来，即由一个事物联想到另一个事物的思维方式。有人说："一种新的想法或发明，是将一些已知的效果以一种新的方式集中起来，以便产生一种新的和有价值的效果。"许多新的创造都来自人们的联想。例如，中国著名的桥梁专家茅以升，在建造钱塘江大桥时因江中泥沙层很厚，打桩时遇到了意想不到的困难，当他在家里看到邻家的孩子用铁罐浇花，细细的水流居然把花坛泥土冲出了一个深深的窟窿时，他茅塞顿开，立刻想到了"射水打桩"的办法。

(2)联想的特征。联想具有以下主要特征。

①连接性。联想的主要特征是由此及彼，一连串地进行，可以是直接的，也可以是间接的，而在联想思维链的始末两端可能是截然不同的两种事物。

②形象性。由于联想是形象思维的具体化，其基本的思维单元是表象，是一幅幅的画面，因此，联想思维的形象是十分生动而鲜明的。

③整体性。联想可以很快把联想到的思维结果呈现在创新者的眼前，而无须考虑其细节情况，是一种从整体上把握的思维活动，因此具有很强的整体性。

(3)联想的类型。联想可分为接近联想、相似联想、对比联想、因果联想和类比联想等。

①接近联想。不同事物在时间或空间上的接近都可以引起相关的联想。例如，诗歌中时空接近的联想："春江潮水连海平，海上明月共潮生。滟滟随波千万里，何处春江无月明。"春江、潮水、大海与明月这些既遥远又相近的事物被紧密地联系在了一起。

②相似联想。相似联想是指由事物外形、性质、意义上的相似引起的联想。例如，"春蚕到死丝方尽，蜡炬成灰泪始干""床前明月光，疑是地上霜"等。

③对比联想。对比联想是由事物间完全对立或存在某种差异引起的联想，即具有相反特征的事物或相互对立的事物之间所形成的联想。例如，文学艺术的反衬手法就是对比联想的实际应用。

④因果联想。因果联想是指由于两个事物之间存在因果关系而产生的联想。这种联想经常是双向的，既可以由原因联想到结果，也可以由结果联想到原因。

⑤类比联想。类比联想是通过一种事物与另一种事物的对比所进行的创新联想。类比联想的特点是以大量的联想为基础，以不同事物之间的相同点、类似性作为纽带。

三、发散思维与收敛思维

(一)发散思维

1. 发散思维的概念

发散思维也称扩散思维，是以形象思维为基础，不强调事物之间的相互关系，也不追求问题解决的唯一正确答案，而是围绕一个中心问题，进行多方面、多角度、多层次、多结构的思考，以寻找答案的思维方式。它摆脱了原有的思维框架，以新的视角去探索问题、重组信息，使问题得到完美的解决。

发散思维是一种立体的多向性的思维方法，无规则、无限制、无定向。一般来说，思维延伸越远，思路越开阔，获得新发现的概率越高。

2. 发散思维的特征

发散思维具有以下主要特征。

(1)顺畅性。顺畅性是指思维活动的进展顺畅，没有阻碍，不受其他因素的约束，在无限的想象和联想空间内，充分发挥思维的潜能，在短时间内迅速得出思考后的结论。

(2)变换性。变换性是指发散思维的思路的转换，善于从一个角度向另一个角度转变，通过不同的角度从而得到多种思维结果，为解决问题提供多样化的可能性方案。

(3)创新性。创新性是发散思维的本质，发散思维的结果具有鲜明的新颖性、独特性，是新的发现、新的创造。创新性属于发散思维的最高层次。

3. 发散思维的形式

发散思维有多种形式，主要包括立体思维、平面思维、逆向思维、侧向思维、横向思维、多路思维和组合思维等。

(1)立体思维。立体思维是思考问题时跳出点、线、面等平面空间的局限，在更大的立体空间内进行思索，找到解决的办法。例如，立体农业间作，如玉米地里种绿豆、高粱地里种花生等；立体森林，如高大乔木下种灌木，灌木下种草，草下种食用菌；立体渔业，如网箱养鱼充分利用水面、水体等。

(2)平面思维。平面思维是以构思点、线、面二维平面图形为特点的发散思维形式。例如，在一张纸上画出各种不同形状的图形，可以是连续的或不连续的。

(3)逆向思维。逆向思维也叫作反向思维，是从完全相反的、对立的角度思考问题，不按照通常思考问题的顺序进行，即所谓的“背道而驰”。世界上许多事物之间相互联系、相互作用，事物甲能够产生事物乙，事物乙反过来也能产生事物甲。逆向思维是把事物倒过来想。例如，司马光"砸缸"就是一种逆向思维。按常规必须把小孩从水里拉出来，司马光砸破缸是让水离开人，同样达到了救人的目的。又如，说话声音的高低能引起金属片振动，反过来，金属片的振动能够引起声音高低的变化，由此爱迪生发明了留声机。

逆向思维的主要形式如下。

①按照事物相互依存的条件逆向思考，如小孩掉进水里，小孩和水的依存条件。

②按照事物相互作用的过程逆向思考，如人走楼梯是人走，而手扶电梯是路走。

③按照事物的位置逆向思考，如开展"假如我是××"的学习活动。

④按照事物的结果逆向思考，如做钟表生意的都说自己的表准，而一个表厂却说他们的表每天会有 1 s 的误差，反而更能获得大家的认可。

(4)侧向思维。侧向思维也称旁通思维，是一种从与问题相去甚远的事物中受到启发，找到解决问题的方法的思维方式。当一个人苦苦思索某一问题时，在大脑中会产生一个优势灶，一旦触碰到其他相关的事物，就容易与这个优势灶产生一连串的反应，受到启发从而解决问题。例如，水泥加固的办法就是从植物的盘根错节现象想到的。

(5)横向思维。横向思维是相对于纵向思维而言的，就如时间是一维的，空间是多维的一样，横向思维与纵向思维就代表了一维与多维的互补。横向思维主要有以下两种方式。

①横向转移。横向转移是指把其他领域的好方法移到本领域来，或者把本领域的好方法移到其他领域去。例如，酒变酸、肉汤变质是由于细菌的滋生，消灭细菌就可以防止酒、肉汤变质。李斯特将其用于医学界，发明了外科手术消毒法。

②横向转换。横向转换是指不直接解决问题，而是转换成其他问题，当其他问题解决后，原来的问题便不是问题了。例如，曹冲称象，把测量大象的体重转换成测量船入水的深度。

(6)多路思维。由于解决问题时不只有一个办法，因此人们可以从多个角度、多个方向思考。因此，多路思维有以下几条思考途径。

①就事物的整体进行多向思维。例如，帽子的用途有多少种，书本的用途有多少种，红色用在哪些场合。

②有顺序的多路思维。例如，生产的杯子可以是陶瓷的、搪瓷的、铝的、不锈钢的、塑料的、玻璃的等。

③换角度多向思维。许多科学家发明创造时，都懂得要用熟悉的眼光观察陌生的事物，要用陌生的眼光观察熟悉的事物，其中指的就是在观察事物时应该不断地变换思考的视角，如换个时间、换个地点、换个高度、换个身份等。

④绕道迂回式思考。绕道迂回式思考是指回避使用常规的直接解决问题的方法，在某些问题、某些场合拐个弯，可能会找到更好的解决办法。拿破仑说过："我从来不正面攻击一个可以迂回的阵地。"例如，一家卖矿泉水的公司和一家加油站的经营状况都不好，于是二者合作，采取加油 200 元以上送一箱矿泉水的促销活动，使得两公司的产品销量有了明显改观。

⑤标新立异地思考。标新立异就是人们在创新创造时，有意地不采用大家都非常熟悉的方式、方法，敢于匠心独运地想出一些奇特的、眼光独到的设想。

(7)组合思维。组合思维也是一种创新的方法,是从某一事物出发,尽可能多地与其他事物联结起来形成具有新价值的新事物的思维方式。例如,将两种或两种以上的技术全部或部分地进行适当组合,可以形成新的技术成果。美国创造学家奥斯本说:"新的发明几乎都是通过对老发明的组合或改进产生的。"

经典案例

用机器"眼睛"改变世界

"可以在二维平面相片中精确展现出'三维世界':除被摄物体外形之外,可实时展现被摄物体与相机的距离。"

在第三届中国"互联网+"大学生创新创业大赛总决赛冠军争夺赛上,浙江大学博士生、杭州光珀智能科技有限公司CEO兼创始人白云峰和他的团队研发的全新三维成像技术产品,得到全场最高的740分,夺得冠军。这款产品为何能战胜众多对手,最终夺冠。他们研发出了全新的三维成像原理——具有完全自主知识产权的三维重建算法和硬件结构,解决了目前三维成像技术存在的高成本和低可靠性的问题。目前国际尚无同类技术达到该水平,这一技术已经通过PCT审查。公司技术和产品具有鲜明的独创性、综合性和垄断性特点。这一技术将为智能机器人、汽车自动驾驶等领域带来革命性发展。

1. 颠覆三维测距方式

当需要分析犯罪分子影像时,如何获取其中的身高信息?当顾客走进商场,如何通过其行走路线和拿取的商品,分析用户偏好?这些信息的获得,少不了要用三维测距"眼睛"来观测。市场现有的三维测距方式主要有激光、双目视觉、三维扫描仪器和深度相机等,这些方式各有利弊。

白云峰展示的这款深度相机,能克服现有技术处理速度慢、拍摄距离近、不能在强光下运行等弊端,可在大量场景中得到应用,是全球三维测距方式的颠覆性突破。

"我们研发的产品固态面阵激光雷达,可以说是结合了深度相机和激光雷达的各自优势,提高相机分辨率的同时又能降低成本。"白云峰介绍,正是因为有了这双"好眼睛",光珀目前已与一家公司合作,制造出了世界上第一台纯视觉引导的无人搬运车。

2. 志同道合成光珀

目前,在哈佛大学校史馆,已经装有光珀与该校及FaceBook联合开发的产品,用于分析游客在校史馆中驻留情况等信息。

"线下消费行为分析,是目前非常流行的研究方向。"白云峰介绍,"利用深度相机,用顾客在商场里走一圈的时间,我们就能分析出他最感兴趣的商品是什么,运用大数据处理后获得的数据对商场商品的设置将有重要的决策作用。"

自2013年初次创业至今,白云峰越来越明白一个道理:技术是创业的最核心支点,追求创新驱动,才能创业成功。而在创业过程中,他也做了很多努力和尝试。

"首次创业,是我到浙江一家平面片材生产企业调研时发现,人工检测产品受到很多限制因素,如费眼力、耗体力,导致人工检测成本高、效率低等。"由此,"机器换人"的思想便扎根在白云峰的脑海中。

白云峰找了同在浙大篮球队打后卫的队友、比他高两届的浙大光电专业直博研究生王旭龙琦。两人一拍即合，在学校附近租了一处 10 m^2 的房间，开始了“机器换人”的第一步尝试。

“每天连续工作十几个小时的日子，真是难熬极了。不过，也因此换来了针对平面片材生产企业的第一台检测机得以快速上线。”白云峰说，“这家企业因为新装备可以给出标准的检测报告，拿到了 200 万美元的外贸订单，扭转了差点倒闭的颓势。”

就这样，白云峰二人看到了用机器“眼睛”改变世界的希望。两人随即成立了第一家公司。

3. 解救实验室“珍藏品”

2015 年 5 月，光珀科技有限公司正式成立，而今，从当初的两个人发展到现在的 50 人研发团队。“这些年来，我一直想要做的创业其实是链接大学实验室和市场，填埋两者之间的鸿沟。”而在白云峰的团队成员中，浙江大学科学家、来自微软公司和亚马逊等公司的顶级研发人员，撑起了技术研发一片天。

据介绍，本届大赛展现的这款三维相机，最早是由浙江大学光电学院一位教授发明的三维相机成像方法而制成的。然而，在白云峰与该教授合作之前，这项技术却被“锁”在实验室两三年。“这是一项很高质量的理论研究，而且教授也和企业谈过，但是最终都没有被成功转化。”

要让实验室的样机变成现实产品，这后面有许许多多的环节，是教授们完成不了的，白云峰认为，这恰恰是自己可以深入做的工作——通过师生共创，对接实验室到工业生产，消化技术推进产业化。

比赛答辩中，白云峰说：“创业公司要获得成功不被已有大公司碾压，最重要的是要有技术领先。”而他和伙伴们目前创业的方向，就是专注技术，在这一过程中形成顶尖产品进入市场。（摘自《中国教育报》）

(二)收敛思维

收敛思维是一种与发散思维相反的思维方式，又称聚合思维、求同思维。收敛思维要求将多路思维指向某个中心，以问题为中心，围绕中心组织信息，从不同方面向中心收敛，以达到解决问题的目的。如果说发散思维是从一点向四周放射，那么收敛思维就是从四周向某点汇集，收敛、抽象、概括是其基本核心内容。

第三节 创新思维的培养

一、培养创新思维的原则

创业者创新思维的培养应遵循以下一些原则。

(一)激发钻研的兴趣

1. 兴趣是培养创新思维的源泉

兴趣是人们从事创造性活动的驱动力，它驱使个体将自己的精力和时间集中在所从事的创造性活动中。兴趣在创新活动过程中对个体的创新思维起着诱导意向作用，它是维系持久创新能力的基础。一般情况下，当一个人面对复杂多样的客观世界时，其注意的目标往往首先指向自己所感兴趣的事物，并带着欢乐的心情，兴趣盎然地去关注它，甚至会达到忘我的境界。兴趣能够最大限度地激发个人内在的潜能，使不可能变为可能。一般地，人们在兴趣的引领下所从事的工作会表现得异常出色。

2. 兴趣源于对事物的好奇心

好奇心是指人们想要了解事物本来面目的一种心理需求，是由新奇事物的刺激引发的一种注意、接近、探索的心理和行为动机。好奇心是人们创新的起点和动机。强烈的好奇心能够引发人们对新奇的事物和现象的高度关注。许多著名的科学家从小就具有超出常人的好奇心。“发明大王”爱迪生是美国著名的科学家，他的成功就是源于强烈的好奇心。

3. 兴趣引发求知欲

求知欲是指人们对知识和真理迫切获取的欲望。求知欲望不会自然涌现，它取决于对事物钻研的兴趣。一个人对某种事物越感兴趣，其对与该事物有关的真理和知识的获取欲望就越强烈。兴趣越浓厚，渴求揭示事物真相的愿望就越强烈。兴趣能使人们的思维进入一种全身心投入的兴奋状态，不断地研究和探索新的问题，不断地创新。

总的来说，人类社会出现的许多伟大创新都源自好奇心，继而引发兴趣和求知欲望，然后通过创新者一次又一次的努力，最后使之变为现实。正是这种对事物的好奇心、兴趣和求知欲诱导着人们探索自然的奥秘、从事科学研究活动。

(二)培养质疑的态度

1.“问题”是对事物的关注

在儿童时代，每个人都会对外界产生或多或少的疑问，从小时候开始人们就有了“提问”的习惯。思考者应敢问、勤问、善问，要敢于对自己看到的现象，特别是对新奇的事物提出许多问题。对事物保持质疑的态度是一个人富于创造力的重要特征。有了问题，就表示思考者开始关注某种事物，通过思考，对司空见惯、习以为常的事物提出质疑，通过解答可以揭示事物本来的面目。

2.“问题”是创新的起点

人们在认识活动中经常会遇到一些难以解决的实际问题，从而产生怀疑、困惑的心理状态。这种心理状态会驱使人们去寻找办法，解决问题，直至有了新的发现。科学上很多重大发明与创新就是为了寻求问题的解决而成就的。可以说，创新源于问题的提出，只有发现问题，才会有创新的动因；没有问题，便没有创新活动及创新思维。

3. 质疑能够提高对事物的识别能力

培养质疑的态度必须戴上“怀疑的眼镜”，在怀疑中发现问题。善于发现问题的人总会对事物做细致的观察、深入的探究和独立自主的思考。我们要学会做生活中的有心人，处处留意观察细节的地方，认真思考，就能够发现问题。古人云：“大疑则大悟，小疑则小悟，不疑则不悟。”当然，我们讲的怀疑是指理智的怀疑，不是不假思索、随意的怀疑，甚至否定一切。在提问和质疑中提出自己的独特看法，能够提高个人对事物的识别能力。

(三)积累知识和经验

1. 创新思维是对知识和经验的再加工

创新思维的过程实际上是对已有信息进行再加工的过程,知识和经验是创新思维产生的基础,同时也决定创新思维的水平和质量。知识和经验越丰富,观察问题越敏锐,越容易开辟创新思维活动的新领域;知识经验的层次越高,创新思维的水平和层次也越高。

2. 丰富的知识和经验有益于激发创新思维

人类经历了几千年的探索活动,已汇集成浩瀚无垠的知识海洋,创造了各门学科坚实的理论基础,形成了丰富的科学知识和方法体系。创新思维有赖于各种知识和长期经验的积累,是对各方面的知识和经验的相互交汇、渗透、综合而产生的。知识和经验越丰富广博,视野就越开阔,思考就越宽广、越深入。因此,积累知识、总结经验有益于创新思维的培养,大学生应加强学习、开阔视野、总结经验,不断激发创新思维。

二、各类创新思维方式的培养

创新思维可以通过有计划的锻炼与培养获得,以下主要介绍直觉、灵感、想象力、联想力和发散思维等思维方式的培养。

(一)直觉的培养

培养大学生的直觉能力,首先,必须培养和激发大学生对创新的强烈愿望,激发他们的创新激情。其次,要鼓励大学生刻苦学习,丰富科学文化知识,多参与课堂以外的活动,积极投身社会实践,注重理论与实践相结合,不断扩大自己的视野范围,增长生活的阅历和见识。在生活中,大学生要树立自信心,养成用直觉去观察事物、思考问题的习惯,应大胆地对一些问题进行预测和猜想。当然,直觉思维的正确与否,还需要经过严密的分析、检验和论证。

(二)灵感的培养

要培养大学生的灵感思维,首先要培养大学生勤于思考、勇于探索的习惯,因为它绝不是天上掉馅儿饼,而是在一定知识储备的基础上,对疑难问题久经沉思之后在不同知识信息之间的突然沟通。

1. 灵感的产生

灵感绝不会无缘无故地产生,它必须以刻苦的学习、长期的尝试和持久的思索为前提,是在思想高度集中、深思熟虑以后产生的。没有冥思苦想,便没有灵感的产生。灵感往往是在原来的习惯思路中断之后才产生的,或者说是在按照固定思路进行长时期的沉思基本停止后才发生的。这里所说的"习惯思路""固定思路"即习常的逻辑思维,没有这种习常的逻辑思维做铺垫,灵感是不会发生的。周恩来曾经用"长期积累,偶然得之"八个字来揭示灵感产生的缘由。"长期积累"是灵感产生的前提条件,"偶然得之"是"长期积累"的结果。灵感的爆发被视为对思维个体自我认知和潜能的无意识方式的提取。

灵感的产生需要客观的因素,即拥有相关的信息;还需要主观的因素,即创新主体处于有准备的头脑激发状态。灵感的产生预示着科学研究和创造发明即将获得突破性的成功。

2. 捕获灵感的方法

捕获灵感的方法主要有以下几种。

(1)思想活动的准备。灵感是人脑进行创造活动的产物,需要长期的思考作为基本条件,包括长期的观察、联想和想象等。

(2)兴趣、知识的准备。创新者要有广泛的兴趣、丰富的知识经验,这样才有助于获得借鉴,容易得到启发,这是捕获灵感的另一个基本条件。灵感是人们经过长时间的学习和苦思之后才获得的,是以丰富的知识、理性的思考和追求正确的结论为基础的。

(3)情绪状态的准备。创新者要保持乐观镇静并保持愉悦的情绪,才能增进大脑的活力和感受能力;同时,还要注意摆脱惯性思维的束缚,自我放松。

(4)及时记录。由于个体状态的不同,灵感捕捉的时机也不同。创新者要珍惜最佳的时机,做好及时捕捉灵感的精神准备和物质准备。如果事先没有准备,从而没有及时记录灵感的内容,时过境迁,就可能再也记不起来了。

(三)想象力的培养

想象力不受时空的限制,借助一定技巧的想象力能够创造美的物象、美的环境。培养想象力的途径如下。

1. 丰富知识经验,增加形象储备

创造需要原材料,没有丰富的知识经验和相应的形象储备,有关的新形象是很难创造出来的。大学生应尽可能多地接触自然,接触社会,接触世界上的万事万物,对尽可能多的事物产生基本的认识,拥有众多的事物形象。

2. 参与角色扮演

在角色扮演的练习中,人的想象力能够得到很大的发挥。在扮演中,角色越投入,其想象力越活跃。因为扮演者可以想象自己的角色在故事情节中将会怎么样,从而依据自己的想象将角色演绎得有声有色。

3. 多听故事

通过听故事的方式可以培养人的想象力。因为从听觉的途径获得的故事情节必然会在人的大脑中通过想象反映出来。当一边听录音的故事,或一边听别人讲述的故事时,人的大脑中便会不断出现故事中的人物、情景,还能想象后续的情节可能会怎样。经过听故事的练习后,想象力将得到大大的提升。

4. 多绘画,多听音乐

绘画能够培养人对事物的观察力、记忆力,绘画能力越强,能够想象到的事物便越多、越清晰。听音乐可以引发人们的遐想,在听不同类型的音乐时,人们会想到不同的情景。

(四)联想力的培养

创业者可经由以下途径来培养自己的联想力。

1. 深入体验生活

创业者要培养联想力,就必须储备好丰富的形象记忆、知识记忆和思考记忆,而这些记忆来源于对实际生活的深入观察、深入体验。抓住日常生活中的一人一事、一情一景,随时随地展开联想,并且把联想的结果写下来。养成这种培养联想力的习惯,对储备写作材料是很有帮助的。

2. 多欣赏文艺作品

在欣赏文艺作品时，将自己的身心完全沉浸在作品所表现的艺术境界中，凭借作品提供的形象和思想，设身处地、天马行空地去联想，在享受美感的同时，也能达到培养联想力的目的。

3. 运用“朦胧”想象构思方法

有的教师在教学生写作文时，常常把学生带到野外，面对蓝天、白云，或一棵树、一座山，先注视凝思，再闭目遐想，展开想象与联想，然后记下所想的一切。这就是运用“朦胧”想象的方法培养学生的联想力、想象力。

联想力不是与生俱来的，而是经过后天的培养和锻炼而成的。如果没有丰富的生活和知识储备，没有在日常生活和写作实践中长期刻苦的培养和训练，就很难有超出常人的联想力。

拓展阅读

联想思维的训练

联想思维可以在日常生活中培养和自我训练，也可以在教师的指导下进行强化训练。这里说明一下强化训练的注意事项：第一，在读完题目后，要立即进入题目的情境，设身处地地进行联想，虚拟的情境越逼真，效果就越好；第二，开始联想后，每联想到一件事物，就填写在题目后的表中，直到不能再想为止，但不要急于求成；第三，一般可用 2～3 min 完成一道题目，时间一到，马上转入下一题目。下面开始联想思维的训练。

(1)在两个没有关联的信息间寻找各种联想，将它们联系起来。

例如，粉笔、原子弹：粉笔—教师—科学知识—科学家—原子弹。

①足球、讲台。

②黑板、聂卫平。

③汽车、绘图仪。

④油泵、台灯。

(2)分别在下面每组字上加同一个字使其组成不同的词。

①自、睡、味、触、幻、感。

②阔、大、博、东、告、意。

③具、教、理、士、边、家。

(五)发散性思维的培养

发散性思维的培养要注意突破思维定式，培养多向思维。

1. 突破思维定式

思维定式是指在长期的思维实践中，每个人都形成了自己所惯用的、常规处理问题的思维方式。当面临外界事物或现实问题时，人们会不由自主地沿着特定的思维路径对问题进行思考。过去的思维影响着当前的思维，形成了固定的思维模式，成为思考类似问题的惯性轨道。

在日常生活中，思维定式可以帮助人们解决每天碰到的 90％以上的问题，但是，思维定式不利于创新和创造，会成为人们的思维障碍。人们在思考问题时，要有意识地抛开大脑中思考类似问题所形成的思维模式，排除它对寻求新的设想可能产生的束缚作用。

经典案例

养成创新习惯

有人做过一个有趣的测试：让一群既不会骑自行车也不会骑三轮车的人骑三轮车，发现他们一上来就骑得比较好；再找一群会骑自行车而从来没有骑过三轮车的人，发现他们第一次骑三轮车时总是东倒西歪。为什么会骑自行车的人反倒骑不好三轮车呢？这是因为，会骑自行车的人是用过去骑自行车的老习惯来对付三轮车这个新事物，自然很难驾驭。

2012年1月19日，拥有131年历史的摄影器材企业——柯达向法院递交破产保护申请。辉煌时期，柯达曾占据全球胶卷市场的2/3。然而，由于数码影像方便快捷、易于分享的优势，随着数码成像技术的发展与普及，数码影像产品席卷全球，传统的胶片市场迅速萎缩。昔日摄影业龙头老大走到没落境地。显然，柯达犯了思维上的错误，舍不得丢弃已到手的胶片市场。因此，要创新，必须解决思维的问题，必须突破思维的障碍。

习惯是人们在工作和生活中养成的思维惯性和行动方式。一旦形成习惯，人们就会不知不觉地进入惯性轨道，按照惯常的方式说话、办事、想问题。英国哲学家培根就说过，习惯是一种顽强而巨大的力量，它可以主宰人生。习惯可以帮助人们在工作和生活中保持熟练的行为状态，迅速解决问题，但也会束缚人们的创新思维。尤其是在社会快速发展、新生事物层出不穷的时代，如果总是固守习惯，就难以适应新实际新要求。只有打破不合时宜的旧习惯，才能发现前人没有发现的新事物新方法，才能找到和抓住创新的机会。

心理学研究表明，思维定式可以通过自觉的自我调适和积极的实践来改变，可以用持之以恒的自我提醒来更新。事实也反复证明，只要肯用心，每个人都具有改变思维定式的能力。党的十八大以来，创新被提升到事关国家和民族前途命运的高度。新形势要求我们把创新真正内化为自觉，时时想着创新、处处彰显创新、事事体现创新。那么，如何通过改变思维定式推动创新呢？至少有以下三点需要我们重点把握。

(1)善于学习。学习的一个重要目的就是培育创造性思维、掌握创新性方法。创新需要我们常思能力不足、常怀本领恐慌、常找学习差距，始终保持强烈的求知欲望和积极的进取精神，持之以恒地学习、一丝不苟地钻研，使自己变得更加充实、更加睿智。只有通过长期、主动的思维训练，跳出思维定式、拓展思维边界，才能不断提升创新能力。要大胆跳出一般化思维的圈子，遇到问题善于从多角度、多维度寻找解决方案。

(2)永不满足。创新是一个持续动态的过程，需要敢于打破常规和现状，不断挑战自我、追求卓越。不能因过去取得的成绩而骄傲自满，更不能陶醉于已有的成果而停滞不前，而要更多地看到不足、找出差距，把创新热情和科学态度结合起来，从身边创新做起，从岗位创新做起，以“没有最好，只求更好”为目标，富有创造性地做好本职工作。

(3)自我革新。创新是对简单重复劳动及其思维方式的否定，是用新的理念去替换旧的习惯。在竞争日益激烈的时代条件下，为了不被淘汰，只能淘汰自己不合时宜的旧习惯。要经常思考自己头脑中哪些东西是已经被淘汰的、哪些东西是应该被淘汰的、哪些东西是将要被淘汰的，进而积极主动地自我革新，使头脑及时更新换代，以跟上时代的步伐，融入发展的潮流。

创新是打开束缚思维、禁锢思想沉重枷锁的唯一钥匙，改变习惯是摆脱山重水复、迎来柳暗花明的成功秘诀。创新不可能一劳永逸，新的东西时间久了又会成为习惯性的东西。只有一以贯之地推进创新、持续不断地改变习惯，才能不断实现个人进步和社会发展。（摘自《人民日报》）

2. 培养多向思维

多向思维的培养在于对问题的处理方法上要求新求异，以开拓性的思维对同一问题探求不同的答案，从而培养思维的多元性和创造性。

人们在思考问题时往往习惯于单向的线性思维定式。人们应该根据已有的信息，从不同的角度、不同的方向思考，从多方面寻求多样性的答案，而不应该仅满足于一个答案。创新者应多采用立体式的多向思维方法，尽量增加思考角度，学会从多侧面、多层次去分析和认识问题，运用多种方法，通过多种途径寻找问题的答案。

思考题

(1)大学生如何认识创新思维的重要性？

(2)什么是灵感？灵感是如何产生的？

(3)发散思维和收敛思维的含义是什么？它们之间有什么区别？

(4)创新思维的培养应该遵循什么原则？

实训与操作

(1)试预测 3～5 年后，你所学的专业在中国会发生哪些重要的变化。

(2)如果你丢了什么东西，不要急着东找西翻，而应凭直觉回忆应该丢在哪儿了，然后径直到那里去找。

(3)遇到紧急的事情，往往可凭直觉立断。回忆你以前这样做的情况。

(4)利用一个上午去图书馆翻看一些你所喜欢的报纸、杂志，回来后用笔在纸上尽可能地记下你所能记忆的内容。

(5)观察你周边人们服饰的变化，预测明年服饰的款式和流行的颜色。

(6)请从自然界、生活中寻找形象、获取灵感，设计一款新笔。

(7)联合国教科文组织倡导：今后教育内容的 80%～90%应放在学习科学方法论、学习方法、推理方法、收集资料和创新方法上。请根据以上素材发表自己的看法。

(8)一个课外小组活动日，老师进教室一看，来参加活动的学生只占教室里全体人数的一半，老师很生气。你知道这天共来了多少学生吗？

(9)小黄和小兰想买同一本书，小黄缺 1 分钱，小兰缺 4 角 2 分钱。若用他俩的钱合买这本书，钱还是不够。请问这本书的价钱是多少？他俩各有多少钱？

(10)一根不均匀的绳要烧完用一个小时，如何用它来判断半个小时的时长？

(11)用简单的线条画一幅能表达“痛苦”一词的图。比较看谁画得好、画得最有新意。

(12)用“○”“□”“△”“☆”来组合一个图形。要求组成的图形具有一定的创新性。

Chapter 5

第五章 创新方法

学习目标

- 了解创新方法的概念和作用。
- 掌握头脑风暴法、奥斯本检核表法、列举法、组合法的内容。
- 灵活运用创新的方法。

案例导读

微信小程序

2017年1月9日凌晨，微信小程序正式上线。小程序是一个不需要下载安装就可使用的应用，它实现了应用触手可及的梦想，用户扫一扫或者搜一下即可打开应用。它也体现了用完即走的理念，用户不用关心是否安装太多应用的问题。应用将无处不在，随时可用，但又无须安装卸载。(摘自股吧网)

随着小程序正式上线，用户现在可以通过二维码、搜索等方式体验到开发者们开发的小程序了。用户只要将微信更新至最新版本，体验过小程序后，便可在发现页面看到小程序TAB，但微信并不会通过这个地方向用户推荐小程序。值得一提的是，小程序提供了显示在聊天顶部的功能，这意味着用户在使用小程序的过程中可以快速返回至聊天界面，而在聊天界面也可快速进入小程序，实现小程序与聊天之间的便捷切换。(摘自亿邦动力网)

做出这样的安排，与张小龙对小程序要承担的能力有关，而小程序要承担哪些能力，又基于张小龙对未来网络世界的思考。

在微信公开课PRO版一个半小时的演讲中，张小龙把大部分时间都用在阐述移动互联网的下一站是什么、小程序的特性与定位以及开发小程序的原因上，而非简单地告诉大家:小程序的规则是什么,你们应该怎样做小程序。

在张小龙看来,移动互联网的下一站是“唾手可得”。

“我们想象在这样一个虚拟未来的智能眼镜里面,你会发现应用程序已经是完全不同的形态,跟现在手机里面的应用形态是不一样的,它是一种真正的所见即所得的形态,我说的所见即所得不同于在PC时代,我们在画图或者UI上面的所见即所得,而是说我们看到的任何具体的一些事物,它就包含了它的信息,包含了对信息的处理在里面。”

张小龙表示,这就是他对于未来应用程序形态的希望:无处不在,随时访问。(摘自搜狐网)

事实上,从微信小程序的功能设置上也能体现出这一理念,比如支持提供线下提示用户附近有哪些小程序存在的功能,通过二维码这一入口,打通小程序与线下服务之间的界限。通过线下的二维码,实现应用程序无处不在的愿景。(摘自亿欧网)

创新也需要掌握一定的方法,只有掌握了正确的、合适的创新方法,创新活动才能顺利进行,创新效果才能凸显。

第一节　创新方法的概念与作用

一、创新方法的概念

创新方法是创造学家收集大量成功的创造和创新的实例后,研究其获得成功的思路和过程,经过归纳、分析、总结而找出的一些带有普遍规律性的原理、方法和技巧。它们可以供人们学习、借鉴和效仿。

创新方法一直为世界各国所重视,在美国被称为创造力工程,在日本被称为发明技法,在俄罗斯被称为创造力技术或专家技术。我国学者认为创新方法是科学思维、科学方法和科学工具的总称。其中,科学思维是一切科学研究和技术发展的起点,始终贯穿于科学研究和技术发展的全过程,是科学技术取得突破性、革命性进展的先决条件;科学方法是人们进行创新活动的创新思维、创新规律和创新机理,是实现科学技术跨越式发展和提高自主创新能力的重要基础;科学工具是开展科学研究和实现创新的必要手段和媒介,是最重要的科技资源。由此可见,创新方法既包含实现技术创新的方法,也包含实现管理创新的方法。

创新方法基于思维心理学的基础,指导人们克服常态的思维定式,开发人们的思维能力,提高人们的联想能力和想象能力,激发人们思维的敏感性、独立性、灵活性、流畅性和连续性,是发展创新智力的有效方法。创新方法是创新的重要手段,是进行创新活动的有效智能性工具,可以拓展思路,更好地开发智力、智慧,实现创新。人们在实践过程中运用创新方法,能够省时、省力地解决问题,直接产生创新成果,还可以提高创造力和创新成果的实现率。

二、创新方法的作用

具体来说,创新方法的作用有以下几个。

(1)促进高效解决问题。人类在征服自然、改造自然的过程中遵循着一定的客观规律,创新方法就是对人类解决问题、实现创新的共性方法的高度总结和概括,运用创新方法可以使解决问题的方案更科学,可以少走弯路,更高效地解决问题。

(2)推动培养创新思维。思维惯性是决定创新能力的关键因素,思维模式不同带来的结果也就大相径庭。每个人都有一种思维惯性,习惯上将思维方式局限在已知的、常规的解决方案上,从而阻碍新方案的产生。通过学习创新方法,可以掌握各种创新思维的特征和规律,打破固有的思维模式,学会用"新的眼光"去发现问题和解决问题,敢于否定、质疑和超越常规地去思考、实践,养成创新思维的习惯,形成变通性思维。

(3)科学指导创新实践。在不同时期、不同领域里出现的创新问题及为了解决这些问题所使用的创新原理与方法是有规律的。通过学习创新方法,可以根据实践活动的具体情况,科学地运用创新方法中实用与适用的创新原理,在实际工作中实现创新,少走弯路,尽快、尽早地剔除那些复杂而效率不高的解决方案,找出更高效的解决方案,使实践活动的方案更具方向性、有序性和可操作性。

经典案例

服务"三农"——AI图像识别走入"三农"建设

"三农"问题是当前中国密切关注的社会问题,大数据技术的发展为"三农"建设带来了新的机遇。以四川农业大学资源学院地理信息科学专业学生为主组成的"人工智能病虫害识别及防治工作室"基于谷歌工作室的人工智能框架 TensorFlow,从而让 AI 图像识别昆虫,有效防治并降低害虫对"三农"建设造成的损失。

传统的昆虫分类与识别是依靠少数昆虫研究者、植保科技工作人员通过手工检查、肉眼观察来完成。这种凭主观直觉和群体经验的识别方法效率低,且由于受到识别者的主观影响,导致识别率不稳定。特别是在识别任务重时,识别准确率大大降低、影响了测报的时效性和准确度。同时,由于植保科技人员有限,而且有的位置偏远,出入不方便,他们不能随时到现场识别昆虫,往往根据农民对昆虫的形态的描述来识别昆虫,但农民的专业知识有限,无法提供准确的描述。因此,这可能会造成对昆虫种类的误判,导致不能及时防治害虫,造成巨大的农业经济损失。

据工作室成员介绍,计算机技术的飞速发展,让高分辨率的图像采集设备得以出现,让清晰、快速地获取昆虫图像变为了现实,通过昆虫图像提供昆虫的颜色、形状和纹理等视觉特征,基于图像的昆虫识别技术依据图像的这些视觉特征实现了昆虫的分类和识别。同学们开发的这款手机 APP 软件,其使用方法为在手机上下载"川农病虫害识别"APP,利用 CNN 卷积神经网络来识别图像,得出的一种模拟脑神经的计算机识别图像方法,由建立的模型经过大量的人为标志好的数据库中的图片的训练,能够基于用户实时拍摄的照片精准地识别出农作物病害,具有获取成本低、操作"傻瓜化"、界面简洁、识别精准的四大特点,然后将手机摄像头对准想要识别的病虫害,像是拍照一样,点击识别按钮,即可识别并显示具体信息。

该识别方法不仅在很大程度上解决了科技人员不足、人工识别难以完成大量昆虫识别的难题，而且能够利用现有的识别系统及时地跟踪害虫的生长状态，从而进行及时有效的防治，降低害虫造成的损失。这类识别方法不仅具有较高的学术价值，而且提高了识别效率，在实际应用中具有很高的实用价值。基于图像的昆虫识别技术在农业、森林病虫害防治、植物检疫、海关检验等领域得到广泛应用，具有深远的市场价值和意义。

资源学院“人工智能防治病虫害”社会实践团为考察软件的实用功能，走进崇州市龙富村开展人工智能防治病虫害活动。他们在农民的土烟地里，用 APP 识别出多种昆虫种类，在 APP 上跳出的昆虫图像与名称下方，还附有其对人类、植株、果实造成的危害。许多村民十分好奇和热情，纷纷与队员们进行热切交流和讨论，前来观看的村民越来越多，队员介绍了软件的使用方法：“现在智能手机很普及了，大家只需要在智能手机里安装‘川农病虫害识别’APP，再将手机摄像头对准想要识别的病虫害，像是拍照一样，点击识别按钮，就可以立即识别了，识别出来以后，底下就会显示具体信息，你们还可以点击识别结果，就会跳转到淘宝链接里，可以购买除虫治病的农药。”

“以前我们判断农作物病虫害的方法就是去请合作社的技术员来看，但是技术员每天忙得很，这附近所有村子就一个技术员，忙都忙不过来。要是有了你们这个软件，我们就可以自己来判断了。”村干部与农户在看了软件操作展示后，惊喜地表示。

社会实践团的成员们陆续走访多家农场，认真听取了村民们的反馈，收集并记录村民们提出的需求和改进意见。回校后，他们已经在原有的基础上加上精准农业和光谱遥感。根据反射特征来分析手机拍的可见光部分。这个功能跟病虫害结合起来，还可以延伸出测土、配方、施肥的软件功能。（摘自华西新闻网）

创新的核心是创新思维，而创新思维最重要的工具就是创新方法。人们在进行具体的创新活动中，为克服各种思维障碍、增加信息刺激、提高思维效率，利用创新方法达到创造性解决问题的目的。据不完全统计，目前已提出的创新方法有 300 多种，这里介绍几种典型的创新方法。

第二节　创新方法的种类

一、头脑风暴法

头脑风暴法（brain storm）又称智力激励法，其运用流程如图 5-1 所示。头脑风暴是指以小组的形式，无限制地自由联想和讨论，产生新观念或激发创新设想。这种方法是由美国创造学家奥斯本于 1939 年首次提出的。

1. 头脑风暴法的分类

头脑风暴法一经提出便在世界各国引起强烈反响，后经创造学研究者的实践和发展，最终形成了一个相对完善的发明技法群，如三菱式智力激励法、默写式智力激励法、卡片式智力激励法等。

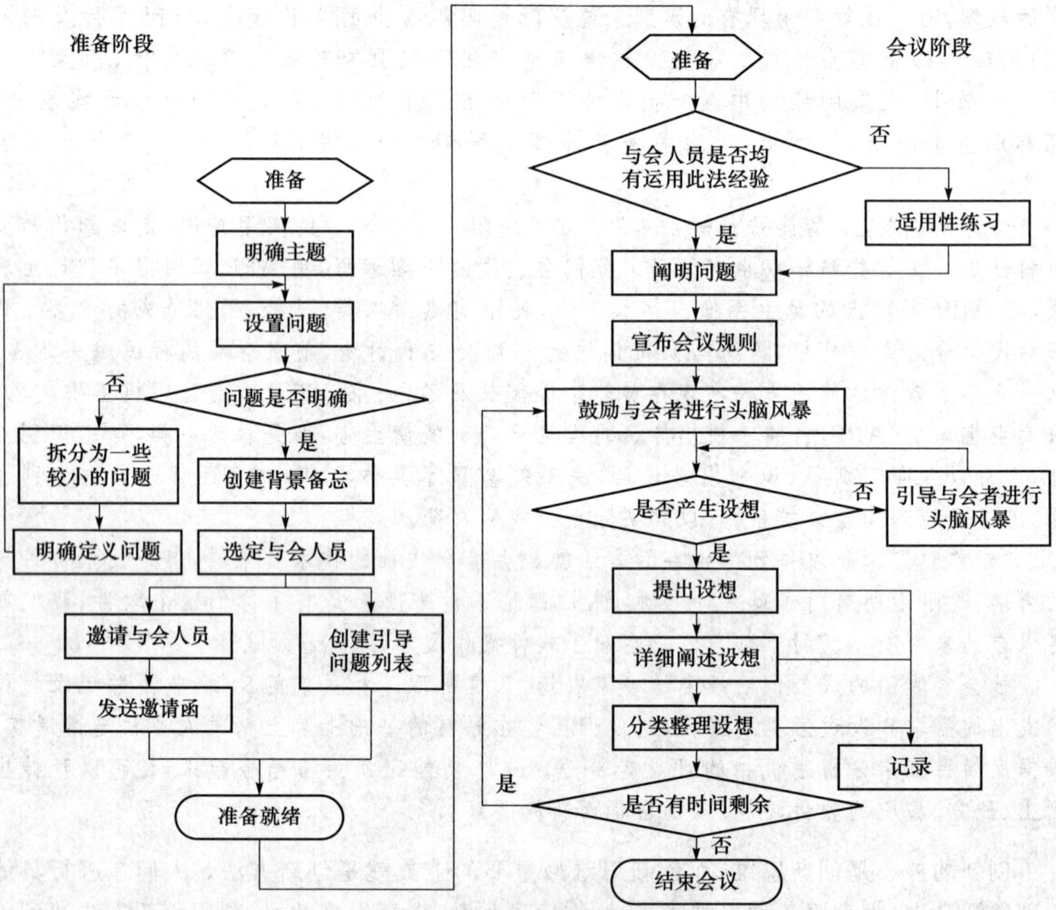

图 5-1　头脑风暴法运用流程

(1)三菱式智力激励法。三菱式智力激励法是由日本三菱树脂公司改进而成的，它的优点是修正了奥斯本智力激励法严禁批评的原则，有利于对设想进行评价和集中。

(2)默写式智力激励法。默写式智力激励法是无参照扩散法的一种，由联邦德国创造学家荷立创造，其特点是用书面阐述来激励智力。

(3)卡片式智力激励法。卡片式智力激励法又称卡片法，包括 CBS 法和 NBS 法两种。CBS 法由日本创造开发研究所所长高桥诚改进而成，其特点是可以对每个人提出的设想进行质询和评价；NBS 法是日本的广播电台开发的一种智力激励法。

2. 头脑风暴法的作用

头脑风暴法的作用主要有以下几种。

(1)引起与会者的联想反应，刺激新观念的产生。

(2)激发人的热情，促进与会者突破旧观念的束缚，最大限度地发挥创新思维能力。

(3)促进与会者产生竞争意识，力求提出独到的见解。

(4)让与会者的自有欲望得到满足。

3. 头脑风暴法必须遵守的原则

为了使与会者畅所欲言，互相启发和激励，达到较高的效率，头脑风暴法必须严格遵守下列原则。

(1)推迟判断。对别人提出的各种意见、方案的评判必须放在最后阶段。只有这样，与会者才可能在充分放松的心境下，在别人设想的激励下，集中全部精力开拓自己的思路，力求做到提的设想越多越好。

(2)提倡自由发言，畅所欲言，任意思考，任意想象，尽量发挥。主意越新、越怪越好，因为它能启发人们产生出新的想法。

(3)综合改善。鼓励巧妙地利用和改善他人的设想，这是激励的关键所在。每个与会者都要从他人的设想中激励自己，从中得到启示，或补充他人的设想，或将他人的若干设想综合起来提出新的设想等。

二、奥斯本检核表法

奥斯本检核表法又称分项检查法，它是由美国创造学家奥斯本提出的。它以提问的方式，根据创新或解决问题的需要，列出有关问题，形成检核表，然后逐个对问题进行核对讨论，从而发掘出解决问题的大量设想。

1. 奥斯本检核表法的内容

奥斯本检核表法通过引导主体在创造过程中对照九方面的问题进行思考，以便启迪思路、开拓思维想象空间，促进人们产生新设想、新方案(表 5-1)。

表 5-1　奥斯本检核表法

检核项目	含义	示例说明
能否他用	现有事物有无其他用途，保持不变能否扩大用途，稍加改变有无别的用途	电吹风的功能是吹干头发。日本的一位妇女在冬天或雨天使用电吹风将婴儿尿布上的湿气吹干，她的丈夫由此产生联想，创新出了适合宾馆等单位使用的被褥烘干机
能否借用	能否引用其他的创新设想，能否从其他领域、产品、方案中引入新的元素、材料、造型、原理、工艺、思路	医生在治疗肾结石病人的时候，借用现代的爆破技术，将炸药的分量用到只能炸碎肾脏里的结石而不影响肾脏本身的程度，创新出了医学上的微爆破技术
能否改变	现有的事物能否做某些改变，如颜色、声音、味道、式样、花色、音响、品种、意义、制造方法，改变后效果如何	一般漏斗的下端都是圆形的，用来向同样是圆形的瓶口里灌装液体，但是因瓶内空气的阻碍，液体不易流下。把漏斗的下端改成方形，插入瓶口时便留出间隙，使瓶内的空气在灌注液体时能顺利排出，而使液体灌注流畅
能否扩大	现有的事物能否扩大使用范围，能否增加使用功能，能否增加零部件以延长使用寿命，能否增加长度、厚度、强度、频率、速度、数量、价值	日本某牙膏厂在牙膏中加入特殊物质，当刷牙时间超过 3 min 时，该物质使口内牙膏由白变黑，以此提醒人们已经达到必要的刷牙时间了

续表 5-1

检核项目	含义	示例说明
能否缩小	现有事物能否体积变小、长度变短、重量变轻、厚度变薄及拆分或省略某些部分(简单化)能否浓缩化、省力化、方便化、短路化	日本大阪西卡公司推出的超轻型老花眼镜，只有 4.5 g 重(相当于普通眼镜质量的 1/5)，度数可调，深受人们的喜爱，上市不到 1 年，就在世界 50 多个国家售出 2 000 余万副，从而以“世界上最受老人欢迎的老花眼镜”载入《吉尼斯世界纪录大全》
能否代用	现有事物能否用其他材料、元件、结构、设备、方法、符号、声音等替代	用激光代替医生的手术刀治疗某些外科疾病，不但快捷、方便，而且病人几乎没有痛苦，也大大地减轻了医生的工作量
能否调整	现有事物能否交换排列顺序、位置、时间、速度、计划、型号？内部元件可否交换	过去的老式飞机，螺旋桨是装在头部的，后来有人把它安装在飞机的顶部，于是有了直升机，把它安装在飞机的尾部就有了现代喷气式飞机
能否颠倒	现有事物能否从里外、上下、左右、前后、横竖、主次、正负、因果等相反的角度颠倒过来用	英国科学家法拉第把“电流能够产生磁场”的原理颠倒过来，实现了“磁能生电”的设想，为世界上第一台发电机的诞生奠定了基础
能否组合	能否进行原理组合、材料组合、部件组合、形状组合、功能组合、目的组合	现在广泛使用的一种多功能小型木工机床，就是将平刨机、凿眼机、木工钻、木工车床等组合在一起的，它很受小型木工厂和木工们的欢迎

2. 奥斯本检核表法的实施步骤

奥斯本检核表法的具体实施步骤如下。

(1)根据创新对象明确需要解决的问题。

(2)参照奥斯本检核表法列出的九方面的问题，运用丰富的想象力，强制性地逐个核对、讨论，写出尽可能多的新设想。

(3)对提出的新设想进行筛选，将最有价值和创新性的设想筛选出来，根据实际需要提出改进方案。

三、列举法

列举法是最常用、最基本的一种创新思维方法。它是一种将研究对象的某方面属性(如特点、缺点或希望点)一一罗列出来，对其进行分析研究，从中探求出各种改进方法的创新思维方法。

根据研究对象的不同，列举法可分为特性列举法、缺点列举法、希望点列举法等。

1. 特性列举法

特性列举法是一种将创新对象的包括名词特性、形容词特性和动词特性等特征一一列举出来，然后分析、探讨能否以更好的特性来替代，最后提出革新方案的创新思维方法。特性列举法的具体实施步骤如下。

(1)选择一个目标比较明确的分析对象，对象宜小不宜大。如果是一个比较大的分析对象，最好把它分成若干个小对象。

(2)从名词特性、形容词特性和动词特性三方面对对象的特性进行列举。如果觉得按名词特性、形容词特性、动词特性进行列举不好操作，就按数量特性、物理特性、化学特性、结构特性、形态特性、经济特性等进行列举。分析对象的特性应尽可能详细地列出，并且要尽量从各个角度提出问题。

(3)分析各个特性，通过提问激发出新的创造性设想和方案。分析各个特性时，可采用智力激励法来激发创意。在上述列举的特性下尽量尝试各种可替代的属性进行置换，易产生新的设想和方案。

(4)提出新的方案并进行讨论、检核、评价，挑选出行之有效的设想来结合实际需要对对象进行改进。

2. 缺点列举法

缺点列举法是美国通用电气公司提出的一种创新思维方法。它是运用"吹毛求疵"的精神，尽力发掘事物的缺点，将其一一列举出来，然后对这些缺点进行归类、分析，以找出改进方案的方法。在这个过程中，缺点列举得越多越好，以便把问题彻底暴露。缺点列举法的具体实施步骤如下。

(1)列举缺点阶段。通过会议、访谈、电话调查、问卷调查、对照比较等方式，广泛调查和征集意见，尽可能多地列举事物的缺点。

(2)探讨改进方案阶段。对收集到的缺点进行归类和整理，并对每类进行分析，在此基础上提出改进方案。

3. 希望点列举法

希望点列举法是与缺点列举法相对应的一种创新思维方法。如果说缺点列举法是寻找事物的缺点进行创新的话，那么希望点列举法就是根据人们对事物的愿望要求来进行创新的思维方法。希望点列举法与缺点列举法的一个重要差异在于：缺点列举法一般来说是一种被动型的创新思维方法，因为缺点列举法不可能离开事物的原型来分析，但是希望点列举法却有很大的主动性，它完全可以不受事物原型的约束，只从创新者或用户的希望与追求的出发点为创新构思的基点。因此，希望点列举法是一种积极主动的创新思维方法。希望点列举法的具体实施步骤如下。

(1)通过会议、访谈、问卷等方式，激发和收集人们的希望。

(2)对大家提出的各种希望进行整理和研究，形成各种希望点。

(3)在各种希望点中选出目前可能实现的希望点进行研究，制订革新方案，创造新产品，以满足人们的希望。

四、组合法

组合法是指按照一定的技术原理，通过重组合并两个或多个功能元素，开发出具有全新功能的新材料、新工艺、新产品的创新方法。这种创新方法不同于突破性创新中完全采用新技术、新原理的方法，是对已有发明的再开发利用。根据组合方式的不同，组合法可分为主体附加法、异物组合法、同类组合法、重组组合法、信息交合法等。

1. 主体附加法

主体附加法又称为内插式组合法，是在原有的技术思想中补充新内容，在原有的物质产品上增加新附件，从而使新得到的物品性能更好、功能更强的组合方法。它常适用于对已有的产品做不断完善和改进。主体附加法的实施步骤如下。

(1)有目的地选定一个主体。

(2)运用缺点列举法全面分析主体的缺点。

(3)运用希望点列举法，对主体提出种种希望。

(4)考虑能否在不变或略微改变主体的前提下，通过增加附属物以克服或弥补主体的缺陷。

(5)考虑能否通过增加附属物，实现对主体寄托的希望。

(6)考虑能否利用或借助主体的某种功能，附加一种别的东西使其发挥作用。

2. 异物组合法

异物组合法是将两种或两种以上的技术思想或具有不同功能的物质产品进行组合。组合的结果是产生新的思想、新的概念、新的技术或新的产品。例如，索尼公司把耳机和一台收音机组合起来，就发明了随身听。由于不相似或不相同的事物是没有穷尽的，所以，相对主体附加法和同类组合法来说，异物组合法的思维广度和深度更大，其创造性也更强。异物组合法的具体形式主要有以下几种。

(1)功能组合。功能组合就是把不同物品的不同功能、不同用途组合到一个新的物品上，使之具有多种功能和用途。在生产实际和日常生活中，功能组合的机会很多，组合的环节简单，成功率较高。

(2)原理组合。原理组合是指将某一事物的原理同别的事物的原理相互渗透、融会贯通，从而得出一种新方法或新理论。在事物的组合关系中，原理的组合是一种高层次的组合，具有组合对象难找、组合过程复杂的特点，但这种组合的创造性较强，可能会产生突破性的成果。

(3)意义组合。意义组合功能不变，但组合之后赋予事物新的意义。例如，一件普通的T恤衫可能并没有人会去买，但如果印上所在学校的名称，就会给学生带来一种归属感、自豪感，成为有纪念意义的衣服，不仅会受到学生的欢迎，甚至会得到他们的收藏。

(4)构造组合。构造组合是指将两种东西组合在一起，它便有了新的结构并带来新的实用功能。例如，房车就是房屋和汽车的组合，它不仅可以作为交通工具，还可以作为居住的场所。

(5)成分组合。成分组合是指两种物品成分不相同，组合在一起后就构成了一种新的产品。成分是指构成事物的各种不同的物质或因素，它直接关系着创造的原理与结构，成分的组合是利用已知的物质进行组合而做出的某一创造。

(6)材料组合。材料是人们用来制作有用物件的物质，是构成创造成果的物质基础。

人们在进行创造时，总是先利用现有的材料，当现有的材料不能满足创造要求时，就需要对材料进行创造。其中，把两种或两种以上现有的材料组合起来解决问题的方法就是材料组合方法。不同材料组合在一起，不仅可以改善原物品的功能，还能带来新的经济效益。

3. 同类组合法

同类组合法是两种或两种以上的相同或相近的事物的组合，其特点是参与组合的对象与组合前相比，其基本性质和结构没有根本变化，是在保持事物原有功能或意义的前提下，通过数量的变化来弥补功能上的不足或得到新的功能。

同类组合的目的是在保持事物原有功能或原有意义的基础上增加新功能或新意义，而这种新功能或新意义是单个事物不具有的。同类组合的条件是根据需要来决定的。简单、复杂的事物都可以组合，关键是看其有没有必要组合，究竟需不需要组合，是否具备组合的条件。同类组合时，要考虑以下两个方面。

(1)单独事物组合后，其功能是否更好、是否有新意。

(2)两个以上相同事物组合后，能否有新的功能和新的意义，能否赋予新的特征。

同类组合法进一步利用了已有的事物，并使组合过程变得比较简单。同类组合往往具有事物的对称性或一致性趋向。

4. 重组组合法

重组组合法是改变原有事物的结构组合方式，使原有元素在不增加数量的情况下，改变原有事物性质的组合。重组组合是在事物的不同层次上分解原来的组合形式，然后再以新的思想重新组合起来，其特点是改变了事物各部分之间的相互关系。因为它是在同一事物上施行的，所以一般不增加新的内容。重组组合法的构思方式一般有以下几种。

(1)变位重组。变位重组即通过改变组成要素的相对位置进行重组构思。例如，早期的双门电冰箱都是上部为冷冻室，下部为冷藏室，这种结构的冰箱存在一些不足，如空气流通的规律是热空气向上流通，而上部正好是冷冻室，造成冰箱比较费电；再如，通常情况下使用比较多的是冷藏室，而冷藏室却在下部，造成取东西不太方便。通过变位重组把冰箱改成上“热”下“冷”式的结构，可以克服早期冰箱的不足。

(2)变形重组。变形重组即先对组成部分进行适当的变形，然后进行重组。

(3)模块重组。模块重组即把组成事物的各要素按模块化设计，使用时，根据需要进行模块化组合。模块化结构有利于产品的标准化、通用化、系列化，有利于缩短设计的时间和试制时间。

5. 信息交合法

信息交合法是由我国创造学研究者许国泰发明的，它是指将思考对象的所有信息要素按照不同类别分类，每一类作为一条坐标轴，然后根据需要把各种坐标点有机地结合起来，并从各种信息的交合点入手进行创造的一种思维方法。信息交合法有利于人们打破传统思维定式，为创新思维提供丰富的信息资源，提高创新思维的质量和水平。信息交合法的交合方式主要有以下几种。

(1)成对列举交合。成对列举交合是创新主体将任意的两个事项组合起来，成对列举，或把某一范围内的事物一一列举，依次成对组合，从中获得独创性设计方案的方法。成对列举交合法既有特性列举法务求全面的特点，又汲取了强制联想法易于产生新颖设想的优点，是启发思想效果比较好的创新思维方法。

(2)平面坐标交合。平面坐标交合是从 x 坐标和 y 坐标两个方向列出信息元素后进行成对交合思考的方法。这种方法利用坐标系促使人们从意义上缩小不同事物之间的差距，使原来无关的事物建立起联系，并演变为新事物。

(3)立体交合。立体交合是在确立一个问题点后以此为中心，分解列出许多不同的各种变量的坐标，而每一变量坐标又可以不断分解设置下去，然后用线线相交或面面相交的办法，寻找新的创意的方法。

经典案例

罗辑思维"得到"把知识服务做成了一门生意

罗辑思维在 2015 年 11 月拿到凯文·凯利的《必然》的全球首发权，首发期 2 个月在图书商城销售了 20 万册，开放购买第一天就卖掉了 2 万册。目前在罗辑思维商城全部都是独家版权的书，包括最近和菜头新出的《槽边往事》，只在罗辑思维平台上进行了发售。

这样的成绩多少离不开罗胖的节目效果。但后来栏目组经常听用户说"我是你们视频的听众"，于是就产生了做音频的想法，后来发现电子书也是很好的呈现方式，便做了一个子产品——"得到"。

自 2015 年 11 月 18 日上线以来，得到的累积注册用户达到 42 万人，日活比例 18%，用户付费比例达到 20%，在苹果商店的图书畅销榜一直排在前十。如果说罗辑思维节目主要是罗胖人格魅力的展现，那"得到"则更多是通过标准化的产品服务来俘获用户。

1. 提供干货图书+有料音频

得到是一个提供知识服务的 APP，每天为用户提供 6 条免费的语音，每条时长 2 min 左右，大多是知名大佬的商业观点或科学理论；另外还提供干货图书(精简版的电子图书)和音频演讲资料。

替代其他阅读平台提供免费试读的机制，得到的内容团队把原著里经典的理论和案例做成金句，通过这些来吸引读者。

罗辑思维联合创始人快刀青衣告诉创业邦，他们的目标客户群体是职场上的小白领和部分有阅读需求的大学生，之所以为他们提供浓缩版的电子书，首先，是降低他们在阅读时的知识选择成本；其次，是为用户节省时间，当然如果读者在看完精简版之后对原著更感兴趣则可以在平台上购买原著；再次，为用户提供直接的知识服务使用户可以直达知识本身，而传统阅读中部分读者往往在买到书后就不再翻看，或难以坚持下去。

2."知识买手"转述原著核心内容

得到平台雇用"知识买手"进行选书并进行精简呈现，把书里的内容浓缩到 1 万字以内，"这种浓缩并不是机械地缩写，而是对文章内容的要点提炼和转述"，快刀青衣告诉创业邦。这些知识买手的身份大都是原来的媒体人，比如来自三联生活周刊、财经天下等媒体，有丰富阅读经验和编辑经验。

此外，得到的图书内容团队大概包括三类人：原书作者、国外译著的责任编辑、大学学科教授。因为内容浓缩的特殊性，得到从一开始所做的推荐书目就大多是社科类、经济管理类和少量历史类的严肃阅读题材，得到平台要求其内容团队在看完一本书之后能口头转述其核心观点，通过转述为用户精简、提炼书中的知识内容，这样的电子书在得到平台上售价为 2 元左右。付费语音则以知识的价值计算，而非语音的时长，1～19 元不等。

得到这样的做法曾一度遭到“鼓吹碎片化阅读”和“站到阅读对立面”这样的质疑，对此快刀青衣坚定地认为爱读书的人永远在读书，不读书的人永远也不会读，而得到提供的只是一种供用户选择的知识服务，一方面降低用户的选择成本，一方面降低严肃阅读内容的阅读门槛，节省时间。

3. 不再依赖广告收益，直接 To C 收费

相较于 iBook、微信读书等电子阅读平台不同的是，得到主要是为用户提供知识服务，而非单纯的阅读平台和工具。这种知识服务包括为用户筛选有价值的书、为用户提炼和精简书中的观点。此外，这种服务是直接收费的，这和当前市面上主流的“内容免费，靠广告赞助盈利”的商业模式不同。快刀青衣认为，“单纯靠广告收益很难达到成倍的收益，同时也离用户距离更远，直接 To C 收费才是良性的盈利模式”。

4. 将探索《纸牌屋》式的内容生产机制

得到所做的这门生意主要是通过与作者和出版社合作达成的，平台的盈利收入同出版社和原作者进行分成。那么，这样的图书销售模式在其他方面对原著的作者、出版机构又有怎样的影响呢？

对于作者而言，原著的精简内容在平台上上架后，可以清晰、及时地记录图书的购买人数、阅读状况。此外，如果作者对书的内容有需要增补的内容就可以直接在平台电子书上添加，而不是像传统出版社那样花费大把时间去做修订版。

此外，对于原著的作者来说，走传统出版流程从策划、立项、签约、三审三校、排版到送审、书号、菲林、发行平均需要 3～6 个月的时间，修订版往往时效性不强，销量不佳。

对于出版社而言，他们一开始拒绝的，但是罗辑思维的破冰试水也让他们尝到了甜头。因为罗辑思维和得到平台本身的图书推荐就是对该品牌的形象露出，精简版的内容一方面会降低原著的阅读门槛，同时会增加该著作的品牌效应。

未来，得到还将探索一种类似《纸牌屋》生产机制的图书出版机制，根据在平台上的图书销售情况和用户阅读数据监测分析，得到平台为作者提供写作意见，比如关于写什么样的内容，用什么样的文字表达形式，一切建立在用户数据基础之上。（摘自创业邦）

思考题

(1)头脑风暴法的内容和流程是什么？

(2)奥斯本检核表法的实施步骤包括哪几步？

(3)简述组合法的内容。

实训与操作

练习使用头脑风暴法

1. 实训目的

通过练习头脑风暴法，进一步掌握创新方法的含义和作用，为以后的创新奠定基础。同时，也达到活跃课堂气氛的目的。

2. 实训内容

(1)明确头脑风暴法会议组织的步骤和要求，拟定讨论主题。

(2)运用头脑风暴法分析问题。

(3)最终各个小组形成报告汇总到教师手中，教师对各个报告进行点评。

Chapter 6

第六章 创新型人才

学习目标

- 了解创新型人才的内涵和特征。
- 了解创新型人才培养的模式和途径。
- 培养成为一名创新型人才的意识。

案例导读

2016年4月25日，在雅安市政务服务中心，作为大学生创业者的四川农大的金柳同学偶遇了来雅安视察灾后重建的李克强总理。与总理相见十几分钟成了她“一生中最珍贵的时刻”。在她还沉浸在见到总理带来的喜悦中的时候，5月底，中央电视台《走遍中国》栏目组又专程来校，以她为主角拍摄专题片，聚焦这个“穿高跟鞋跑沼气工地90后美女硕士”的创业故事。

金柳只是四川农大众多由学生向创业者转变大潮中的一个缩影。作为一所拥有百年办学历史的211工程重点大学，四川农大在“大众创业、万众创新”的浪潮中，将学生就业与创新创业列为学校的“头号民生工程”，不断完善创新创业工作体系，探索形成了一条以创新带动创业、以创业促进就业的具有川农大特点的良性发展之路。

1. 创新创业课程催生梦想

“我的人生被一次选修课改变了。”动物医学院药学14级赵巧玲笑着说。一门押花的公选课上，激发了她用独特的押花工艺创业的想法。于是，怀瑾花艺文化传播有限公司成立了，还一举拿下了2016年“创青春”全国大学生创业大赛校内总决赛特等奖。现在，她正致力于将商业与公益相结合，让押花事业更上一层楼。

“学校十分鼓励创业，本科时就有必修的2个创业学分，常请企业家给我们作创业辅导讲座。"刘一盛坦言，在学校受到的创新创业教育为他之后的创业奠定了坚实的基础。

2. 再弱小的创新创业点子也能得到呵护

动物科学院2014年毕业的周承伟，现在是雅安多赢蜜蜂养殖专业合作社理事长，他的创业之路颇具传奇色彩。2013年6月的一天，和四个同宿舍室友一起吃午饭时，他们开始了创业大讨论，大家觉得养殖蜜蜂见效快投入少。在征求指导老师意见后，四人说干就干，立马开始了创业。从学校农场养蜂基地分出4箱蜜蜂，再放置到搭建的养蜂小舍里饲养，只用了一天，他们的创业之路就开始了，这次创业仅花了107元。就在这样看似游戏的创业起步中，周承伟一步步地走到了今天。毕业前，周承伟拿到了学校创业基金支持，并成立了雅安多赢蜜蜂养殖专业合作社，注册资金100万元，依托四川农业大学养蜂技术及科研力量，以"大学生＋合作社＋科研单位＋电商＋旅游文化产业"模式，针对雅安市内丰富而特有的蜜源资源，对养蜂配套技术进行研究和推广。目前，他的合作社有社员102户，蜂群数量3 000余箱。

3. 母校是学子创业的坚强后盾

陈飞宇种植中药材重楼时遇到了一个技术难题——重楼有休眠期，从种子到发芽要经历2年时间，极度影响重楼种植。联系上学校新农村发展研究院的中药材专家田孟良老师后，双方开始联合开展科技攻关，几经试验，把种子发芽期硬生生缩短到6个月。目前，这一技术已经申请了专利，而由田老师领衔的四川农大药用植物学博士工作站也正式在公司挂牌。"母校是我们创业的坚实后盾！"陈飞宇感叹。

4. 创新意识的培养才是根本

创新创业的根本在于创新意识的培养，有着"24K"纯金学霸美誉的马良同学，现已被北京大学—清华大学生命科学联合中心(CLS)录取为直博生。他的成长与在学校的系列创新活动中的历练分不开。大一，他在老师指导下，主持申请了学校创新性实验计划项目"品种与环境互作对四川小麦加工品质的影响"。大二，他参与了老师指导的国家级创新创业计划项目"玉米萜类植保素对小斑病的防御响应研究"。大三，他参加了挑战杯课外科技作品竞赛，并获得了省级决赛一等奖。正是这些锻炼，让北大的面试老师称赞他："具有良好的科学素养。"

机电学院电气2012级的侯景瑞是学院闻名的小发明家，现在他已经拥有十五项发明专利，就拿他发明的西瓜智能采摘机来说，这台机器利用无线系统获取西瓜图像，传输至计算机，随后定位，就可以控制机械臂进行摘取工作，包含了五项专利。西瓜智能采摘机在全国大学生课外学术科技作品竞赛中斩获了校级特等奖。(摘自四川农业大学新闻网)

第一节 创新型人才的内涵和特征

一、创新型人才的内涵

建设创新型国家需要培养大量的创新型人才。那么，什么样的人才可称为创新型人才？对这个问题的看法可以说是“仁者见仁，智者见智”。但越来越多的学者认为“具有创新思想”或“具有创新精神”是创新型人才的基本内涵。美国《创新杂志》对“创新”所下的定义是，运用已有的知识想出新办法，建立新工艺，创造新产品。因此，所谓创新型人才，是指具有创新意识、创新思维、创新能力、创新精神，能够孕育出新观念，并能将其付诸实施，取得新成果的人。创新型人才需要具备四个重要品质，即强烈的创新意识，扎实广泛的基础科学知识，勤于思考、善于实践的能力，不怕艰难与失败的顽强精神。对创新型人才内涵的理解可以从以下几方面把握。

1. 创新型人才是全面发展的人才

创新型人才的基础是人的全面发展。创新意识、创新精神、创新思维和创新能力并不是凭空产生的，也不是完全独立发展的，它们与人才的其他素质有着密切的联系。从这个意义上讲，创新型人才首先是全面发展的人才，是在全面发展的基础上创新意识、创新精神、创新思维和创新能力高度发展的人才。

2. 创新型人才是个性自由、独立发展的人才

个性的自由发展是创新型人才成长与发展的前提。日本临时教育审议会关于教育改革的第一次审议报告指出：“创造性与个性有着密切的联系。”大学要培养具有创造性的创新型人才，就必须首先使他们成为一个作为人的人、真正自由的人、具有个体独立性的人，而不是成为作为工具的人、模式化的人、被套以种种条条框框的人。虽然不能说个性自由发展就会令人有创造性，就能成为创新型人才，但没有个性的自由发展，创新型人才就不可能诞生。从这个意义上讲，创新型人才就是个性自由、独立发展的人。

3. 创新型人才是立足于现实而又面向未来的人才

无论是创新还是创新型人才都是历史的概念，在不同的历史时期，人们对创新和创新型人才的理解都会有一些异同。当代社会的创新型人才，是立足于现实而又面向未来的创新型人才，应该具备以下几方面的素质：博、专结合的充分的知识准备、以创新能力为特征的高度发达的智力和能力、以创新精神和创新意识为中心的自由发展的个性、积极的人生价值取向和崇高的献身精神、强健的体魄。

二、创新型人才的特征

综合国内学术界的一些观点，创新型人才具有以下基本特征。

(1)对问题具有高度的敏感性。创新型人才不仅能够很快注意到某一情境中存在的问题，并设法寻求新的解决途径，而且能够在貌似平淡无奇的事物中觉察到一些奇特的、不同寻常的事情，并展开思考。

(2)观念具有高度的开放性。在相同的环境条件下，创新型人才能够在同样时间内形成较多的观点或想法。

(3)思维具有灵活性。创新型人才可以轻易摆脱惯性，摆脱原有的思维定式，根据不同的信息修正自己对问题的认识，具有极强的适应性。

(4)认识具有新颖性。创新型人才思想活跃，能够经常提出不同寻常且又可以被人们所接受、认可的观点。

(5)人格特征鲜明。创新型人才具有较强的个性和独立性,有着较强的成就动机,期待取得成功,他们不唯书、不唯上,只服从真理。这种个性特征常常使他们在行动上敢于冒险,不愿忍受繁文缛节的束缚,敢于成为第一个吃螃蟹的人。以上特征实际上体现了创新型人才的三个主要方面,即创新能力、创新意识和创新人格。创新能力主要表现在创造性思维、敏锐的问题意识、创造性想象和合理的知识结构几方面;创新意识主要表现在强烈的好奇心和求知欲,创新的兴趣、动机等方面;创新人格主要表现在强烈的成就动机、良好的合作精神、优秀的调控能力、冷静的态度等方面。

第二节 培养创新型人才

一、培养创新型人才是时代发展的需求

创新型人才是当今世界最重要的战略资源。大力培养创新型人才,已成为各国实现经济发展、科技进步和国际竞争力提升的重要战略举措。

改革开放近四十年来,我国人才总量不断增多,高层次人才队伍不断壮大,人才结构不断改善,人才培养成效显著。但另一方面,面对全球科技日新月异的发展和我国经济转型升级的新要求,我国的创新型人才培养模式还存在一些突出问题:一是人才培养体制不健全、导向不科学,存在重学历轻能力、重学术成果数量轻质量等现象;二是高端人才匮乏,缺乏掌握核心技术和自主知识产权的人才,在全球产业竞争和国家安全方面存在隐患;三是人才分布不均衡,西部地区的人才竞争力和人才使用效益较低;四是企业尚未成为技术创新人才培养的主体,企业内专业技术人员的比重较低,研发能力与发达国家企业相比还有很大差距。

我国正处于全面建成小康社会的关键时期和全面深化改革、加快转变经济发展方式的攻坚时期,创新型人才培养工作非常重要而紧迫。党的十八大指出,应加快确立人才优先发展战略布局,加大创新创业人才培养支持力度,充分开发利用国内、国际人才资源。这为新时期大力培养创新型人才指明了方向。

拓展阅读

创新的事业呼唤创新的人才

创新的事业呼唤创新的人才。实现中华民族伟大复兴,人才越多越好,本事越大越好。知识就是力量,人才就是未来。我国要在科技创新方面走在世界前列,必须在创新实践中发现人才、在创新活动中培育人才、在创新事业中凝聚人才,必须大力培养造就规模宏大、结构合理、素质优良的创新型科技人才。要把人才资源开发放在科技创新最优先的位置,改革人才培养、引进、使用等机制,努力造就一批世界水平的科学家、科技领军人才、工程师和高水平创新团队,注重培养一线创新人才和青年科技人才。(摘自习近平在中国

科学院第十七次院士大会、中国工程院第十二次院士大会上的讲话）

二、创新型人才培养的基本模式

培养创新型人才要走出以知识传授为主的传统教育模式，创新型人才培养是以继承为基础，以发展为目的，以培养创新型人才为基本价值取向的教育。因此，创新型人才培养更加重视以下几种教育模式。

1. 教师与学生互动、引导与自学结合

学生是创新教育的主体，教师是主导。在创新教育中，营造教师与学生双向互动的教学氛围，促使学生发挥主动性，创造性地学；教师发挥主导性，创造性地教。

2. 课内与课外并重、校内与校外结合

课内和课外是学校教育的两种基本形式。课内教育注重知识的系统性，是学生学习的主渠道。课外教育通过课外活动开展，侧重于理论的应用和知识获取能力的培养，是对课内教育的强化和补充。实施创新教育，坚持课内教育与课外教育并重的原则，既可克服只重视课内教育、忽视课外教育的不良倾向；又可消除创新教育就是加强课外教育的片面认识，有利于学生创新精神和创新能力的培养。

3. 理论与实践并重、知识与运用结合

创新型人才必须具备扎实的专业理论基础，但过多地强调知识的连贯性、系统性和完整性，过分注重培养学生宽厚的基础知识，必然会使学生的学习负担过重，影响学生创新能力和创新精神的培养。因此，必须改革现行的教育模式，从培养学生的好奇心、想象力、直觉和洞察力出发，优化课程体系和知识结构，拓宽知识面，加强实践环节教学，要坚持按"理论与实践并重、知识与运用结合"的原则设计培养计划和教学方案，要以培养学生的创新精神和解决实际问题的能力为根本出发点，精心组织理论教学和实践教学。

三、创新型人才的培养途径

培养创新型人才是建设创新型国家的必然要求。高校必须转变旧的教育观念，充分认识创新教育在素质教育中的地位，树立以创新精神为价值取向的新型教育思想，把培养具有创新精神和创新能力的各类人才放到关系国家前途和民族命运的高度来认识，确立唯有创新教育才能培养出创新人才、唯有创新人才才能建设创新型国家的意识。通过实施创新教育培养满足社会需要的高素质创新人才。

1. 建立先进的创新教育文化

文化观念对人才培养具有非同寻常的影响力。我国的传统文化博大精深，但就创新人才培养而言，传统文化的某些方面对创新教育是有消极影响的。比如在与教育关联甚密的经学和中庸文化中，就特别讲求教化灌输，不鼓励冒尖，不许怀疑，这势必会导致人们不愿冒头，不敢超越。而创新包含着否定、包含着批判，也蕴含着超越，而追求服从与统一，是对创新的反动。因此，培养创新型人才首先必须敢于从价值态度和文化情感上去超越这些阻碍创新教育的传统文化，即需要在大学里建立一种有利于创新型人才培养的宽松、活跃、积极向上的校园人文环境。

2. 建设一支具有创新能力的教师队伍

创新教育实施的好坏，教师是个关键因素。没有富有创新精神的教师，就不可能培养出创新型人才。为此，必须高度重视师资队伍建设，努力形成有利于教师发展的竞争激励机制。要加强创新型教师培养，逐步使他们具有较强的创新教育意识和创新教育观念，具有广博的知识修养和合理的知识结构，具有较高的教学、科研创新能力。通过创新型教师的言传身教，把敢于并善于创新的理念贯穿整个教学，贯穿教育过程的始终。

3. 构建教学与科研相融合的创新型人才培养体系

培养创新型人才需要构建与之相适应的培养体系。当前，我国的高等教育还不能完全适应创新型人才培养的需要。构建创新型人才培养体系，必须进一步推动深层次的教育教学改革，即实现教学与科研的有机融合，充分发挥大学的科研优势，使之成为创新教育取之不竭的优质资源和环境。

首先，教师要教学科研并举。现代大学兼具知识传授、知识创新和知识应用功能。教师只有积极投身于科学研究，才能把在科技创新活动中获取的知识和创新的知识不断融入课程体系和教学之中，才能居高临下地用科技创新的思维培养学生获取知识的能力和解决问题的本领。

其次，需要构建科教结合的创新平台和优化的课程体系。创新人才的培养不能仅仅依靠本科阶段，更多的时候需要经历本科、硕士、博士甚至博士后等教育过程来完成，但本科教育是重要基础。本科阶段需要加强通识教育、实践能力和独立自主能力培养，因此必须重视创新平台建设和知识结构优化，努力实现由“灌输式”教学向“启发式”教学的转变，使学生由被动地接受知识转变为主动地获取知识。

再次，创新型人才培养体系还应该包括人文精神和科学精神的培养和熏陶。人文精神和科学精神不仅是一个人成功的基础，也是大学的灵魂所在。培养创新型人才，必须重视在教学和科研实践中培养学生正确的人生观、价值观和科学观。因此，要重视大学的创新文化建设，努力为师生提供一个美好的精神家园。

4. 营造有利于创新人才培养的制度环境

创新人才的培养还有赖于制度创新。与发达国家相比，我国高等教育存在创新活力不足的弊端。要从根本上解决问题，必须从制度建设着手，变革旧的教育管理制度和人才培养模式，积极构建有利于创新人才成长的制度体系。要突破体制性制约，创新大学的学术组织，以实现教学与科研的有机结合与互动，以高水平的科研带动高水平的教学；要在招生、培养等环节进行综合改革，不断完善人才的选拔机制和培养模式；要通过制度保障推动创新教育，促进学生的创造力培养和人格培育。

5. 加强创新教育实践和教学质量监控

实施创新教育必须建立平等的师生关系，以创新型教师为前提，带动创新型人才的培养。必须坚持以人为本，注重教学生学会学习，引导兴趣，调动学生自主学习的积极性，从多方面培养学生的自主学习能力；必须注意激励学生的想象力，培养创新思维，要通过典型引路，鼓励创新，活化教法，引导创新，分析比较，启发创新。还要尊重学生个性，鼓励学生在“模仿”中创新，充分展现自己的个性特长。

加强创新教育，教学是关键。必须坚持对教学质量进行监控，要建立全方位的教学质量监控体系，使之有效地服务于创新教育这个核心；要加强对监督反馈信息的管理，充分发挥教学反馈信息在改进和提高教学质量方面的积极作用，同时，要注意各种激励手段的综合运用，对在创新教育实践中表现突出的师生给予多种形式的肯定和鼓励。

总之，培养创新型人才是一个综合过程，是需要全社会共同构筑的系统工程。在高校的培养阶段，贯彻启发式教学，实现教学与科研融合是培养创新型人才的关键，而良好的制度和创新文化环境是保证人才健康成长的不可忽视的"软环境"。

思考题

(1)简述创新型人才的含义与特征。

(2)如何理解创新型人才培养的基本模式?

实训与操作

1. 实训目的

(1)了解国家、学校所在省市自治区关于创新型人才的最新政策。

(2)帮助学生树立创新型人才的观念。

2. 实训内容

将全班学生分成不同的小组，每个小组通过多种渠道，查询创新型人才培养的方针、政策并进行讨论。

3. 实训组织与实施

(1)将学生进行分组，10人一组。

(2)通过互联网、图书馆、媒体等，查询有关国家及地方关于创新型人才培养的方针政策。

(3)组织学生讨论国家培养创新型人才的意义。

(4)由教师进行点评，并向学生讲解国家培养创新型人才的意义，帮助学生树立创新型人才的观念。

Chapter 7

第七章
创业基础知识

学习目标

- 了解创业的含义和实质。
- 掌握创业的要素。
- 掌握创业的类型。
- 掌握创业的过程。
- 了解我国大学生创业的现状。

案例导读

金柳的创业事迹

金柳，24 岁，四川农业大学农村区域发展专业研究生二年级女生，创业方向是沼气工程。她最经典的工作画面是“一个年轻的女孩子，穿着高跟鞋，喷了名牌香水，站在臭气烘烘的沼气池旁，指挥着一群大老爷们儿施工。”

金柳的手机里，保存着一张她高扬起手与总理自拍合影照片。她回忆，那天上午 9 点，她在政务中心咨询办贷款业务，偶遇了国务院总理李克强。很快，总理的身边围了很多人。她就站在总理的旁边，征求了总理的意见：“总理，我可以自拍一个吗?”总理一笑，她迅速举起了手，咔嚓一声，留下了与总理的合影。可惜这张照片拍得并不太清晰，金柳说，当时现场人太多，她太激动了，手抖了一下。

“太激动了！我从来没有想过能与总理见面。”金柳说，去年 10 月，校友陈飞宇夺得“中国创翼”青年创业创新大赛决赛总冠军，作为创业代表，受到了国务院总理李克强的亲切接见。那时，她就很羡慕这位校友。

“幸福来得太突然了！我不仅见到总理，还与总理握了手，还向总理汇报了我的创业情况。”金柳说，总理的鼓励让她坚定了创业的信心，她一定用更好的业绩向总理汇报。

如果不是我国“大众创业　万众创新”风潮，金柳不一定会走上创业之路。

她创业的本钱，来源于参加2013年四川农业大学创业大赛。一个冠军的称号，为她赢得3万元奖金。一次成功，让她爱上了创业，两年时间先后参加了六七场比赛，赛场从校园扩展到了全国，她一路过关斩将，一共赢得了近10万元奖金。

“这些钱，我都投入到了创业中。”金柳说，2013年8月，她揣着第一笔奖金3万元走上了拉建沼气池业务的创业之路。然而，10个月过去了，她的3万元花光了，一个业务都没谈成。

2014年6月，在老师的推介下，她准备了半年，去投标某县的沼气工程。没有成功案例，她成为投标会上的“炮灰”。但她不愿意放弃，她主动找到中标者，要求做分包工程。就这样，她拉来了人生中第一个业务，价值上百万元。

做沼气工程，都在乡下，金柳永远不会忘记那年夏天的一个晚上。

她带了5 000元现金，还揣了两部手机。在工地加班很晚，她独自离开了工地。没有一丝月光，大山一团漆黑，她摸索着在山路上走了半小时，她一直在想：“假设现在来一个坏人怎么办？”

在一片竹林，她再也找不到前进的路。她退回到一个亮着灯的小卖部，请求一名陌生男子用摩托车送她到镇上的旅馆。安全回到旅馆，她先哭了一场，再给父亲打了一通电话：“我不想创业了！”父亲鼓励她：“创业都不容易，你要坚持！”以后，她到哪里做业务，都必定要先认识一位当地的摩的司机。

大学生创业，有光环，能得到关照，但也经常会遭遇挫折。

在宜宾，因为大学生创业者的标签，让金柳顺利拿下了价值20多万元的项目；因为年轻，不懂管理，她也被人“欺负”过。去年，一个工程的包工头工程质量做得很差，还欠下10万余元农民工工资跑路了，把烂摊子留给了她。为此，她交了十多万元的学费，把一年的利润全都赔光了。

在工地上，工人们叫金柳“小金总”，朋友们却叫她“水货”。“创业路多艰难，经常会出现一些状况需要我去面对，常常答应好了的朋友聚会只有临时爽约了。”金柳说，与同龄人相比，她更忙碌，逛街不会花太多时间东看看西瞅瞅，会像男人一般确定好目标后买单走人。

今年年初，她在郫县注册了一家公司，入驻菁蓉镇。在那里，上百平方米装修一新的办公室可供她免费使用。年初她给公司定下的业务是今年做到500万元。没想到的是，她仅用了3个月时间就完成了全年的任务。今年以来，她跑遍了雅安、凉山、达州、巴中和宜宾，签下价值690万元的业务，市场全面进入启动阶段。

“我改变了目标，今年为自己定下了破千万的新任务，公司下一个战略计划是攻贵州和云南，逐步在大西南布局。”金柳说。（摘自《华西都市报》）

第一节 创业概述

一、创业的概念

“创业”一词由“创”和“业”两部分组成。“创”作为动词具有始造的意思，即创建、创立，在《辞海》中的解释为创立基业；“业”是指事业的基础、根基。“创业”一词在古今中外有不同的定义，随着时代的发展，它又被赋予了多种含义。

(一)古今对创业的解释

1. 古代对创业的解释

古代的创业强调的是建立事业的一种终局状态。诸葛亮在《出师表》中说“先帝创业未半而中道崩殂”，这句话里面的“创业”是一种广义的创业，指的是创立帝业，与现在所说的创业不同，其级别更高。

2. 现代对创业的解释

现代的创业强调的是捕捉机会、发现机遇的过程。改革开放以来，创业被描述为一切个人或团队开创某种事业的活动，如开办工厂、创办公司等。在高等院校创业教育中，创业是指学生以所掌握的知识为基础，以风险投资基金为资助，开创性地将教学科研中的创新成果转化为具有广阔前景的新技术、新产品和新服务，最终建立起具有发展潜力和影响力的新企业甚至新产业的一系列活动。

“创业”一词在现代汉语中被频繁地使用，其含义大致可以概括为三种：反映创业起始的艰辛与困难、体现创业过程中的开拓与创新、强调新的成就与贡献。因此，创业是创业者通过自己的主观努力而取得新成果的过程。

(二)广义的创业与狭义的创业

创业有广义和狭义之分。

广义的创业重在创业行动，包括创办新企业、壮大旧企业(事业、实体)，对任何企业、事业组织、实体、工程等进行拓展、创新、改造、治理、品质提升等行为，都可以划归到创业范畴中，以区别于守业、败业等消极的从业行为。因此，广义的创业涵盖了企业成长过程的任何阶段，即所谓再创业、继续创业、成长型创业、拓展型创业、竞争型创业等。广义的创业与实际的创业情况更加接近，且符合广大创业者对创业科学的认可和关注。

狭义的创业通常是指创办一个新企业，它包括从筹备到企业稳定成长的全过程。例如，创业者开办个体或家庭的小企业，开展相关业务经营活动的过程。目前，大学生所进行的创业就属于狭义范围内的创业，是大学生结合当前经济社会发展状况，根据国家促进大学生就业和创业的政策要求，运用所学的创业知识和专业技能，寻找并抓住创业机会，创造出新产品、新服务，实现人生价值的全过程。

二、创业的实质

创业的实质是创造价值的过程、创造财富的过程和创建企业的过程。

(一)创业是创造价值的过程

创业活动的创造性体现在"实现潜在价值"的创造上。创业者通过发现和识别商业机会,组织各种资源提供产品或服务的过程,就是创造价值的过程。这一过程包括创业者、商业机会、组织和资源四种要素。

创业是创新的一种衍生,创新能够带来价值,可以解决具体的社会问题,使社会进步成为可能。在美国,以比尔·盖茨(Bill Gates)为代表的创业者们掀起的"创业革命"中,每年新成立的公司多达100多万个,加快了美国经济的转型,激活了社会资本,创造了前所未有的商业价值,为社会提供了巨大的就业市场。据统计,20世纪80年代以来,美国"财富500强"企业共削减了500万个工作岗位,但是新增工作岗位达到了3 400万个,这与新兴中小企业的贡献密不可分。

(二)创业是创造财富的过程

创业是创业者通过借鉴、模仿、学习他人的经验和方法,从头做起,独立、自主地进行财富的创造和积累的过程。从广义层面来看,创业包括人类一切带有开拓意义的社会变革活动;从狭义层面来看,创业专指社会上的个人或群体所开展的以创造财富为目标的社会活动。因此,创业也可以定义为:社会上的个人或群体为了改变现状、造福下一代,依靠自己的力量艰苦奋斗而创造财富的过程。

(三)创业是创建企业的过程

创业需要设立一个创业运作的实体,而这一实体就是企业组织。创业者依据所属国家及地区的有关法律、法规办理企业的注册登记手续,这是创业过程中的一个重要标志。由此看来,创业是一种创建企业的过程。这是创业与创新的一个重要区别,创业有具体实施的一个企业实体,而创新只是一种活动;创业活动包括创新,但创新并不一定就是创业活动。

综合以上的观点,创业的定义可以归纳为:创业者运用自己所掌握的知识和能力,利用现有的有限资源,发现和捕捉机会并由此创办企业,提供新的产品或服务,从而创造财富的过程。

三、大学生创业的意义

(一)缓解大学生就业的严峻形势

据国家教育部的数据统计,全国普通高校毕业生人数近年来屡创新高,2012年为680万人,2013年为699万人,2014年为727万人,2015年为749万人,2016年为765万人,再加上中等职业学校、技工学校及初、高中毕业后未升入高一级学校学习的毕业生,每年全国青年求职人员规模在1 500万人左右。大学生就业难已成为一个客观事实,严峻的就业形势迫使国家大力鼓励和扶持大学生自主创业。

党的十八大报告指出,要"引导劳动者转变就业观念,鼓励多渠道、多形式就业,促进创业带动就业,做好以高校毕业生为重点的青年就业工作"。2014年,党中央、国务院提出,把高校毕业生就业放在全年就业的突出位置,并出台了《国务院办公厅关于做好2014年全国普通高等学校毕业生就业创业工作的通知》(国发办〔2014〕22号),进一步加大对毕业生就业创业的扶持力度,培养大学生的创业能力,以达到解决大学生就业问题的目的。

(二)提升中国的自主创新能力,促进经济转型

大学生是富有创新思维的一个群体,作为高层次的知识分子,大学生创业会促进技术创新、工艺改进、新产品开发、发明专利等成果的形成。这些成果的实际应用,能够为企业创造巨额利润,还能推动当地社会经济的发展,进而有利于提升中国自主创新的能力,促进国家经济转型,增强国家科技创新的能力,符合国家创新驱动发展的战略要求。

大学生创业必将带动国内新兴产业的发展,推动传统产业的前进,形成先进的制造业与现代服务共同发展的良好态势。大学生创业更多地集中在电子信息、新材料、现代物流、旅游、商贸、文化、服务等现代产业领域,以新的产业发展方式带动国家经济的发展。

(三)推动中国在更高层次和更广阔的领域参与国际市场的竞争

大学生创业使得大学生能够深入社会、感受社会,还能培养其动手、动脑的能力。在创业实践活动中,大学生能够学会逻辑分析、辩证思考,面对问题不断改进和创新,还能够积累丰富的实践经验,提高发现问题、分析问题、解决问题的能力。

大学生创业是提高创新意识、培养创新精神的有效途径。创新意识及其所引发的创新活动对于个人甚至国家的发展都有重大意义。只有培养更多高素质的创业人才,只有具有创新意识和创新思想的国家,才能在更高层次和更广阔的领域直面全球技术、信息和资本市场的竞争,并在激烈的国际市场竞争中立于不败之地。

经典案例

智慧农夫:没有农药,只有汗水——创业先锋何刚

"我们致力于通过互联网社群经济的模式为消费者提供新鲜、美味、原产地、安全的优质水果,通过建立消费者与生产基地的直接联系,以订单生产的方式在增加农场收入的同时为消费者提供高品质的产品和服务。"荣获2015年全国大学生创业百强的何刚向李克强总理激动地介绍着自己的创业项目。

何刚口中的项目是成都智慧农夫农业开发有限公司,成立于2014年8月,公司成员平均年龄只有23.5岁。公司通过"互联网+农业"的亲民商业模式——联合认可"绿色无农药"的种植能手,辅以最快配送方式,将最"当季"、最"本土"、最"纯味"、最"安全"的新鲜果品送到消费者手中。"没有农药,只有汗水",这是何刚给公司的高标准定位。

始于一次"事故"的创业之路

"大学期间,我就在开始尝试各种创业。但毕业后,还是在一个名企从事销售。在与客户打交道的过程中,我真实感知了许多关于不健康食品和生活方式造成的事故,但最后

促使我创业做安全生鲜的还是那件事。”这位智慧农夫的CEO痛心地回想到:“当时我的一个搭档,为了签到一个40万的订单,陪客户喝酒,没有把握好度,喝出了严重的胃出血,住了好久的医院。”

这次意外令何刚更加清晰地意识到健康、安全的重要性。他不禁联想到市场上频频爆出因农药、化肥滥用而造成的安全事故,这些,与酒相比伤害人更多、更普遍。作为农业院校毕业的自己,是时候为这个社会做点什么了。

于是,这个事故成了引爆点,促使何刚赶忙组织团队,开始为着自己的梦想不断寻求方向,“智慧农夫”开始植根发芽。

“儿时味道”是我们一直的追求

从一开始,我们这件事、这群人就受到各种质疑,尤其是家人的不理解和担忧。但为了那份责任,这群年轻人在追寻“儿时味道”的道路上越走越远。

“当我们把这个创业的想法跟很多人提起的时候,几乎没有人认可我们,都认为这是痴人说梦。”何刚坦言,“大家都在想着降低成本,提高产量来谋求更多利润,这种逆流而行的做法很难得到支持。”

可是“智慧农夫”们终究还是顶着压力做下来了。创业最初那段时间,不仅要到地里去看果树的生长情况,同时还要跑销售,一个白净的大学生突然就有了真正农夫的颜色。“但是这样才能凸显我们的农夫本色嘛!”何刚自我调侃道。

于他而言,印象最深的莫过于2015年5月份。那时樱桃刚好成熟,准备采摘,但没想到第二天就开始下雨。本来要采摘销售的樱桃,虽比市面上的口味好些,却达不到“智慧农夫”自己的标准。“最后我们还是决定和客户说明事实。到了账户的钱又给别人退回去,只有创业人才能体会那种难受。”

“我们只想给消费者提供高品质的水果,重拾儿时的味道,所以宁可自己赔钱,也不会把质量、口味不过关的水果给消费者。只有这样,才能不辜负消费者对我们的信任。”何刚义正词严地讲道。

“恋恋不忘,必有回响”

正是因为内心那份执着和辛勤的劳动,“智慧农夫”迎来了他们的丰收。

目前公司主要面向的温江、郫县和青羊区,累计已有3 700多个活跃客户,同时与太平洋保险等15家公司形成良好合作关系,销路涵盖广东、上海等14个区域。公司目前月销售额可达25万～35万元,今年全年目标销售额将为350万。预计5年内,将带动农村和大学生就业4 000余人,带动农户每年增收10万元,实现在创业同时对贫困乡村精准扶贫的目标。

2016年4月25日,中共中央政治局常委、国务院总理李克强总理亲切地询问了何刚的公司,并满怀深情地鼓励“同学们干得好,希望你们继续努力!”

回归最质朴的土地,何刚有他自己的想法、目标、责任和情怀。他相信,在搭建好平台后,一定会有更多的智慧农夫加入进来,把公司做强做大,为更多人的高品质生活而不懈努力!(摘自四川农业大学新闻网)

第二节 创业的构成要素

既然创业是一个创建企业的过程，那么企业所需具备的要素也就成为创业的要素。管理学认为，企业可以看作一个由人的体系、物的体系、社会体系和组织体系组成的协作体系。因此，人的因素、物的因素、社会因素和组织因素就构成创业的要素。

一、人的因素

毫无疑问，人是创业活动的主体。创业离不开人，而人的因素又包括以下三方面的内容。

1. 创业者

创业者可以是一个人，也可以是一个团队。创业对于创业者来说就是一种行为。人的行为背后存在动机，而动机又是由需要引起的。有人将创业产生的动机归纳为：争取生存的需要、谋求发展的需要、获得独立的需要、赢得尊重的需要、实现自我价值的需要。可见，创业者的动机直接影响创业过程，而且创业者的价值观和信念会左右创业内容，影响企业的生存和发展。

值得注意的是，在独立经营中，并不存在什么特殊的、似乎更有利于取得成功的个性类型，这是因为：首先，创业机会无限，有些事业适合那些较为外向型的人，而有些事业适合那些善于思考、宁愿躲在幕后的人，创业者完全可以根据自己的个性加以选择；其次，个性特征并不是不可改变的，有许多优秀的创业者在他们年轻时，都表现得很羞怯，他们真正需要的只是实践而已，一旦机会来临，克服了最初的羞怯后，他们的表现和业绩会令人吃惊；再次，企业并非一定是一个人单独创立的，那些最成功的企业，往往是由一些在性格上互补的几个成员共同组成创业团队努力的结果。

关于创业者应当具有哪些能力的问题，学者们目前正在进行研究。我们认为，成功的创业者应当具有敏锐的洞察能力、用人能力、筹资能力和组织协调能力。

经典案例

纸板中做广告创造财富

在一家衬衣厂当工人的琼斯，每天的工作是负责将衬衣平整地叠放在一张长 28 cm 的衬纸板外面，再用尼龙纸包装起来，工资收入不高，加上简单重复、机械枯燥的劳动，让琼斯对工作十分厌倦。于是他开始“胡思乱想”：衬纸板上如果有些字画并不影响它的功能，为什么人们就没想到利用呢？一个奇妙的计划在他的脑子里形成了。琼斯用最低的成本价与所有衬衣厂签订了供应衬衣纸板的合同。在这一项目上，他分文未获，但却取得了令人刮目相看的成功。原来他利用衬纸板做广告，巨额的广告费使他很快致富。

按理说，衬衣是人人要穿的，在衬纸板上做广告，宣传效果应该很显著。但万事开头难，衬纸板广告在起初时影响并不大，因为很多人买了衬衣后，瞧都不瞧一眼，就把纸板丢了。因此并不受厂家欢迎，他也不容易找到做广告的顾客。为了使广告的纸板能引起家庭主妇们的兴趣，从而较长时间保留下来，他又在衬纸板下侧留出一块地方，印上菜谱或医学知识、生活小常识等，这一招果然灵验，很多家庭不再将衬纸板随便丢弃了，而是一张张收藏起来，作为生活常识手册，随时拿来翻阅。从此，衬纸板广告业务打开局面，琼斯由100美元起家，不到两年时间就成了百万富翁。（摘自《经贸导刊》）

2. 企业内部的人际关系

人在社会上不是孤立的个体，而是生活在与他人的关系中，需要与他人互相支撑、互相协作。创业过程中人的因素除了创业者外，还包括企业内部的人际关系。只有处理好这种关系，才能真正发挥团队的作用，形成一种合力，使有限的人力资源发挥更大的作用。

3. 企业外部的人际关系

人的因素还包括企业外部的人际关系。企业不是一个封闭的体系，而是一个开放的系统，它与外部的供应商、客户、当地政府和社区发生相互联系。所以，创业过程中人的因素还包括企业外部的人际关系。

拓展阅读

自测：你是否适合创业

(1)有利于创业的加分条件。

①无论做什么，总能兢兢业业把本职工作干好。（＋20分）

②做工作时容易从中发现一些兴趣。（＋10分）

③大多数时候不对工资或其他方面抱怨，满足于在工作中取得一些成果。（＋10分）

④对不同性格的人有较强的包容度。（＋15分）

⑤曾经独立把一件别人看似不可能或难办的事（无论多小）办成、办好。（＋15分）

⑥认真考虑过如何与一些不好相处的领导或同事相处，并付诸实施。（＋15分）

⑦长年如一日地伺候过一名老人。（＋10分）

⑧拥有一批真心喜欢你、敬佩你的朋友。（＋15分）

⑨曾经诚心诚意地向别人道过歉。（＋5分）

⑩不太受媒体的影响，比如一些流行的观点等。（＋10分）

(2)不利于创业的减分因素。

①在一个岗位干一段时间就会发现许多问题，觉得这个工作不值得干下去。（－20分）

②对同事间分配的不平衡很愤怒，极大挫伤了工作情绪。（－15分）

③老板不把工资提到相应的幅度就缺乏工作动力。（－10分）

④喜欢时尚，热衷名牌，醉心于广告的魅力并成为它的牺牲者。（－10分）

⑤对自己最亲近的人如父母、夫妻的一些缺点老是看着刺眼，遇到类似的问题时总会吵架。（－10分）

⑥对自己的孩子、侄子等缺乏耐心。（－5分）

⑦对流行的“对自己好一点儿”“率性而为”等观点非常认同。（－10分）

⑧没有某种长期的、比较鲜明的爱好。（－10分）

(3)自测结果。

如果得分在80分以上,说明比较适合自主创业;如果得分在60分以下说明不适合自主创业。当然,即使当前得分在60分以下,但经过一段时间,由于种种原因情况发生了变化,也可能由不适合自主创业变为适合自主创业。

二、物的因素

物的因素是创业过程中不可缺少的条件。一个生产性的企业需要拥有原料、设备、工具、厂房以及运输工具等才能生产出产品。创业过程中,物的因素主要包括以下一些。

1. 资金

世界各国为了鼓励创业活动的开展,纷纷降低了对新企业注册资金方面的要求和限制,中国也在1999年将个人独资企业的注册资金降到1元,这只是一个象征性的标准。但是,创业所需的资金远不止这些,技术(或专利)、生产设备、原材料的购买及人员的招募等都需要大量的资金。

2. 技术

新企业中技术含量的提高已经成为一个趋势。从硅谷到中关村,在新企业推出的产品中高技术产品所占的比例越来越高。2003年,非典型性肺炎在中国肆虐,为了遏制这种传染病的传播,有必要对患者和疑似病人进行隔离,而判断是否需要隔离的一个重要标准就是体温,因此市场上急需能够在瞬间测试体温的仪器。中关村的一家创业不久的企业及时捕捉到这一信息,并依靠先进的技术占领了这个市场,使企业规模迅速发展壮大。

3. 原材料和产品

对于生产型企业而言,从原材料到产品,存在一个由投入到产出的过程。

4. 生产手段

介于投入和产出之间的是一个"处理器",对于企业而言,这种处理器就是生产手段,包括设备、工艺以及相关的人员。

三、社会因素

社会因素也是协作体系的一个重要组成部分,创业过程中的社会因素包括两个方面的含义。

1. 创业活动要得到社会认可

改革开放政策实施以来,创业活动得到了蓬勃的发展,一个重要的原因在于社会对创业活动的认可。创业是一个高风险、高回报的活动,如果得不到社会的认可,创业活动不可能顺利进行。

2. 创业要符合社会发展的要求

企业为社会提供某种产品或服务,是企业成立和生存的根本。松下幸之助曾经说过,企业需要通过事业来完成社会使命,如果事业得不到社会的认可,说明它已经没有存在的价值。

四、组织因素

组织因素是协作体系的核心，只有通过组织的作用才能创造新的价值。我们说过，人是所有的管理因素中唯一具有能动性的资源，但是这种能动性要通过组织来实现。组织因素具有以下功能。

1. 决策

决策是创业活动中的一项重要职能，既包括对创业目的的规定，也包括对实现目的的手段的决定。从创造价值的角度上讲，对创业目的的规定显得尤为重要，因为它决定着创业活动的方向，甚至影响着企业的发展。

2. 创建组织

创业通常由一个团队来进行，因此需要对团队进行组织和管理。通过分工与协作，有条理地完成创业的相关活动。创建组织既包括组织结构的构建，又包括沟通体系的形成。

3. 激励员工

创业需要最大限度地发挥现有人力资源的作用，那么对参与创业者的激励就成为创业活动的一项重要内容。“人心齐，泰山移”，充分调动人的积极性能够产生一种合力，同时会增加创业团队的凝聚力。

4. 领导

巴纳德(Barnard)认为，领导的作用在于能够创造新的价值。对于创业活动而言，领导的作用没有任何其他因素能够取代。

一位美国学者将创业的要素归纳为九个以“F”开头的要素，并命名为“成功企业的9F要素”，这些要素分别是：创办人(founder)、抓住重点(focus)、决策迅速(fast)、机动灵活(flexible)、不断创新(forever innovating)、精简机构(flat)、精打细算(frugal)、待人友好(friendly)、充满乐趣(fun)。

第三节　创业类型及创业过程

一、创业类型

人们的创业活动是多种多样的，对创业进行分类是比较复杂的。

(一)根据创业的目标分类

根据创业目标的不同，创业可以分为三种类型：自主创业、脱胎创业和二次创业。

1. 自主创业

自主创业又称独立创业，是指创业者个人或创业团队白手起家进行创业。自主创业可能基于各种原因，如自己有了发明创造成果，并发现它的商业价值独立性强；不愿为别人打工；有条件创业又抓住了创业机会；受其他人自主创业成功的影响等。自主创业获得成功的例子不胜枚举，一些赫赫有名的企业家都是白手起家发展起来的。

对创业者来说，选择自主创业的道路是充满挑战的。在创业过程中，创业者的智商、情商和财商可以得到最大限度的发挥。创业者可以接触各类人物，从事各类工作，经历各种感受，而不是固定地日复一日地从事单调乏味的工作。创业成功，可以获得大量的财富，实现更高的需求，而不是在就业和择业的循环中消磨人生。独立创业的魅力，使许多人跃跃欲试。

但是自主创业的难度和风险较大，因为创业者往往缺乏足够的资源、经验和支持。资源需要费尽周折地筹集，经验需要在成功与失败的实践中积累，来自各方面的支持十分有限。在自主创业的企业中，有一部分成功了，带来了成功的喜悦和成就感；而另一部分却夭折了或发展缓慢，给创业者带来了失败的打击和挫折感。

经典案例

马云的成长和创业经历

马云在求学时代确实是个顽童，从小喜欢替朋友出头打架，成绩让老师很头痛。连马云也曾笑言自己小学考重点中学，考了三次没有考上，大学也是考了三次才最终如愿。

不过，多年后能在世界各地演讲时用英文侃侃而谈的马云，却在12岁时就自觉地开始打英语基础。1979年刚改革开放那阵儿，到杭州旅游的外国人多起来，马云一有机会就在西湖边逮着人家开练。这对他日后的发展大有裨益。

在杭州师范学院，马云当选为学生会主席，后来又成为杭州市学联主席。

1988年，马云去杭州电子工业学院教外语，这是他的第一份工作。当时工资大约每月110元。不甘寂寞的他找了不少兼职，并利用课余时间为到杭州观光的外国游客担任导游。西湖边的第一个英语角就是马云发起的。

1992年，马云和朋友一起成立了杭州最早的专业翻译社“海博翻译社”，课余四处活动接翻译业务。当时经营很艰难，一个月的营业额是人民币200多元，可光是房租就要700元。第一年实在不行了，马云就背着口袋到义乌、广州去进货，卖礼品、包鲜花，用这些钱养了翻译社3年，才开始收支平衡。马云后来说：“我一直的理念，就是真正想赚钱的人必须把钱看轻，如果你脑子里老是钱的话，一定不可能赚钱的。”

到1995年，钱没赚多少的马云，却凭借超强的活动能力为自己带来了不小的名气。一家和美商合作承包建设项目的中国公司，聘用马云为翻译到美国收账。

接下来的一切就像好莱坞影片中的情节一样：美国商人想赖账，掏出一把枪将马云禁闭在房间中长达两天。马云在惊恐不安中被释放，又丢失了随身行李，只得在拉斯维加斯的赌场挣了600美元回国。

回国之前马云去西雅图看了一个朋友，在此马云第一次接触了互联网。西班牙《国家报》生动地描述了马云当时的心情——“我甚至害怕触摸电脑的按键。我当时想：谁知道这玩意儿多少钱呢？我要是把它弄坏了就赔了。”

对马云有触动的是，他好奇地对朋友说在搜索引擎上输入单词“啤酒”，结果只找到了美国和德国的品牌。当时他就想应该利用互联网帮助中国的公司为世界所熟悉。

就这样，作为“杭州十大杰出青年教师”之一的马云辞了职，借了2 000美元，1995年4月开办了“中国黄页”，这是中国第一批网络公司之一。1997年底，马云和他的团队在北京开发了外经贸部官方站点、网上中国商品交易市场等一系列政府站点。不过由于许多原因，马云于1999年初决定放弃这些在北京的生意，他拒绝了雅虎、新浪的高薪邀请，决定回到杭州创办一家能为全世界中小企业服务的电子商务站点。

“从我外婆到我儿子，他们都会读阿里巴巴”。于是，马云从别人手里买下了阿里巴巴这个域名。阿里巴巴的成立大会被安排在马云家里——当然，此时谁也不会想到，几年之后，他们居然能一口吃下声名赫赫的雅虎中国。

18位“创业罗汉”在“不向亲戚朋友借钱”的前提下，筹了50万元本钱。这其中包括马云的妻子、当老师时的同事和学生、患难朋友，当然还有被他的人格魅力吸引来的业界精英，如阿里巴巴首席财务官蔡崇信，当初抛下一家投资公司年薪75万美元的副总裁职位，来领马云几百元的薪水。

马云下了死命令，每个员工必须把房子租在离他家五分钟可以到达的路程之内。那时候的工作是不分日夜的，而大家最开心的时候，就是马云亲自为大家下厨，端上一桌好菜。

其后的6年，阿里巴巴的故事尽人皆知——马云6 min说服投资基金软银，拿到第一笔风险投资。其后，各路投资纷纷进入。其股东不乏国际大财团的身影：高盛、富达、软银，前WTO组织主席彼德·苏德兰也位列董事会成员中。现在，数以百万计的全球商人在阿里巴巴上交换信息。此外，马云和投资者还在2003年7月推出为消费者服务的淘宝网，2004年推出网络交易支付工具“支付宝”。（摘自《马云的成长故事与创业故事》）

2. 脱胎创业

脱胎创业是公司内部的管理者从公司中脱离出来，新成立一个独立企业的创业活动。脱胎创业又称母体脱离创业，这种创业者拥有创业所需的专业知识、经验和关系网络，生产同原公司相近的产品，或提供类似的服务。

脱胎创业的频繁程度与产品所处的生命周期和行业类型有关，脱胎创业更多地发生在产品生命周期的早期阶段和新兴行业中，因为这时产品供不应求，竞争还不激烈，市场空间很大，预示着巨大的商业机会，美国硅谷和北京中关村就有很多脱胎创业的例子。

脱胎创业的成功与否与创业者筹集资金和组建团队的能力密切相关，寻求资金支持是脱胎创业的创业者面临的最大挑战之一，因为脱离母体的创业者，往往只是某一个方面的专家，最常见的是技术专家或营销高手，他们欠缺其他方面的管理技能，这就需要组建一个高效的创业团队来各尽其职、各显其能地进行创业活动。

3. 二次创业

二次创业是指企业内的创业。现在的大企业已经不是创业热潮中的旁观者和被动的应对者，甚至一些知名的大公司，也在积极地寻找和追逐新的有利可图的创意和商业机会，在这种情况下，就会出现所谓的二次创业。

（二）根据创业领域分类

根据创业领域的不同，创业可分为科技创业、贸易创业和服务创业，即分别在科技、经贸和服务领域内的创业。大力鼓励和引导大学生在科技、贸易和服务方面创业，对中国经济和发展具有重大的作用和意义。

美国哈佛大学 MBA 课程将创业分为以下四种类型。

1. 复制型创业

复制型创业是指复制原有公司的经营模式，延续创业者在原公司的流程。虽然这类复制型创业在社会中出现的比率较高，但科技创新贡献率较低，缺乏创业精神的内涵，不是创业管理主要研究的对象。这种类型只能称为“如何开办新公司”，因此很少会被列入创业管理课程中作为学习的对象。

2. 模仿型创业

如某家装公司的经理辞掉工作，开设一家咖啡店。这种创业，创新成分虽然很低，但与复制型创业不同之处在于，创业过程具有一定的不确定性，学习过程长，犯错机会多，创业成本较高。创业者能否成功，取决于他是否具有适合的人格特性，是否经过系统的创业管理培训，能否掌握正确的市场进入时机。

3. 安定型创业

企业内部创业即属于这一类型。例如，研发单位的某小组在开发完成一项新产品后，继续在该企业部门开发另一项新品。这种类型的创业，虽然具有一定的创造价值，但对创业者而言，本身并没有面临太大风险和改变，做的也是比较熟悉的工作。这种创业型强调的是创新意识和创业精神，而不是新组织的创造。

4. 冒险型创业

冒险型创业是一种难度很高的创业类型，典型的就是高科技创新创业，对社会而言，它不仅具有很高的科技创新贡献，给创业者本身也带来极大改变，同时个人前途命运的不确定性也很高，创业之路将面临很高的失败风险，可一旦成功，所得的回报也很惊人。这种类型的创业者要想获得成功，必须在创业能力、创业时机、创业精神、创业管理、创业模式和策略等各方面具备很好的素质和潜质。

国内的创业主要分为以下几种类型。

1.“逼上梁山”型

随着我国改革开放的不断深入，新型行业的快速发展，以前在传统行业或其他行业工作的人员面临改行或改变自己的需要，不得已进入其他行业或职业，重新创业或就业，可以称为“逼上梁山”型。20 世纪 80 年代的中国，很多人的创业即属于此类型。

2. 遗传型

所谓遗传型创业，是指创业者受到自己前辈的影响而走向了创业之路。

3. 把握政策型

这种类型的创业者往往对国家的政治和经济政策等比较感兴趣而产生创业灵感，或者是从事政治、经济、管理方面的工作人员，因种种原因最后下海创业。

4. 无心插柳型

此类型的创业者本来无意创业，但出于种种原因，他们走向了创业之路，并获得成功。

5. 科技型

科技型创业者往往因为自己掌握了某种独特技术，并依托此技术优势进行创业。

6. 规划型

规划型创业是指自己在创业前有比较好的规划，通过不断的努力逐步实现创业。此类型的创业者往往意志坚定，有很好的人生职业规划，具有不达目的不罢休的个性特点。

二、创业过程

创业就是创建一个新企业的过程。像所有的有机体一样，企业也存在一个生命周期。换句话说，一个企业要经历从筹备到建立、起步、发展、成熟、衰退乃至灭亡的过程。尽管每个创业者都希望自己创建的企业基业长青，但更多的企业却在成长过程中夭折，能够称得上“百年企业”或者“老字号”的企业更是凤毛麟角。所以，在创业的过程中，要注重企业成长的内在规律，根据各成长阶段的特点实施有效的管理。

(一)新企业各成长期的划分

新企业的成长阶段是指从筹备到成熟之前的各个时期，可以分为种子期、幼年期、成长期和成熟期。各阶段不仅具有不同的特征，而且所承担的任务和可能存在的风险也各不相同。

(二)创业的过程

企业的成长是一个连续过程，很难在时间上严格地区分各个阶段，也很难预测从创业到守业的转折点。为了便于理解，不妨将创业过程理解为企业从萌芽期向成熟期过渡的过程，这个过程可以划分为四个阶段：创业机会的识别、企业的创建、管理体系的形成和新企业的发展。

经典案例

俞敏洪和新东方的创业历程

成立于 1993 年的新东方教育科技集团，是目前中国最大的民营教育机构，是教育培训行业典型的连锁机构。截至 2011 年 4 月，新东方已经在全国 45 个城市设立了 52 所学校、7 家产业机构、45 家书店以及 500 家学习中心，累计培训学员 1 200 万人次。各地新东方学校采用统一的品牌、统一的师资调配、统一的基础教材、统一的授课质量、统一的投诉系统、统一的教学服务、统一的教学管理制度，从而确保了各地新东方学校能够为所有学员提供最高水准的教学和服务。回首新东方的创业之路，俞敏洪把它划分为四个阶段。

第一阶段，俞敏洪把它定义为个体户十夫妻店阶段。他至今忘不了在中关村往电线杆上贴广告的情景。

1991 年，俞敏洪从北大辞职，自己出来做英语培训班。前两年的冬天，北京中关村二小的门房里只有一张桌子、一把椅子，俞敏洪自己拎着一桶糨糊在零下十几摄氏度的天气里贴广告，往往刚把糨糊刷在电线杆上，广告还没贴上，就成冰了。后来，因为市政建设，来人要拆除新东方外面的两根电线杆，俞敏洪急了，死活不让拆，最后花了 7 万元保住新东方门口这两根吃饭的家伙。“有人说我对电线杆特别有感情,这话说得,跟小狗似的,哈哈!”谈起这段创业经历时俞敏洪多次这样自嘲,“后来自己觉得找到了人生奋斗的道路,干得还不错,我妻子就辞职来帮我,新东方就从个体户变成了夫妻店。”

1996—2000 年底,新东方进入了第二阶段,也就是朋友合伙,团队创业阶段。经常把《曾子》中的“用师者王,用友者霸,用徒者亡”挂在嘴边的俞敏洪深知伙伴和团队的重要性。俞敏洪想起了海外的“兄弟”徐小平、王强和包凡一。他不远万里,前去邀请他们回来一起建设新东方。他们怀着创业的激情和对自由的憧憬来到新东方。靠着这种梁山聚义的草寇方式,借着当时英语学习热和出国热,新东方开始如野草般疯狂生长。

2001—2004 年底,新东方迎来最痛苦的时刻,用俞敏洪自己的话说,就是打架阶段。这一阶段新东方要把合伙人变成股东,进行拆分改制,完成真正的股份改革。这其中最头疼的是利益问题,做大了,股份怎么分?新进入的市场怎么分?“创业之初的伙伴们在新东方日进斗金后,不再像以前一样安于自己的分成,逐渐产生了利益纠葛。由于以前没有一套机制来规定剩余利益的归属,大家开始了争执和吵闹。”王强、徐小平先后向俞敏洪递交辞职书,新东方三驾马车中的两驾要脱离组织。俞敏洪曾经的上铺兄弟包凡一也提出辞职,吵着要求退股。2004 年,另外两大支柱胡敏、江博也相继出走。曾经的“盟友”纷纷“造反”,新东方快到土崩瓦解的边缘,俞敏洪到了创业最艰难的时刻。但新东方最终没有崩盘。“我比较像刘备,常常用眼泪来赚取其他管理者的同情,我的柔弱个性在新东方内部起到了黏合作用,任何情况下我都不会走向极端。这是新东方没有崩盘的重要原因。”俞敏洪这样总结当时的危机。

从 2005 初开始,俞敏洪认为度过危机的新东方进入了第四个发展阶段——国际融资阶段,经过成功的机构改造,俞敏洪带领新生的新东方团队完成了凤凰涅槃。(摘自新浪博客)

(三)创业过程的本质

1. 创业过程具有发展性

创业过程是一种生产活动,它以提供产品或服务作为活动的直接结果。创业区别于一般的生产活动,在于它的发展特性。就创业本身来讲,既可以是从无到有的创造,也可以是在现有基础上的革新,但不论是创造还是革新,创业的内涵都是一个从无到有、从弱到强、从幼稚到成熟的过程。发展是创业过程最重要的特性,成功的创业都有快速稳健的发展过程,维持创业企业的健康发展是创业重要而基本的任务。

创业过程的发展性还在于它的增值效果,增值是生产的必然属性。没有增值,生产就没有意义。利润是市场法则,没有利润,企业就不能生存,在市场环境下,利润和增值是事物的现象和本质,是形式和内容的关系,但又往往不一致。利润必须以增值为基础,才有可能长久存在和发展,增值必须通过利润来体现才能生存。创业需要相关资源,资源是创业的基础,创业的直接结果是产出,产出可以是产品,也可以是服务,但都必须是有用的,或者说是有使用价值的。创业必须增值,作为市场行为,创业必须获取利润,创业的直接目的是增值,没有增值,创业过程就没有意义。

经典案例

王兴的发展历程

一提到王兴，很多人脑海里面首先想到的一个词就是连环创业客，因为他是校内网、饭否网、美团网这三个中国大名鼎鼎的网站的联合创始人。除此之外，他还有另外一层身份——大学生创业者，在毕业之后，没有丰富的职业履历就开始创业的人。

他是一名人们口中的天才少年，高中没有参加高考就被保送到中国名牌学府清华大学，毕业后拿到全额奖学金去了美国特拉华大学师从第一位获得 MIT 计算机科学博士学位的大陆学者高光荣，随后归国创业，在前一两次不算成功的创业项目之后，王兴创立了中国版 facebook 校内网，并很快风靡于大学校园圈之中。校内网于 2006 年 10 月被千橡以 200 万美元收购。2007 年 5 月 12 日，王兴创办饭否。这也是中国第一个类 twitter 项目饭否网，但就在饭否发展势头一片良好之际被关闭，让王兴事业受到挫折。之后连环创业客王兴于 2010 年 3 月上线新项目美团网，并在千团大战之中脱颖而出，稳居行业前三，并先后获得红杉和阿里的两轮数千万美金的融资，这个连环创业客的事业正逐渐走上正轨。2013 年五月份，美团网单月流水已经突破 10 亿元。（摘自新浪博客《民营企业家创业注意事项》）

2. 创业过程是一个系统工程

创业的实现是一个复杂的过程，创业者创立的企业是一个投入产出系统，即投入资源，产出产品与服务。创业的过程就是不断地投入资源，以连续地提供产品与服务的过程。能否以最小的资源获得最大的产出，使得企业具有竞争力并盈利，是衡量创业活动成效的标准之一。

创业过程一般包括以下步骤：识别和评价创业机会、拟订创业计划、确定和获取创业资源、管理和发展企业以收获创业价值。创业过程的每一阶段之中又可能同时蕴含着其他阶段的内容，各阶段相辅相成、不可分割，有机集成的创业才是有效和成功的创业过程。

创业是一个系统工程，它是由多个创业要素组成的复杂系统。创业是由商机驱动、工作团队和资源三个要素保证的。创业过程始于商机而不是钱、战略网络、团队或商业计划。在创业一开始，真正的商机要比团队的才干和能力或适宜的资源重要。创业团体的作用就是利用自己的创造力，在模糊、不确切的环境中发现商机或者创造商机，并利用资本市场、环境、外生因素等组织资源领导企业来实现商机的价值。在这个过程中，资源与商机是“适合—存在差距—适合”的动态过程。商业计划的作用是提供沟通这三个要素质量和相互之间匹配和平衡状态的语言和规则。

3. 创业过程是一个不断学习的过程

创业活动的模糊性、不确定性和风险性，使得工作团队一开始就要注重学习，学习掌握市场规律，学习组织协调创业资源，学习生产经营管理，学习塑造企业文化，等等。学习的目的在于提高创业团队的素质，使他们不仅有能力对机会和挑战做出反应，而且能根据这种反应的结果来调整和修正未来的思路。

成功的创业过程必然是一种不断地向社会和他人学习的过程，有作为的、与时俱进的创业团队必然是一个学习型组织。

第四节 大学生创业现状分析

一、大学生创业的制约因素

调查显示，约76.7%的在校大学生对创业感兴趣，并有26.8%的大学生打算创业，但只有14%的大学生参加过创业辅导课程或创业大赛，而真正创业成功的大学生仅有2%～5%。大学生自主创业存在着很多的困难与挑战，其主要面临的是内在的制约因素和外在的制约因素的影响。

(一)内在的制约因素

1. 缺乏实际工作经验

大学生由于实践经验不足，不知如何将所学的理论知识与社会实践联系在一起，往往眼高手低，看到投资热点就盲目跟从，而很难考虑到细节的问题，如项目能否适应社会的发展、能否持续生存和发展下去等；同时，对项目所期待的回报值过高，又没有真正考虑风险所在，因此容易遭受挫折和迷失方向。

2. 缺乏自信

大部分大学生对创业持悲观态度，没有信心是他们最突出的表现。大学生有创业想法的很多，但付诸实践的却很少。这主要是由于他们的创业意识不成熟，没有足够的信心，不相信自己有能力完成创业计划。此外，有些大学毕业生长期过分地依赖父母，自身的心理承受能力较弱，害怕创业失败。

3. 社会资源少，行动能力差

大学生创业者的社会关系很少，其能够得到的社会资源主要来自家庭、亲戚、朋友和同学，且非常有限；对创业的每一个阶段、每一处细节的处理有时需要创业者亲力亲为，但很多大学生行动能力差，不能适应创业活动的开展。

(二)外在的制约因素

1. 创业资金有限

创业的筹备、企业的启动等都需要资金投入，没有资金，再好的创业计划也难以实施，因此，创业者要准备充足的启动资金和流动资金。但是，多数大学生的经济来源主要是父母，而绝大部分家庭能够提供的创业资金很少；同时，在集资方面，大学生也非常欠缺经验，常常导致创业资金不足，这成为困扰大学生创业的重要因素。

2. 缺乏系统的创业教育指导

目前，高校创业教育指导内容和实践还比较缺乏，很多大学生可能有好的创业想法，但由于缺少这方面的教育和经验，不知从何做起。仅少数学生凭自己的摸索进行自我学习、自我培养、自我锻炼，这很难使大学生的自主创业水平在整体上有所提高。

以上情况反映出大学生创业是非常艰难的，一些大学生在选择创业后，却因为这样或那样的问题而放弃创业。但机遇与挑战并存，大学生要在创业过程中学会接受挑战、克服困难，提高自己的市场生存能力和适应能力。

二、大学生创业的优势与劣势

大学生创业既有其优势，也有劣势。清楚地认识自身的优势和劣势能够帮助大学生更加理智地看待创业活动，既不悲观失望，也不过于盲目自信，这样才能知道自己应该如何创业，为创业之路扫除障碍。

(一)大学生创业的优势

1. 有知识

当代大学生接受高等教育，经过大学几年专业知识的学习，学到了很多理论性的东西，有着较高层次的知识优势，是社会新技术的高级专业人才。当大学生真正投身于创业中时，理论能够指导实践，在实践中能够快速地学习，迅速成长。大学生有能力创办技术含量高的企业，学以致用，用智力创业。很多风险投资家看中的就是大学生所掌握的先进技术，因而愿意对其创业进行资助。

2. 有创意

大学生具有新颖的思维方式，容易对新奇的事物产生兴趣，在大学学习了各种专业知识后，会产生许多有创意的想法，具有创新思维。大学生敢于创新，喜欢用非传统、最吸引人的方式来表现自己的想法，有挑战传统观念和传统行业的欲望。大学生富有创意、善于创新的特点也往往形成大学生创业的动力源泉，为日后成功创业打下基础。

3. 有激情

大学生是年轻、有激情、有活力的一族，是推动社会进步的栋梁之材。大学生朝气蓬勃，对未来充满希望，为了心中的梦想，勇于挑战，具有“初生牛犊不怕虎”的精神，这些都是创业者不可或缺的。

4. 有时间

创业的过程要付出许多的汗水和努力，需要投入大量的时间。大学毕业生大多没有婚姻和家庭的牵绊，没有养家的负担和顾虑，能够把自己的精力全身心地投入到创业中去。

(二)大学生创业的劣势

1. 综合素质不高

创业之路充满艰险与曲折，创业者要面对变幻莫测的市场环境及各种可能出现的问题，这需要创业者能够始终保持积极、稳健的心态。企业的运作和成长都需要经营管理方面的知识，在市场经济中，企业与政府、消费者、合作伙伴、竞争对手等有着复杂的联系，这需要创业者具备社会交往的能力。大学生在这些方面的综合素质是非常欠缺的，对于创业中的挫折和失败，没有充足的心理准备。由于经验不足，大学生常不能很好地解决在创业中出现的人事、财务、物资等方面的实际问题。

2. 缺乏市场意识

不少大学生在向投资者描述产品时大谈技术如何领先与独特，却不了解产品究竟有多大的市场空间，忽略了产品本身的市场价值。对于目标市场定位、营销手段组合这些重要方面，大学生创业者通常没有清晰的概念。由于缺乏市场意识，许多大学生没有明确的市场营销计划，不注意考察市场状况，无法把握市场脉搏，不能识别市场风险，不懂得利用产品品牌去拓展市场。

3. 缺乏吃苦精神

创业并不是一件容易的事，一个人要想有所作为，必须具备吃苦耐劳的精神，能够忍受物质生活和精神生活的极度匮乏，经受得起肉体上与精神上的严峻考验。现在的大学生很多是独生子女，从小就受到家庭长辈们的宠爱，娇生惯养，很多事情不需要亲手去做，因而在长大后遇到困难时首先想到的是向他人求助，而不是独自解决，缺少劳动的锻炼，经受不了意志的考验。这些大学生喜欢不劳而获、贪图享受，甚至有的大学生因为工作辛苦而宁愿待在家中依靠父母。

三、大学生创业的认识误区

大学生在创业时常常对创业活动存在一些认识和观念上的误区，主要包括以下几项。

(一)担心创业失败

有些大学生在选择创业时，对自己信心不足，总担心自己会承受不了创业失败的沉重打击。实际上，创业可能会成功，也可能会失败，但是还会有第三种结果，就是创业者从失败中有所收获，其收获就是经验和教训的积累，对创业者来说是最为宝贵的财富。在不同的创业阶段及不同的环境中，人们对于成功的定义是不同的，但总结经验和吸取教训都是相同的。很多人都以盈利与否作为最终成败的评判依据，却忽视了经验的获取，这种评判对创业者和创业团队都是非常不负责任的。

创业者要认识到在创业的路上，每个人都需要不断地积累和学习，只有在创业中接受磨炼，才能锻炼自己的经营管理能力。大学生创业可以增加自身对社会的了解，提高自身适应现实、适应社会的能力。创业能力的提高从某种角度来看也是一种成功。为避免损失过大，大学生在创业时可选择难度小、需要资金较少的小项目，从小做起。

(二)急于马上成功

创业者对第一次创业的成功总是非常期待的，他们总想着一创业便即刻成功，对创业充满憧憬、满怀期盼。事实上，创业必须经过一个过程，这一过程要持续一段时间。不同的项目有着或长或短的投资回收期，急于求成的想法是不正确的。许多创业者在没有成功以前往往也都会经历无数的曲折，体验付出代价时的痛苦，承受经济上巨大的压力，甚至连创业者个人及家庭的生活都要受到影响。

因此，创业者应冷静、理性地面对创业机会与项目，对创业前景不能过于乐观，对创业项目的可行性要做全面和严谨的分析，从各方面了解项目的情况，要有可行性的实施方案做保证。创业不能一蹴而就，创业者应放下浮躁的心态，一步一个脚印地走下去，才能到达成功的目的地。

经典案例

创业充满艰辛

已经40不惑的刘强东，其履历一直被人津津乐道。

学而优则仕。这个曾经立志从政的少年，在大三那年突然明白，一个人并不能改变整个社会。于是，他白手起家，在这个认为可控的商场里打拼，成了一名名副其实的电商大佬。2014年5月22日，40岁的刘强东创办的京东商城在美国纳斯达克上市。按照19美元发行价进行计算，刘强东持有京东18.8%的股份，身家约为300亿元人民币。

从1996年走出中国人民大学校园，刘强东用了近20年，打造出了一个中国最大的自营B2C电商。当然，京东的许多重要时刻，都巧合地跟刘强东的恋情相关。

刘强东，江苏省宿迁市人，京东商城创始人、董事局主席兼首席执行官。2014年5月，京东在美国纳斯达克证券市场挂牌上市。

第一专业不仅找不到好工作，更找不到女朋友

大一下学期，室友看上了外语系的漂亮女生。一天，他回来后坐在床上抽闷烟，原来当女孩发现他的专业是社会学，就决定不跟他交往了。因为社会学系太难找工作了。我受到了很大的刺激，心想，找不到工作没关系，找不到女朋友却很可怕！所以，一定要学第二专业。什么专业能吸引她们呢？那个年代，最高深莫测的是计算机专业，但我们学校还没有这个专业。于是我自己买书，自学编程。

每抄一个信封，默念“6分钱”

来北京上学，因为家里穷，我只带了500元。我对自己说：希望大学4年不再向家里要钱。所以，大一上学期我就做家教，大一下学期抄写邀请函。我会对着地方黄页，挨个儿写邀请函，写一封能赚6分钱。

抄了一年多信封，我的同班同学出书发了财，在他的感召下，我开始推销书，每天骑着自行车，载着一二十本样书，拿着书单跑写字楼。大三时，我开始写程序。那时写程序非常赚钱，利用晚上时间一个月内编写一套程序能赚5万元。到了大三下学期，我花了2.6万多元买了部大哥大。

创业失败，连一个碗都没带走

到了大四，我想创业。正好学校附近我常光顾的一家很好的餐厅要转让，我觉得机会来了，就把我赚的24万元钱取出来，盘下了这个店面。

餐厅经营了半年，我一面在外面赚钱，一面不断地往餐厅投钱。后来，我都要向家里借钱了。我着急了，一查账，发现亏得一塌糊涂。原来，收银员和大厨谈恋爱，收钱出菜就无法核对了。买菜的小伙子不断涨进货价格，豆芽从8角涨到2元，牛肉从8元涨到17元……没办法，只能关门。当时，我已经没钱了，就向亲戚借了十几万元。我还清了餐厅欠下的账，给每位员工发了两份工资。走的时候，我连一个碗都没有带走。

没有“误差”，只有管理

虽然开餐馆失败了，但是，我创业的信念和激情没有消退。后来，我加入了一家日资企业。一年多后，我受到的最大教育是：没有管理的企业，结果必然惨淡。日本人对我说，日语中没有“误差”一词，只有对和错。我当库管时允许误差，比如，一两分钱的彩印纸，允

许5张的误差;而床垫等产品却没有误差的概念,只要错了就走人。为什么允许5张彩印纸的误差?因为印刷厂送纸时做不到100%准确。这个误差不是给我的,是给印刷厂的。回忆自己餐厅创业的失败,我不仅要担负餐厅破产的责任,还要担负没有教育好员工的责任。

只要发现,马上就要把他开除掉

京东公司内部员工如果有贪污行为,被公司查到,或被供货商、合作伙伴举报,查实后就开除。京东价值观的核心,用一个字来概括就是"正"。最早我们强调正品行货,只要你买了东西就给你发票,不管你要不要。你说,能不能便宜点,省点儿税钱?对不起,京东不提供这项服务。

从创业到上市,京东起起落落,困难重重。最难的时候,我自己都觉得京东真的要倒闭了。那时,京东正好是创业十年,有的兄弟从大专一毕业就跟了我,相信我才留下来。但是,如果企业倒了,那些跟了我十年的人走的时候就会一无所有。不到一个月的时间,我长了很多白头发。小说里有一夜愁白头发的情节,真的发生在自己身上时,有恐惧感,还有对兄弟们的愧疚、羞愧。这样的痛苦无法言喻。

1998年6月18日,刘强东在北京中关村创办了京东公司,定位为传统渠道商,自己担任总经理。公司早期代理销售光磁产品,并在短短两年内成为全国最具影响力的光磁产品代理商。

2001年,打算复制国美、苏宁的商业模式经营IT连锁店。到2003年,京东商城的IT连锁店已经发展到十多家,但最后由于"非典"的到来而被迫歇业。之后通过一年的时间开始尝试线上和线下相结合的模式经营产品。

2004年1月开始,刘强东带领公司进入了电子商务领域,正式创办了"京东多媒体网",继而发展为京东商城。2005年,刘强东最终下定决心关闭零售店面,转型为一家专业的电子商务公司,也正是这个决定成就了如今的京东商城。

自2004年年初正式涉足电子商务领域以来,刘强东带领着京东一直保持高速成长,连续七年增长率均超过200%。京东商城已拥有遍及全国超过6 000万注册用户,近万家供应商,在线销售家电、数码通信、电脑、家居百货、服装服饰、母婴、图书、食品等12大类数万个品牌百万种优质商品。

2010年成为国内首家销售额超过人民币百亿的网络零售企业。

刘强东曾多次在电子商务领域掀起价格战。2010年和2011年两次京东、当当价格战。2012年又掀起包括苏宁、国美等在内多家电商平台参与的电商价格战。

2014年,《胡润百富榜》40岁的刘强东以530亿元人民币的财富位列第九。(摘自搜狐网)

(三)仅凭一个创意或想法创业

有不少人认为,只要有了一个好的创意或想法,创业就一定能成功。事实上,有了好的创业想法,仅仅代表创业才刚刚迈出了一步,此时还需要有一个优秀的创业团队来确保项目的实施。

因此,创业者要将想法变为现实,除了确保想法的新颖、市场的认可外,还要计划好团队建设、企业定位、战略策划等事项。如果创业者在创业准备时对可能遇到的问题准备不充分或根本就没有设计好对策与退出机制,就容易使创业活动一开始便遇到各种各样的难题,企业无法继续发展,导致创业失败。

(四)在遇到困难时选择放弃

人的一生会遇到各种困难和挫折,有的人经历困难和挫折以后变得更加坚强,有的人则在困难和挫折面前悲观消极、萎靡不振。现在的大学生以独生子女居多,缺少挫折的锻炼,在困难出现时容易自暴自弃,不能坚持下去。

在变化无常的创业环境中,存在着太多影响创业的不确定因素。再充分的创业准备也可能存在不完善的地方,再周密的商业计划书也难免有顾及不到之处,再团结的创业团队也可能会出现矛盾和分歧。在困难出现时,有的人会一片茫然,觉得自己很无助,创业非常辛苦,不想再继续,但其实只要努力克服困难,坚持下去,就会看到胜利的曙光。面对困难,许多人往往把它放大了,一旦和困难拼搏之后,就会觉得困难并不可怕。

四、大学生正确创业观的树立

如何树立正确的创业观,为自己铺就一条创业的平坦道路,对准备创业的大学生来说十分重要。

(一)端正态度,正确看待创业

创业是市场经济条件下大学生个体自我发展的需要。随着市场经济体制的逐步完善,市场观念深入人心,创业能够满足大学生追求进取务实、协调并重的价值取向,能使大学生通过自己的积极思考,确定自己的人生目标,最大限度地实现自己的人生价值,为社会做出应有的贡献。创业不再排除个人利益、理想、事业三方面的追求,能够实现社会利益与个人利益兼顾、事业与利益兼得。

在时代的大潮中,大学生创业的激情高涨,但是,创业更需要理智。拥有激情并不表示创业就能取得成功,创业需要回归理智,创业的激情只能作为创业初期的推动力,接下来还有一条漫长的道路,需要艰辛地付出。大学生应该理智地看到创业既有成功又有失败,明白大学生创业的优势与劣势,学会处理创业过程中主观和现实之间的矛盾与冲突,运用辩证的方法,明辨是非曲直,纠正认识的误区,从思想上对创业有一个科学而现实的认识。

(二)明确创业目标

创业前,大学生要弄清楚自己为什么要创业、如何去创业;要了解自己的个性特征,明确自己的创业动机;要树立正确的、符合社会要求的、远大的创业目标。创业者要有高瞻远瞩的视角,知道自己的终极目标在哪儿,通过哪些途径可以实现,目前处于哪一个阶段,以及正在面临哪些问题,等等。

此外,创业者在创业前还要进行科学、合理的创业规划。创业规划应包括项目选择、商业模式、盈利模式确定等,这要以创业者对市场的充分调查为基础,体现出创业者的市场洞察力和创业的目标性。严谨的创业计划能够保证创业有一个良好的开端和正确的努力方向,有利于提高创业成功的概率。

(三)转变观念,提高创业能力

一个成功的创业者绝不能因循守旧、墨守成规,应学会观察国内外市场的变化,以善于变革的精神去迎接创业的挑战。创业的过程是一个系统工程，它要求创业者在企业定位、战略策划、生产组织、团队组建、财务管理等领域有一定的知识积累。

大学生创业能力能否提高是创业成败的决定因素。在校大学生应充分利用大学校园提供的平台积极汲取各方面的知识，通过专业课学习、各种校园活动及社会实践活动不断扩大自己的视野；积极参加一些社团活动及志愿者活动，在活动中锻炼与人沟通、协作的能力，树立团队意识；增强自主学习的能力，在学习中培养创新的思维与发展的意识，通过日常学习中的不断积累逐渐增强创业的自信心。

(四)积极实践，丰富社会经验

创业过程中不仅要学习文化知识，还要在所从事的行业中积累相关经验，提高自己对行业特点、行业发展情况的深刻了解。大学生长期身处校园环境当中，与社会的接触很少，非常需要积累社会经验。

大学生应该积极参加学校举办的创业大赛及创业实践活动，还可以进入企业参加社会实践活动，了解社会、观察社会，不断提高自身的创业实践能力。

思考题

(1)简述大学生创业的意义。

(2)什么是创业？创业的要素有哪些？

(3)简述创业的类型。

实训与操作

1. 实训目的

体味创新创业过程，锻炼学生的耐力、处理问题的能力及人际沟通的能力等。

2. 实训内容

周末在校园摆地摊。

3. 实训组织与实施

(1)教师布置任务及要求。

(2)学生自由结合，1～3人为一组，根据个人实际情况进行筹资、选货、地摊位置挑选，如卖文具、生活用品或者修理自行车等，充分发挥自己的创新创业能力。

(3)经过周末两天的实践体验，分析各自的收入情况。

(4)教师在下次课堂上让学生发言谈谈各自的体会，最后总结创业中的困难，激发学生提升自己各方面的素质及能力，为以后的创业打下基础。

Chapter 8

第八章 创业者及创业者团队

学习目标

- 掌握创业者、创业动机和创业团队的概念，以及创业团队的特征、类型、组建和管理。
- 熟悉创业者的类型、创业动机的分类，以及创业团队的作用、优势和劣势。
- 了解创业者的特征。

案例导读

完美的创业团队——腾讯

1998年的秋天，马化腾注册了腾讯公司，当时连他的父母都没有想到这个书呆子可以开公司，于是建议他找合伙人一起做，可以弥补自身的缺陷。马化腾的第一位合资人是他的同学张志东，之后又陆续吸纳了三位股东，分别是曾李青、许晨晔和陈一丹。马化腾对产品比较在行，当时懂计算机的人不太懂通信，懂通信的人不太懂计算机，而他刚好在这个跨界中间；张志东是绝对的学霸，实践能力、工程能力很强；陈一丹是从政府部门出来的，对政府接待、行政、法律很了解；曾李青长得就很像老板，出席活动的时候别人都是先跟他握手。这5个创始人的QQ号，据说是从10001到10005。（摘自创业故事网）

为避免彼此争夺权力，马化腾在创立腾讯之初就和四个伙伴约定清楚：各展所长、各管一摊。马化腾是CEO（首席执行官），张志东是CTO（首席技术官），曾李青是COO（首席运营官），许晨晔是CIO（首席信息官），陈一丹是CAO（首席行政官）。直到2005年的时候，这五人的创始团队还基本是保持这样的合作阵形，不离不弃。而腾讯做到如今的帝国局面，其中四位还在公司一线，只有COO曾李青挂着终身顾问的虚职退休了。都说一山不容二虎，尤其是在企业迅速壮大的过程中，要保持创始团队的稳定尤其不容易。而在这背后，马化腾从一开始对于合作框架的理性设计功不可没。从股份构成上来看，马化腾占47.5％的股份，张志东占20％的股份，曾李青占12.5％的股份，其他两人各占10％的股份。虽然主要资金都是由马化腾所出，但他却自愿把所占的股份降到一半以下，47.5％。“要他们的总和比我多一点点，不要形成一种垄断、独裁的局面。”与此同时，他自己又一定要出主要的资金，占大股。“如果没有一个主心骨，股份大家平分，到时候也肯定会出问题，同样完蛋”。

保持稳定的另一个关键因素，就在于搭档之间的“合理组合”。据《中国互联网史》作者林军回忆说，“马化腾非常聪明，但非常固执，注重用户体验，愿意从普通的用户的角度去看产品。张志东是脑袋非常活跃，对技术很沉迷的一个人。马化腾技术上也非常好，但是他的长处是能够把很多事情简单化，而张志东更多是把一个事情做得完美化。”许晨晔和马化腾、张志东同为深圳大学计算机系的同学，他是一个非常随和而有自己的观点、但不轻易表达的人，是有名的“好好先生”。陈一丹是马化腾在深圳中学时的同学，后来也就读深圳大学，他十分严谨，同时又是一个非常张扬的人，他能在不同的状态下激起大家的激情。曾李青是腾讯创始人中最好玩、最开放、最具激情和感召力的一个，与温和的马化腾、爱好技术的张志东相比，是另一个类型。其大开大合的性格，也比马化腾更具备攻击性，更像拿主意的人，不过或许正是这一点，导致他最早脱离了团队，单独创业。

当然，经过几次稀释，最后他们上市所持有的股份比例只有当初的1/3，但即便是这样，他们每个人的身价都还是达到了数十亿元人民币，是一个皆大欢喜的结局。可以说，在中国的民营企业中，能够像马化腾这样，既包容又拉拢，选择性格不同、各有特长的人组成一个创业团队，并在成功开拓局面后还能依旧保持着长期默契合作，是很少见的。而马化腾成功之处，就在于其从一开始就很好地设计了创业团队的责、权、利。能力越大，责任越大，权力越大，收益也就越大。（摘自东方企业家）

第一节 创业者与创业动机

创业的成败可能受多种外界因素的影响，其中最关键的因素是人的因素。在创业过程中，人才资源是第一资源，创业者及其团队在创业活动中发挥着举足轻重的作用。

一、创业者

创业者的概念涉及管理学和经济学。创业者是创业活动的主体，是具有创业意向和能力的早期创业家。在市场经济条件下，创业者一般都是自然形成的，其中作为核心的个人或团队往往起着决定作用。优秀的创业者具有高度的能动性，能够在不断变化的环境中主动适应局势的变动，充分利用创业环境和资源，实现成功创业。

（一）创业者的概念

1880年，法国经济学家萨伊（Say）首次明确给出了创业者的概念，认为创业者是将经济资源从生产率较低区域转移到生产率较高区域的人，并认为创业者是经济活动过程中的代理人。

政治经济学家熊彼特(Schumpeter)和管理学大师德鲁克(Drucker)认为,创业者必须具备创新精神。熊彼特认为,创业者必须以与现在不同的方式运用现有的生产方法,实现新的生产要素分配结合方式;德鲁克认为,只有通过运用管理观念和技术,创立全新的市场氛围和新消费者群体,才能体现创业者的创业精神。

目前,在理论界和企业界用得相对较多的创业者的概念是把创业者看成组织、管理一个生意或企业并承担其风险的人。一般认为其有两个基本含义:一是企业家,指现有企业中负责经营和决策的领导人;二是创始人,指即将创办新企业或刚刚创办新企业的领导人。

此外,还有一种定义是从创业者包含的范围出发,把创业者的概念分为狭义与广义两种:狭义的创业者是指参与创业活动的核心人员,广义的创业者是指参与创业活动的全部人员。总体来说,创业者的概念主要包含以下内容。

1. 创业者是创业活动的主体

创业者作为创业活动的主体,是新企业创建过程中的领导者、策划者和实践者,承担着一系列新企业所需履行的职能,主要体现在以下两方面。

(1)创业者是机会发现者。创业活动始于创业机会的发现和识别。个体之所以能够成为创业者,就在于他是创业机会的发现者。创业者发现创业机会的过程是一个不断调整、反复权衡的过程,且由于不同创业者的个人能力、拥有资源等方面的差异,其关注的创业机会也不尽相同。

(2)创业者是创业的主要组织者。组织是管理的基本职能之一,创业者在进行创业管理的过程中,必须有效组织创业资源,才能获得创业的成功。作为创业活动的发起人和领导者,创业者必须对人力资源、技术资源、物质资源和财务资源等生产要素进行有效的组织和管理,这样才能使新创立的企业迅速运转起来。

2. 创业者是早期的企业家

创业者作为早期的企业家,具备了企业家的基本职能,主要集中体现在以下三方面。

(1)企业家是创新者。熊彼特指出,企业家是企业的一种最重要、独特的生产力要素,他将企业家置于促进经济发展的高度来理解,认为经济发展的根本源泉在于创新,即实现生产要素的新组合,而进行新组合的主体就是企业家。同时,熊彼特还认为,创新是企业家对新产品、新市场、新的生产方式、新组织的开拓以及新的原材料来源的控制和调配,企业家被称为“创新的灵魂”,企业家就是创新者。

(2)企业家是风险承担者。爱尔兰经济学家和金融家坎蒂隆(Cantillon)曾经将企业家与风险承担者联系起来,美国经济学家奈特(Knight)则将企业家看作风险承担者的最主要的人物。奈特认为,厂商为了市场需求而生产,而市场需求存在不确定性,企业家就是在不确定的环境中进行决策并承担决策风险的人。冒险是企业家精神的天性,如果没有敢冒风险和承担风险的魄力,那么个体就不可能成为企业家。

(3)企业家是资产的代理人及决策者。制度经济学派从“技术决定论”出发,认为最重要的生产要素决定社会权力转移和社会制度演进。封建时代的最重要的生产力要素是土地;资本主义时代最重要的生产力要素是资本;当储蓄超过投资时,资本的决定力下降,步入后资本主义时代(现代资本主义),最重要的生产力要素变为专门的知识及与之相适应的组织形式,即管理者的才能,此时理论知识成为社会核心,成为决策的依靠,权力也从资本家转向"技术阶层",即科技人员、管理人员。英国经济学家罗纳德·科斯(Ronald Coase)在《企业的性质》一文中,从产权关系的角度研究企业、企业家及现代企业制度,提出了在产权关系下解决企业经营者的激励、约束、监督等问题,而根据经营权与所有权分离的产权理论,委托代理关系随之产生,企业家的角色就是资产的代理人。

上述三项企业家的基本职能,创业者在创业的过程中都要具体承担。由此可见,创业者作为创业活动的主体,其本质上还是早期的企业家。因此,创业者是机会发现者、中心签约人、主要组织者、创新者、风险承担者、资产的代理人和决策者。

企业家是创业者创业成功的代表,是创业者的终极奋斗目标,是创业者的学习对象。创业者与企业家的区别和联系主要在于:早期的企业家是创业者,但创业基本完成以后的企业家一般不被看作创业者;同时,创业者需要伴随着新企业的成长而逐渐向真正的企业家角色转换,企业家则需要时刻保持着创业精神。

(二)创业者的类型

关于创业者的类型有多种分类标准,根据创业的相关特点,大致可以分为以下几类。

1. 生产型创业者

生产型创业者是指通过创办企业推出产品的创业者,以生产技术为主体,通常产品科技含量较高。

2. 管理型创业者

管理型创业者是指那些综合能力较强的创业者,他们对专业知识十分精通,而且对企业管理、运作、市场、财务等十分熟悉,能够通过各种有效的企业管理手段带动企业前进。

3. 市场型创业者

市场型创业者的一个重要特点是注重市场,善于把握市场变化机会。在中国从计划经济向市场经济转轨过程中,涌现出了大批的市场型创业者。海尔集团总裁张瑞敏就有一句名言:"三只眼睛看世界。"意思就是计划经济时期企业只要一只眼,即盯住政府就可以了;市场经济条件下的企业则需要有两只眼,一只眼盯住市场,另一只眼盯住员工;转型期的企业则需要具备第三只眼,也就是说除盯住市场和员工之外,还要盯住政府出台的政策。

4. 科技型创业者

科技型创业者多与高校和科研机构相关联,以高科技为依托创办企业。20 世纪 80 年代之后,为了鼓励科技成果转化为生产力,中国推出了一系列鼓励高校和科研机构创办企业的措施。许多知名科技企业的前身就是原来的"校办企业"和科研机构创办的"所办企业",如北大方正、清华同方及联想集团等。

5. 金融型创业者

金融型创业者实际上是一种风险投资家,他们向企业提供的不仅仅是资金,更重要的是专业特长和管理经验。金融型创业者不仅参与企业的经营方针和规划的制定,还参与企业的营销战略制定、资本运营及人力资源管理。

(三)创业者的特征

由于创业者是创业活动的核心和创业成功的关键因素,因此就需要对创业者所具备的素质特征和能力特征进行研究，探索什么样的人适合做创业者。尽管每位成功的创业者走过的道路、所从事的行业及所做的项目都不同，创建的企业的规模也有差异，但人们却能够从他们身上发现许多相同的特征。

1. 心理特征

从成就动机理论出发，对成功的创业者具有的特征进行分析可以发现，那些具备创业心理特征的人比不具备创业心理特征的人具有更高的实施创业行为的倾向。成功的创业者一般具备以下几种心理特征。

(1)成就需要。创业者希望其创业活动获得成功，某种程度上不是为了获得社会的承认或声望，而是为了达到个体自我实现需要的满足。创业者希望承担决策的个人责任，在解决问题、确立目标和通过个人的能力达到某些目标时负有责任；喜欢具有一定风险的决策；对决策结果感兴趣，不喜欢单调、重复性的工作。

(2)自信。创业者不仅要相信自己，还要相信自己正在追求的事业。这样不仅可以使创业者能在失败之后振作起来，还能使其从失败中吸取教训，以增加下一次创业成功的概率。自信对创业者非常重要，创业者走的是其他人没有走过或不敢走的路，因此创业者只有自信才能顶住压力，坚持自己的目标，最终取得创业的成功。

(3)开放的心态。现代社会新事物层出不穷，开放的心态可以使创业者发现更多的创业机会。创业者要能认识到自己的局限性和改进的必要性，意志坚定但不僵化、不拒绝改变，必要时勇于变革和敢于承担责任。

(4)创业精神。创业精神是创业团队集体的精神状态和对事业所持的态度。创业者要发扬创业精神，没有创业精神的创业不能称为创业，更不会成功。

2. 行为特征

创业者所从事的是以冒险、创新、主动行动为特征的活动，因而对其素质和能力具有许多独特的要求。一般来说，成功的创业者应具有独立性、创造性、进攻性、坚韧不拔、脚踏实地、雷厉风行等行为特征。

(1)独立性。真正要决定创业的人，要认识到什么是真正的独立性。真正的独立性首先要做到思想上的独立，即承认专家权威的存在，但不盲目听从他们的建议，而是要用自己的头脑去思考他们所提出的建议于己是否可用。这种思想的独立性是创业者的基本素质之一。

(2)创造性。市场竞争在现代经济下显得异常激烈，因此创业者一定要善于独辟蹊径，无论是在产品生产和包装设计上，还是在营销方式、售后服务等方面都要有创造性，以凸显企业产品的特性，加强产品的竞争力。

(3)进攻性。创业者必须具有进攻性，勇于尝试，主动出击，充分发挥自己的主观能动性，这样才可能发现并抓住稍纵即逝的市场良机，从而踏上成功的创业之路。需要注意的是，创业者要善于发挥进攻性，攻击对手的弱项，但要杜绝把进攻性引入人际关系，否则会招致许多不必要的麻烦。创业者在待人接物方面，即使是在与对手谈判时，也要保持头脑清醒、冷静，不要一味地与人争斗。

(4)坚韧不拔。创业道路上既有成功也有失败，无论面对成功还是失败，创业者都要充分发挥坚韧不拔的品性，时刻做到心中有数。在面临挫折与失败时，创业者要靠坚韧不拔的精神去克服困难，凭顽强的毅力去承受失败的打击。

(5)脚踏实地、雷厉风行。创业者的创业念头只有通过实际的行动才能变成现实。巴顿(Patton)将军曾说:"一个好的计划现在就去执行要比下周执行一个完美的计划好得多。"如果创业者只有好的创业点子而没有脚踏实地的实际创业行动,那么所谓创业就是一场空谈。

3. 知识特征

如果创业者想在某一行业中脱颖而出,却没有厚实的知识基础,那么创业活动就无从谈起。因此,创业者应该具备相应的基础知识和专业知识。

(1)创业者应具备坚实的基础知识。创业者掌握的基础知识的水平关系到创业者分析、判断和解决问题能力的强弱和将来企业的发展前途。创业者应通晓的基础知识主要有政治学、人才学、组织学、行为科学、经济学、计算机应用、逻辑学、法学、会计学、统计学及心理学等。这些基础知识为创业者正确分析企业内外的环境和自身的优势、劣势,预测行业的发展趋势奠定了基础,是创业活动开展的必备智力条件。

(2)创业者应具备广博的专业知识。要想取得创业的成功,把企业做强、做大,创业者还应具备人力资源管理、市场营销管理、财务管理、战略管理、生产管理等专业知识。这些专业知识为新企业的正常运转、赚取利润和获得长远发展提供了保障。

(3)创业者知识的更新与完善。一个人不可能同时精通上文提到的所有的知识,这就需要创业者通过组建优势互补的创业团队来实现,同时创业者也可以通过学习来弥补。创业者学习知识的主要途径有阅读、参加学习班、与成功创业人士交流及实践等。

4. 能力特征

创业者要成功创业需要多种能力,主要包括经营能力、领导和管理能力、人际关系能力、判断决策能力、风险评估能力等。

(1)经营能力。经营能力是创业成功的关键,创业者首先要做一个出色的经营者。创业成功的关键在于把创新思路及计划付诸实践,最后转化为现实,而经营能力是创业者实现创业梦想应具备的重要能力之一。

(2)领导和管理能力。一些大学生在创业的初始阶段确实存在孤身奋战的状况,但这种状况不会持续很久。随着新企业的逐步发展壮大,创业必然进入集体化运作阶段。既然企业的发展要靠团队成员的共同努力来实现,那么创业者如何领导其周围的员工共同奋斗,并做好各项事务的管理就成为重中之重。可以说,创业者的领导和管理水平会决定新企业的最终命运。

(3)人际关系能力。对于处于起步阶段的新企业来说,创业者在与利益相关者打交道中需要具备处理各种人际关系的能力。人际关系能力在凝聚创业团队核心成员、开发新的客户方面均会发挥重要作用。

(4)判断决策能力。判断决策能力是创业必不可少的关键能力,因为这一能力能够综合反映创业者的创新能力、环境洞察力和应变力。创业者在判断决策过程中,经常需要从多方面思考问题,并不断提出新的方法解决问题。他们要提出多种备选方案,预测各种备选方案的结果,并根据当时的具体环境选出其中最适合的方案,这一过程体现了上述诸多能力的结合。在新企业发展的过程中,判断决策能力会影响企业的经营思路、业务方向,对新企业成长的重要性不言而喻。

(5)风险评估能力。目前,在创业中冒进现象较为普遍,很多人在进入某个业务领域前并没有认真评估该领域可能遇到的风险,一旦在该领域创业失败,就迫不及待地进入别的领域进行尝试,结果陷入了“屡试屡败,屡败屡试”的怪圈。在大学生创业的过程中,创业者的自信绝不能建立在无视风险的基础上,否则自信就变成了自大,会给创业带来极大的不利影响。

以上对创业者的素质要求,个体难以完全具备。这证明了组成创业团队的必要性和重要性,也说明在选择创业团队成员时,创业者要考虑其具备哪些素质,还要考虑团队成员之间是否具有互补性。

拓展阅读

你有能力创业吗?

为何你有创业的欲望?你真的想为自己工作吗?走上创业这条路一定要有正面的理由,更要有自信能满足市场的需求。自己创业确实让很多人实现了理想,但对另一些人而言,盲目地进行往往会导致其破产、精神崩溃乃至走上自我毁灭的不归路。当你确定自己适合创业后,还必须先评估一下你的创业计划是否可行。你可以探索以下问题。

1. 你能否用语言清晰地描述出你的创业构想

想法必须明确。你应该能用很少的文字将你的想法描述出来。根据成功者的经验,不能将想法变成自己语言的原因大概也是一个警告——你还没有仔细地思考吧!

2. 你是否真正了解你所从事的行业

许多行业都要求选用从事过该行业的人,并对其行业内的方方面面有所了解。否则,你就得花费很多时间和精力去调查诸如价格、销售、管理费用、行业标准、竞争优势等。

3. 你是否看到过别人使用过这种方法

一般来说,一些发展良好的公司的经营方法比那些特殊的想法更具有现实性。在有经验的企业家中流行这样一句名言:“还没有被实施的好主意往往可能实施不了。”

4. 你的想法能否经得起时间考验

当未来的企业家的某项计划真正得以实施时,你会感到由衷的兴奋。但过了1个星期、1个月甚至半年之后,将是什么情况?它还那么令人兴奋吗?是否已经有了完全不同的另外一个想法来代替它?

5. 你的设想是为自己还是为别人

你是否打算在今后5年或更长时间内全身心地投入到这个计划的实施中去?

6. 你是否有一个好的网络

开始办企业的过程,实际上就是一个组织诸如供应商、承包商、咨询专家、雇员的过程。为了找到合适的人选,你应该有一个服务于你的个人关系网。否则,你有可能陷入不可靠的人或滥竽充数的人之中。

7. 你能否明白潜在的回报是什么

每个人投资创业,其最主要的目的就是赚更多的钱。可是,在尽快致富的设想中隐含的绝不仅仅是钱。你还要考虑成就感、爱、价值感等的潜在回报。如果没有意识到这一点,那就必须重新考虑你的计划。

创业项目必须要有相当的竞争力，而且只有自己才能决定怎么做最恰当。成事不易，创业更难，选择创业这条路，自然而然地会憧憬成功的景象，却很少想到万一失败的问题。然而，往坏处打算尽管令人不愉快，却是创业之初应该考虑清楚的。

二、创业动机

每个人都有可能成为创业者，但是对于大多数人来说，只有在创业外部环境的刺激和内部动力结合起来时才会真正采取创业行动。个体必须具备价值创造性、创业主动性及自身想法的独特性，才能真正算是一个创业者。不同创业者的创业动机各不相同，因此所产生的创业行为与创业结果也会有很大的差异。

(一)创业动机的概念

创业行为作为一种具有主动性、创造性的社会行动，是由创业动机所推动的。德国社会学家韦伯(Weber)在(经济与社会)一书中明确指出社会行动必须具备两个条件：一是行动者个人赋予其行动以意义，即行动者个人采取行动的动机；二是行动者所采取的行动包含着以他人的行为为目标，即行动者主观意识到与他人的联系。可见，动机是直接推动个体活动以达到一定目的的内部动力。

要分析成功创业者的创业行为，就必须分析他们创业的动机。人的动机是由需要激发的。当需要得不到满足时，人们会呈现出焦虑的状态，由此产生动机，指导自身行动以达到一定目的来满足需要。

拓展阅读

马斯洛需求层次理论

马斯洛(Maslow)需求层次理论是行为科学的理论之一，由美国心理学家亚伯拉罕・马斯洛于1943年在《人类激励理论》一文中提出。马斯洛将人的需求从低到高分为五个层次，分别为生理的需要、安全的需要、爱与归属的需要、尊重的需要和自我实现的需要(图8-1)。

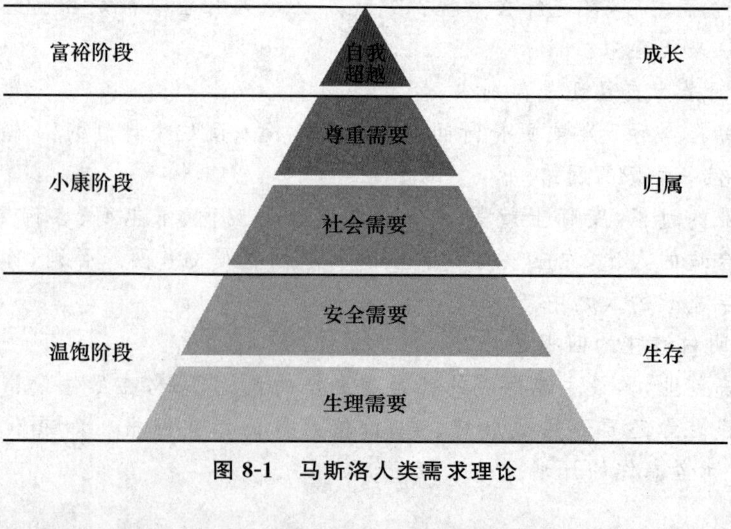

图8-1　马斯洛人类需求理论

这五个层次的需要可以分为两级，其中生理的需要、安全的需要和爱与归属的需要都属于低级需要，这些需要通过外部条件就可以满足；而尊重的需要和自我实现的需要是高级需要，是通过内部条件才能满足的。

对于创业者而言，某方面的需要激发了其创业动机，而创业动机的形成引发了创业行为。熊彼特对创业者的创业动机在精神层面进行了剖析，将创业动机归结为“建设私人王国，对胜利的热情，创造的喜悦”。具体来说，创业动机主要包括以下几方面。

(1)创业可以主宰自己，充分发挥自己的才干。许多“上班族”之所以感到厌倦，对工作的积极性不高，其重要原因之一就是觉得自己是在为别人打工，个人的创意、想法往往得不到肯定，才能无法充分发挥，愿望得不到实现，缺乏成就感，行事有诸多约束。而创业则可以使“上班族”完全摆脱原有的种种烦恼，摆脱在行为上受制于人的局面，充分施展自己的才华，发挥最大潜能，使自己的人生价值得到更好的体现。

(2)创业可以帮助个人积累财富，一定程度上满足个人对物质的追求欲望。工薪阶层的收入有高有低，但都是有限的，没有大的提升空间，而摆脱个人收入不高的烦恼的最佳途径就是开创一份完全属于自己的事业。据有关资料统计，在美国福布斯富豪榜前40名富豪中，75%的人是第一代的创业者，而在中国富豪榜中，以创业起家的人也不在少数。

拓展阅读

白手起家的中国富豪

2013年2月28日，胡润研究院发布了2013年胡润全球富豪榜。榜单最大的亮点是中国超越了美国，成为创造十亿富豪最多的国家，中国十亿级富豪数量达到212人，美国为211人。不过，如果考虑到富豪总数，中国以349人位列第二，比第一名的美国少60人，但是为位列第三名的俄罗斯富豪数的近4倍。

和往年相比，2013年的胡润榜单还新增“财富来源”一列。数据显示，中国富豪绝大部分都是“白手起家”，只有不到一成的富豪财富来源为“继承”。与此相对，美国富豪中约有25%是通过继承获得财富的。

(3)创业能够使个人有机会和实力回馈社会，获得极高的成就感。创业者创办的企业一方面为社会提供了产品或服务，另一方面也为个人和社会创造了财富。企业应融入社会再生产的大循环之中，从多个环节为国家和社会做出贡献，而从这种贡献中创业者能够收获巨大的成就感。

(4)创业使个人能够从事自己喜欢的事业并从中获得乐趣。创业者在选择创业项目时，通常都会从个人感兴趣的领域入手，将其与自己的知识技能、专业特长等结合起来。从另一个角度讲，创业者从事自己喜欢的事业，可以使创业成为一种乐趣。

(5)创业可以使个人从挑战和风险中得到别样的享受。创业的过程充满挑战和风险，同时也充满克服种种挑战的无穷乐趣。创业者可以通过克服创业过程中的重重困难来丰富自己的人生体验，获得精神上的享受。

总之，创业是实现人生理想和价值、获得自身全面发展的有效途径，而创业动机有效地推动了创业行为的进行。(摘自《中国青年报》)

(二)创业动机的分类

创业动机主要分为生存型动机、机会型动机和混合型动机。

1. 生存型动机

生存型动机一般只是因追求财务绩效和个人财富的增加而产生的创业动机,创业者关注的是如何用最少的成本获取最大的利润。这一类创业者在企业的经营上相对保守,并倾向于规避风险,注重良好的经营环境保障,通常把“金钱”和“利润”作为首先考虑的问题。

生存型动机的创业者最初并不倾向于创业,而是倾向于就业,其初始的希望是找到满意的工作来实现自己的理想,而不是谋求独立、自主创业,他们由于就业不如意,才被迫由寻求满意的工作转向创业。生存型动机的创业者往往缺乏创业的信心,对创业的成功把握不大。

2. 机会型动机

机会型动机是以实现个人理想、体现个人价值为目的的,创业者总能抓住市场机会进行创业。新一代的创业者思想开放,自我意识更强,他们创业的动机不再仅仅是填饱肚子,而是将创业作为自己的追求和理想。在决定创业之前,他们已经做好了独立自主、自我创业的准备。

机会型创业者更倾向于利用市场机会,对创业充满信心,主动将创业作为最佳的职业选择。他们积极进取,树立良好的企业形象,努力获得社会的认可,与政府保持良好的合作关系,对政策和信息高度重视,优惠政策对于他们来说就是最有价值的机会。

3. 混合型动机

混合型动机是由生存型动机和机会型动机交织形成的动机。个体的动机是复杂的,往往是由多种基本需要共同决定,而不是由单一的需要决定的,因此混合型动机更具普遍性。现实中的大学生,其需要是多样的,既有生存的需要,又有发展的需要,这构成了大学生创业的混合型动机。

(三)创业动机的驱动因素

创业者选择创业的动机受到诸多因素的影响,如成就需要、个人性格、冒险意识、政策法规、创业能力、创业教育等。这些因素可以分为直接驱动因素和间接驱动因素两大类。

1. 直接驱动因素

产生创业动机的直接驱动因素主要是指创业者内心对创业的内在需求,它直接影响着创业动机的形成。这种对创业的内在驱动力与不同个体的性格特征及价值观念有着密切的联系。直接驱动因素包括自我实现的需要、成就需要和履行社会责任的需要。

(1)自我实现的需要。大学生有着强烈的自我控制和独立自主的渴望,已逐步树立起自己的人生追求,有很多的梦想和计划,总希望寻找机会去实现。大学生对创业有着浓厚的兴趣,愿意冒险,希望通过创业的方式实现自己的理想、发挥自己的才能、体现自己的价值。在这种自我实现的期望的驱动下,大学生认为自己有能力创业,从而产生创业的动机。

(2)成就需要。创业成功会带给创业者一种深切的成就体验、一种极度强烈的幸福感和欢乐至极的感觉,会让创业者觉得创业的过程是有价值的。

创业成就的需要影响着创业者的创业动机、行为方式和管理模式,能够激励创业者在创业实践中发挥最大的潜能、积极应对创业过程中的困难。成就需要强的人对工作和学习都非常积极主动，能够约束自己的行为，充分把握时间，效率非常高，容易取得优异的绩效和较高的社会价值。大学生的成就需要一旦被激发，就会产生为实现目标而克服困难、执着追求的高度热情和强劲动力，从而激发他们对成功和成就的追求动机，并为此乐意积极地努力。因此，成就需要是产生创业动机的必备条件，它能够激励人们奋发向上、勇往直前。

(3)履行社会责任的需要。大学生作为一名社会公民，有履行社会责任的义务。大学生属于高级知识分子，受过多年的正规教育，肩负着社会寄予的厚望，应当为社会做出应有的贡献。有的大学生懂得承担社会的责任和义务，认识到创业不只是为了赚钱，更要为社会多做贡献。此外，履行企业的社会责任，践行个人价值观，以实现企业经济、社会综合价值最大化为目标，用爱心关怀需要帮助的弱者，在服务社会、助人为乐中履行社会责任，能够体现个人的自我价值。因此，履行社会责任是一种高层次的创业动机驱动因素。

社会责任远非一项成本，它是企业孕育的机会，竞争和成长的源泉与动力。履行社会责任是推动企业高速、健康、持续发展的重要因素。

2. 间接驱动因素

产生创业动机的间接驱动因素主要是推动创业者实施创业的外在环境因素，包括创业政策、实例激励、就业压力、职业现状等。

(1)创业政策。政府对大学生创业的鼓励和扶持政策对大学生创业的意愿能够产生积极的影响。我国教育部、各地方政府、各高校自1998年起开始大力倡导大学生创业，陆续出台了许多支持政策。现在的大学生创业者获得政府帮助的机会大大增加，因此越来越多的大学生愿意选择创业。

(2)实例激励。创业成功的典型实例能够从外部间接地激发大学生的创业动机。创业成功的实例会给大学生提供创业的良好示范，能够激励大学生像他们一样成就自己的一番事业。

(3)就业压力。当今社会大学生就业形势逐年严峻，随着大量的大学毕业生涌向人才市场，必然有一些人暂时找不到工作或短时间内找不到合适工作。在这种就业困难的情况下，有些大学生便会改变就业观念，选择自主创业的道路。

(4)职业现状。对职业现状的不满也会促使从业人员选择自主创业。一些自我意识很强的毕业生，初到单位会因制度的约束无法按照自己的想法做事而选择自主创业，使自己获得一个发挥能力的空间，实现自我价值，得到社会的认可。

值得注意的是，创业者在自我内在需要的能动作用下，会将其与外在影响因素结合起来，对创业的可能性做出分析，形成切实可行的目标，进而产生创业的动机。现代动机形成理论认为，只有个体将自身的内在动力与外在诱因有机结合，动机才能得以形成和维持。大学生创业动机的形成往往是内在需要(如自我实现的需要、成就需要等)和外在诱因(如创业政策、实例激励等)有机结合的结果。

第二节　创业团队

创业之路充满困难和艰险，仅靠创业者个人的力量是不够的，因此组建和打造一支具有一个共同点的团队是十分必要的。

一、创业团队的类型

(一)星状创业团队

星状创业团队具有一个核心人物,充当带领团队其他成员前进的引路人的角色。星状创业团队的建立模式往往是核心人物先形成创业思想,而后根据其创业思想进行创业团队人员的甄选和组织。因此,在创业团队正式组件之前,核心人物应该就团队成员进行过详细思考和计划,根据自己的谋划选择相应人员加入创业团队。这些加入创业团队的成员既可能是核心人物以前熟悉的人也可能是核心人物以前不认识的人,但这些团队成员有一个共同点,即他们在新企业中更多时候所扮演的是支持者的角色。

星状创业团队具有以下特点。

(1)组织结构紧密,有很强的凝聚力,核心人物在团队中的行为对其他成员影响巨大。

(2)决策程序相对简洁,组织效率较高。

(3)权力过分集中于核心人物个人,大大增加了决策失误的风险。

(4)鉴于核心人物在这种团队中的特殊地位,如果其他团队成员和核心人物发生冲突,那么他们在冲突发生时往往处于被动地位。当冲突较为严重时,团队成员一般都会选择离开团队,因而会对团队正常运作造成较大影响。

(二)网状创业团队

网状创业团队的成员一般在创业之前都有非常紧密的联系,如亲属、同学、战友、朋友、同事等。网状创业团队的建立一般都是在这些人的交往过程中,共同认可某种创业思想,就创业达成了一致意见,然后开始共同创业的。网状创业团队一般没有明确的核心人物,而是依据每个成员的特长进行自发的组织角色定位。因此,在企业初创时期,每个成员往往扮演的是协作者或者伙伴的角色。

网状创业团队具有以下特点:

(1)没有确定的核心人物,组织结构较为松散。

(2)进行团队决策时,需要采取集体决策的方式,通过团队成员反复沟通和讨论达成一致意见,因此团队的决策效率相对较低。

(3)团队中容易出现多头领导的现象,这是由于团队成员在团队中地位的相似性造成的。

(4)如果团队成员发生冲突,一般会采取平等交流、积极应对的态度消除冲突,不会出现团队成员轻易离开的局面。但是,一旦团队成员间的冲突升级,使某些团队成员离开团队,就容易导致团队的解散。

(三)虚拟星状创业团队

虚拟星状创业团队由网状创业团队衍生而来,是介于前两种创业团队形态间的一种形态。在虚拟星状创业团队中,尽管有一个核心人物,但是其地位的确立是所有团队成员集体协商的结果。因此,虚拟星状创业团队的核心人物可以理解为整个团队的代言人,而不是团队主导人物,其在团队进行决策时必须充分考虑其他团队成员的意见,而不像星状创业团队中的核心人物那样具有绝对的权威。

经典案例

小米科技的超豪华创业团队

2010 年 4 月 6 日，小米科技正式成立，雷军从小米科技成立之日起就担任 CEO，一直亲手操持小米科技的发展方向和具体业务，每天都倾注大量时间、精力于其中，事无巨细。不难想象，此次创业雷军谋划已久，小米科技的诞生寄托了他创办“伟大企业”的梦想。

雷军和小米科技的雄心，从其豪华的创始人团队也能一窥端倪。除了创始人雷军，小米科技联合创始人包括原 Google 中国工程研究院副院长林斌、原摩托罗拉北京研发中心高级总监周光平、原北京科技大学工业设计系主任刘德、原金山词霸总经理黎万强、原微软中国工程院开发总监黄江吉和原 Google 中国高级产品经理洪锋。其中，林斌任小米科技总裁，负责公司日常运作，其余 5 名联合创始人分任副总裁。这几位联合创始人都具备国际、国内一流企业平均超过 15 年的从业经验。

小米科技 CEO 雷军出席“2012 创业小聚年会”时接受了媒体的采访，谈到了自己的创业经验及小米科技的成功之道。雷军认为，创业时找到了好的团队就成功了一半。

在优秀团队的带领之下，小米科技一年一个台阶，如同火箭一般发展了起来。2014 年，小米科技销售手机总计 6 112 万台，较 2013 年增长 227%；含税销售额 743 亿元，较 2013 年增长 135%，荣登中国市场份额第一位。（摘自中国经济网）

二、创业团队的组建

创业团队成员的角色分工不同，需要发挥相互之间的互补作用，因此创业者需要考虑一些条件、遵循一些构成原则、按照一定的程序才能有效地进行创业团队的组建。

(一)创业团队的组建原则

创业者在组建创业团队时，必须明确以下原则。

1. 目标明确合理原则

目标明确才能使团队成员清楚认识到共同的奋斗方向是什么，目标合理才能使团队成员感受到奋斗的可行性，真正达到激励的目的。

2. 互补原则

创业团队成员合作的目的在于弥补创业目标与自身能力间的偏差。当团队成员彼此在知识、技能、经验等方面实现互补时，才有可能通过相互协作发挥出“1＋1＞2”的协同效应。

3. 精简高效原则

为减少创业期的组织运作成本、最大限度地分享成果，创业团队成员构成应在保证企业高效运作的前提下尽量精简；同时，创业者要把握统一指挥与分工协作的关系，既要防止出现多头领导、责任不清的现象，保证统一指挥和命令关系，又要在明确分工的基础上适当控制管理幅度，防止出现大包大揽的现象。

4. 动态开放原则

创业过程是一个充满了不确定性的过程，团队中可能因为能力、观念等多种原因不断有人离开，同时也有人要求加入。因此，在组建创业团队时，创业者应注意保持团队的动态性和开放性，使能力、观念等能够真正匹配的人员能被吸纳到创业团队中来。

5. 责、权、利统一原则

在创业团队中，各成员都应拥有与其角色相对应的权力，并应承担对自己的行为所造成的后果的责任。同时，团队成员也应具有与完成该责任相对应的权力，创业者应使权力合理分配到每个团队成员手中。另外，在行使权力并履行责任后，团队成员应该得到与其责任和权力对等的利益。责、权、利统一原则有利于组建成功后的团队能够长期、健康、稳定地发展。

6. 相对稳定原则

创业团队在组建时虽然要依据内外环境变化适当进行结构调整，但在调整时，应考虑保持团队的稳定性，避免频繁变更团队成员导致团队成员无所适从，造成团队人心不稳，业绩下降。相对稳定原则可以保证团队思维的连续性，有利于团队在前期成果基础上不断开发出更多新成果。

以下是创业团队最容易遇到的问题，需要在创业之初就在创业团队成员间加以明确。

(1)我们该如何划分股份？

(2)公司如何做出决策？

(3)如果我们中有人离开了公司，应该怎样处理？

(4)创始人可以被解雇吗？

(5)我们在这次创业中的个人目标是什么？

(6)这是我们各自的主要事业吗？

(7)在我们的计划中，有哪些部分是我们各自不愿意改变的？

(8)我们是否需要与我们创立的公司签订某些合同？

(9)我们中需要有人向公司投入资金吗？

(10)我们以什么给自己发工资？

(二)创业团队的组建程序

虽然组建创业团队的具体程序可能会因创业团队类型的不同而出现细微差异，但仍可大致归纳为以下几个步骤。

1. 明确创业目标

创业者为了吸引合适的创业伙伴，组建创业团队，一方面应明确自己的创业思路；另一方面则必须将自己掌握的创业机会形成一定的创意，进而形成一个创业目标，也就是为组建创业团队而设立的目标。这样创业者才能使想要加入创业团队的人员对未来企业的发展目标有充分的了解，有利于促进团队成员间的合作。

2. 制订创业计划

在确定了创业总目标及各个阶段性子目标之后，创业者要马上围绕如何实现这些目标制订周密的创业计划。创业计划是在对创业目标进行具体分解的基础上，从团队整体出发而制订的计划。创业计划确定了在不同的创业阶段需要完成的阶段性任务以及实现的手段，其目的是通过逐步实现这些阶段性目标来最终达成创业总目标。

3. 招募合适的团队成员

招募合适的团队成员是组建创业团队最关键的一步。关于创业团队成员的招募，主要应考虑以下几方面。

(1)互补性。互补性即考虑被招募人员能否与团队其他成员在能力、技术、经验上形成互补。这种互补的形成既能够有效加强团队成员间的合作，又能够保证整个团队的核心竞争力，从而使团队的作用在更大程度上得到发挥。通常来说，创业团队至少需要技术、管理和营销三方面的人才，只有这三方面的人才形成良好的沟通协作关系后，创业团队才可能实现稳定高效。

(2)规模适度。适度的团队规模将成为保证团队高效运作的重要条件。如果团队成员过少，团队的功能和优势可能会无法发挥；如果团队成员过多，又可能会由于交流障碍而导致团队内部分裂，从而在极大的程度上削弱团队的向心力。一般认为，创业团队的规模控制为2～12人最佳。

(3)道德品质。创业者在选择创业团队成员时还应考虑对方的道德品质，与一个人的能力相比，其道德品质则显得更加重要。一个人的道德品质如何是可否与其合作的基础，也是决定这个人是否值得信任的前提。

4. 职权划分

创业团队应当包括不同类型的成员负责新企业的各项事务，如有人负责企业决策，有人负责拓展市场，有人负责管理生产等。明确团队成员的职责定位，可以使创业团队形成合力，共同实现创业目标，同时也可避免因职责不明、权力分配不明确而引发的冲突。

在实际创业过程中，很多创业团队是基于亲戚、朋友的关系而组建起来的，在新企业创立初期一般能够较好地团结在一起，共渡难关，但在新企业发展到一定阶段之后，这种团队往往会遇到权限不明、责任不清等问题，甚至可能因企业进一步发展的目标不同而发生分歧，导致企业分裂。因此，在与亲戚、朋友共同创业时，创业者要处理好权、责、利等各方面的关系。

三、创业团队的作用

对于新企业来说，选择以创业团队形式为主导建立企业比以个人为主导建立企业更容易获得成功。某项针对104家高科技企业的研究报告显示，在年销售额达到500万美元以上的高速发展企业中，以团队形式成立的企业占83.3%，而在另外73家停止经营的企业中，以团队形式成立的企业仅占53.8%。之所以出现上述结果，是由于创业过程往往是一个需要汇集众人力量的组织形成过程。企业科技含量越高，创业过程越复杂，越需要借助更多人的能力。创业团队成员的不同经历会对新企业，尤其是技术型新企业，产生显著的影响，进而关系到新企业的长期生存状况。

具体来看，无论是新企业的发展潜力，还是其突破创始人的自有资本局限，以及从市场吸引资本的能力，都与企业管理团队的素质密不可分。组建了团队的创业者与单打独斗的创业者相比，其创建的企业的发展速度、规模、价值创造能力、利润分配能力、风险抵御能力都不可同日而语。创业团队的凝聚力、合作精神、立足长远目标的敬业精神都将有效地促进新企业的成长，使新企业在复杂环境中得以生存。同时，团队成员之间的协作互补以及与创业者之间的补充平衡，也起到了提升管理水平、降低运作风险的作用。

一般来说，创业团队的作用体现在以下几方面。

(一)团队约束力

创业团队成员可以互相监督，为实现团队的共同目标同心协力。这种互相约束的合力在实现创业目标方面的作用往往要大于每个创业团队成员自身能力的简单相加。

(二)优势互补

不同的创业者具有各自的资源和能力优势，能够促进创业活动的顺利开展；创业团队的各个成员之间能够相互协作、相互支持，实现能力互补，有助于创业的成功。在具体的创业运营过程中，团队成员能够发挥各自的优势，实现分工合作，使创业活动的每项工作任务都能拥有相应的职能支持。

因此，聚集一批志同道合、互补互助的创业团队成员，对创业者而言是成功创业的保障。事实表明，大多数成功创业者之所以能取得创业的成功，其最重要的原因是拥有一支强大的创业团队。

(三)精神支持

创业环境具有极大的不确定性，因此创业不是一件容易的事情，其过程也十分艰难，在此过程中创业者面临着各种各样的风险，要承担巨大的精神压力。同时，创业者还要面对各方面的挑战与困难，需要有很大的勇气去解决遇到的每一个问题。创业团队成员之间能够相互鼓励，形成精神上的相互支持，这样才能进一步强化共同的创业目标，并共同围绕创业目标努力奋斗。

四、创业团队的优势和劣势

创业团队作为新企业的重要组织机体，会对企业带来多方面的影响。创业团队可提高生产效率、促进企业发展，也可因在团队管理上精力、时间的花费过多等给企业带来负面效应。总体来说，创业团队所具有的优势大于劣势，且创业团队的劣势能通过创业团队成员的共同努力加以解决。

(一)创业团队的优势

(1)创业团队在组建过程中需要遵循的原则之一就是把技能和经验互补的成员组织到一起。这样不仅可以起到补充和平衡作用，使团队获得高于个人的机会识别能力、机会开发能力和机会利用能力，还可以使由此产生的创业团队整体的技能和经验超过了团队中任何一个人的技能和经验，具有“1＋1＞2”的效果。这种更大范围内的技能和经验的组合使创业团队形成一种协同工作的整体优势，使创业团队能够应对多方面的问题，如来自创新、质量和客户服务等方面的挑战。这种团队之间的相互配合可以减轻个人的工作负担，从而提高团队整体的工作效率。

(2)由于创业团队在形成共同奋斗目标和决策方法的过程中，伴随着形成能支持立即解决问题和提出倡议的交流方式，因此创业团队对待变化中的事物和需求是灵活敏感的。也就是说，创业团队能用比个人更为快捷、准确和有效的方法打入大型组织的联系网，根据新的信息和挑战调整行为方式。

(3)创业团队能使团队的整体业绩成为对团队的最终激励，形成一种激励的自身循环。创业团队通过共同努力克服障碍，能够促进团队成员加强相互了解，对工作的意义进一步理解，并对队友的能力建立起信任和信心，进而加强团队共同追求更高的团队业绩的愿望，使创业团队价值深化。

(4)创业团队是由技能和经验互补的成员所组成的，团队内各个成员基本都具有独当一面的素质和能力，这样一个创业团队就能够承担起大型、完整的任务。这不仅有利于使目标任务更为顺利地完成，减少了不同细节负责人员之间沟通交流所需的时间和精力成本，还有利于创业领导者对某一时期内某项任务进行管理。

(二)创业团队的劣势

(1)创业团队的每个成员都有其自己不同的思维及经历，每个人都会有自己的创业构想及主张，如果团队成员的个性较强，在固执已见的同时逃避自己看待问题的缺失，就极易与他人产生个性冲突，使团队难以寻求问题的最佳解决方案。此外，有的团队成员会非常在意自己在团队中的地位，尤其是团队组建初期就已经加入的团队成员，他们往往很难接纳比自己更为优秀的新成员加入团队。为避免此种状况的发生，创业者在组织团队和领导团队时，应具备高超的领导能力和协调能力。

(2)创业团队成员间利益分配的问题容易造成团队的分化及工作效率低下。创业团队成员之间利益的分配问题是一个敏感、复杂却又至关重要的问题。当几个人一起创业时，股权的分配比例都是提前商定的，但即使是创业者们已达成的分配比例也可能会带来许多负面后果。例如，由于实际创业过程中团队成员间因为能力、动机、投入程度等方面的差异，对创业的贡献程度必然会与之前的设想存在差异，这种差异会引发一定的不平衡心理，进而影响一些创业者投入工作的积极程度，使团队的整体力量难以充分发挥。此外，如果企业的权力高度集中在一个人手中，可能对成员工作积极性的激励不足，就会使整个团队无法发挥其应有的力量。

(3)创业团队成员之间互信问题带来的负面效应。团队成员间相互信任是创业团队形成及发挥正能量的基础，但是互信往往要经过长期合作才能形成。如果创业团队成员间无法建立互信关系，就可能导致团队中出现不同小群体的聚集；而团队成员若盲目互信，也可能给团队带来不可估计的恶果。由此可见，在组建创业团队时，培养和发展团队成员间的互信关系，对成员建立正常的互信关系进行监督和约束，避免由团队成员的不信任关系带来负面影响具有重要意义。

拓展阅读

防止创业团队散伙的十大绝招

创业团队的解散始终是大家关注而又无可奈何的事，似乎也只能慨叹一句“共苦易，同甘难"的千古名言而已。然而,在大家对着数不胜数的案例感慨时,却很少有人将这一规律式的宿命加以归纳,总结共性,并在进一步分析之后提出解决方法。这里给出了防止创业团队散伙的十大绝招,供广大合伙人参考。

1. 理念要正确

创业者要坚信创业团队能够健康地发展下去,不要一开始就想着失败,尤其不要用一些消极的理论,如天下没有不散的宴席、过河拆桥等来支配自己的思想,因为有这种想法本身就会为失败的结局埋下种子。就像刚开始学习骑自行车的人一样,发现前面路中间有一块石头,越不想碰上石头,偏偏最后还是碰上了,这就是骑车人的精力集中于失败的结果。

2. 持续沟通

创业团队成员在创业开始时要沟通,遇到问题、解决问题时也要沟通,产生矛盾时更要沟通,以利于新企业的发展。即使创业团队成员有不同的看法,也不要在公开场合与他人争辩,尤其是在下属面前。

3. 坚决剔除投机取巧的人

团队领导者之间的矛盾不应让下属来评论和解,如果双方沟通有困难,就应主动寻找第三方的力量,尤其是双方都信得过的人来进行调解。如果发现团队中有人利用领导之间的矛盾和分歧达到个人的目的或损害团队利益,就要毫不犹豫地将其开除出创业队伍。

4. 就事论事

当创业团队成员双方矛盾冲突达到分为两个阵营,外力也不能解决时就应停止争论,停止人事波动,就当前的矛盾问题来商谈解决方法。

5. 换一种环境和心境

产生矛盾的团队成员双方应暂时撇开工作问题和事业上的矛盾,换一种环境和心境,多讨论些人生话题、休闲话题,将利益看淡。

6."丑话"在前

创业团队成员应在最初创业时就把最基本的责、权、利关系理清,尤其是股权、利益分配更要说清楚,还应包括增资、扩股、融资、撤资、人事安排、解散等相关事宜。

7. 及时协调立据

任何事情都不可能在最初就计划周全,事情是随时都有可能变化的,团队成员在新企业运营的过程中,遇到新问题、新矛盾时一定先说清楚并及时立据再行动,否则就有可能埋下祸患的种子,要随时避免团队颠覆的根源。

8. 不要过分计较小事

不过分计较小事与前面讲的丑话在前和及时立据看似矛盾,但实则不然。不过分计较小事是说事实已经形成了就不要太计较了,即便计较了也于事无补,因为通常事后当事双方就会发现双方的计较毫无实际意义。

9. 不要轻易地考验对方

当团队成员有意考验对方时,对方只能是顺着事先设定的情境而进行活动,其结果通常不理想。如果对方知道有人在考验他,那么他就会在心理上和行为上设防,这样的考验通常没有意义和结果,还会损伤双方的感情和合作关系,相互失去信任。

10. 一直向前看

创业团队在合作的过程中，遇到问题和矛盾应向前看，因为双方的利益是一致的。如果抓住眼前的事情不放，那么矛盾只会越来越多，最后裹足不前；如果总是向后看，回忆起合作中的不愉快，就会使自己丧失前进的斗志和动力。因此，只有向前看，以创业成功的希望激励双方，摒弃前嫌，勇往直前，才能抵达成功的彼岸。（摘自冰点文库）

五、创业团队的管理

在创业团队组建成功后，最重要的就是进行创业团队的管理。良好的创业团队管理是新企业走向创业成功的基石。联想集团的创始人柳传志认为，管理的三要素是“建班子、定战略、带队伍”。虽然创业团队存在一定的自身特殊性，但是对它的管理重点依然逃不出对人的管理，也就是对人力资源的管理，主要包括团队成员的岗位配置、培训开发、激励等内容。

创业团队组建成功后，创业者首先要使创业团队的理念和目标与新企业的战略、目标及文化等一致；在岗位评价分析及对团队成员的深入了解的基础上，为团队成员安排相应职位，让团队成员根据不同的岗位要求发挥所长；最后再建立合理的绩效考评体系，对团队成员进行绩效评价、激励等工作。具体的创业团队管理工作主要包含以下几个方面。

(一)创业团队精神的培养

只有团队成员对目标的认同凝聚在一起时，才能形成坚强的团队，激励团队成员团结奋进。因此，企业要有导向明确、科学合理的目标，把经营目标、战略、经营观念融入每个团队成员的头脑中，使之成为团队成员的共识。同时，创业者必须把创业目标进行分解，使每一个部门、每一个团队成员都知道自己承担的责任和应做出的贡献，并把每一个部门、每一个团队成员的工作与团队总目标紧密结合在一起。

1. 共同的企业价值观的培养

价值观的内化，首先在于企业领导者要以身作则、言行一致，还要不断把企业价值观向员工灌输，同时建立、健全和完善必要的规章制度，特别是相应的激励机制和约束机制，使员工既有价值观的导向，又有制度化的规范。

2. 领导者自身影响力的培养

领导者是组织的核心，一个富有魅力和威望的领导者自然会把全体员工紧紧地团结在自己的周围。领导者的威望取决于其人格魅力、道德和思想修养，以及知识、经验、胆略、才干和能力，还取决于其是否严于律己、率先垂范、以身作则、全身心地投入事业中去，更取决于其能否公平、公正地待人，与员工同甘共苦、同舟共济等。

拓展阅读

从唐僧师徒谈领导者魅力

《西游记》里的师徒四人历尽磨难，实现了最终的目标。在中国的四大名著中，只有

《西游记》中的师徒四人是一个成功的团队。其根本原因是他们拥有一个好的领导者——唐僧。

唐僧的领导者魅力表现为以下几点。

(1)“没本事”。唐僧不过高评估自己，有自知之明，他不会用自己的短处来应对这个世界，这就是他的长处。领导者不需要专业技能特别优秀，但他要善于把最优秀的人集合起来，让他们为自己工作。

(2)宽容。唐僧对自己的徒弟很宽容，特别是对最重要的也是最有个性的孙悟空。

(3)善于用人。一个团队需要个性化的成员共存，唐僧让每个下属都有施展的空间，很好地发挥了他的三个徒弟的长处。

(4)有远景目标。有位管理学家说过：用一句话来概括，领导就是为团队成员提供一个远景目标。唐僧对团队的目标坚定不移，信心坚定。

(5)心态平和，不急功近利。唐僧遇到阻碍时不灰心，取得成绩时不沾沾自喜，始终保持良好的心态，一步一步接近自己的目标。这是领导者魅力的核心部分，因为一个领导者遇到的困难要比任何一个下属遇到的都要多，都要严重。

(6)对下属恩威并重。唐僧对每个徒弟都有恩情，但对他们从来都是赏罚分明。

(7)有后台。后台是一个领导者可被利用的资源，充分利用这个资源有利于团队目标的实现。关键时刻观音菩萨出手，帮助唐僧师徒实现目标。

(8)形象好。团队最主要的形象取决于领导者的形象，这个形象是外在和内在的结合。保持良好的形象是领导者必备的素质之一。(摘自道客巴巴)

3. 激发参与热情

企业团队精神的形成也有赖于员工的参与。员工只有全方位参与企业的经营管理活动，把个人的命运与企业的未来捆绑在一起，才会真心实意地关心企业的发展，才会与企业结成利益共同体和命运共同体。为了激发员工的参与热情，企业领导者可以请员工提出合理化建议，让员工参与管理，实施“从群众中来，到群众中去”的群众路线，让员工成为股东。企业通过合理的激励机制，即通过建立有效的物质激励体系，可以彻底摆脱员工给企业打短工的心理，使企业与员工之间形成荣辱与共、休戚相关的组织命运共同体。

4. 唤醒危机意识和忧患意识

危机意识和忧患意识是团队精神形成的外在客观条件。没有压力的企业是不存在的，每年世界500强排名的变化就说明了这一点，正如微软公司总裁比尔·盖茨曾说过的：“我们的公司离破产只有18个月。”

5. 经常性的沟通和良好的协调

沟通主要是通过信息和思想上的交流达到认识一致的活动，协调是取得行动一致的活动，两者都是形成集体的必要条件。企业的各种例会、内部刊物、有线电视、内部联网、电话、文件传递、汇报总结、非正式接触等激活了组织上下、左右各个方向的信息流动，进而促进了团队沟通与协调的进行。

(二)责、权、利统一的团队管理机制的建立

创业者在组建创业团队时应明确地对责、权、利进行分配，建立严格的企业管理制度。

1. 妥善处理各种权力和利益关系

(1)妥善处理创业团队内部的权力关系。在创业团队运行过程中，创业者必须明确每个团队成员适合从事何种工作，并据此让该成员承担相应的责任，以使其能力和责任的重复度达到最小、匹配度达到最高。

(2)妥善处理创业团队内部的利益关系。新企业的报酬体系不仅包括诸如股权、工资、奖金等物质报酬，还包括个人成长机会和提高相关技能等精神报酬。每个团队成员所看重的利益并不一致，这取决于其个人的价值观、奋斗目标和抱负。例如，有些人追求的是长远的资本收益，而另一些人可能只关心短期收入和职业安全。

鉴于新企业薪酬体系的重要性，加之新企业资金有限，创业者要认真研究和设计企业整个企业生命周期的薪酬体系，使之具有吸引力，并使薪酬水平不受贡献水平的变化和人员增加的限制，即保证按贡献付酬和不因人员增加而降低报酬水平。

2. 制定严格的规章制度

规章制度是一个组织的底线，联想集团创始人柳传志曾经说："公司发展到今天，确实要有自己的行为准则了，我们要树立一面旗帜，非常鲜明地写清楚企业要干什么，什么是可以干的，什么是不可以干的，愿意跟着干的就站在旗下，不愿意干的就离得远一点儿。"

同样，对于创业团队而言，规章制度是非常重要的，如果没有明确的规章制度来规范团队成员的行为，没有规定哪些事是符合规定可以去做的，哪些事又是明确禁止的，所有成员都随心所欲地做事，那么团队成员就难以向着同一个方向努力和前进，甚至有的团队成员会为达到某种目的而触犯法律。企业规章制度不可以生搬硬套，而应具有适度、人性化、弹性化等特点，并可根据实际情况需要灵活应变。

3. 进行适当的团队激励

每一位创业团队的管理者都希望自己的团队成员持续不断地向着既定的创业目标前进。马斯洛的需求层次理论存在着两个基本假设前提：一是人类行为是由动机引起的，动机起源于人的需求；二是人的需要是以层次的形式出现的。这两个基本假设前提说明人的行为是受人的内在、不断变动的优势需求控制的，创业者要想激励团队成员，使其产生持久不断的工作热情，就要针对其不断变动的需求进行满足。

美国著名潜能激励大师安东尼·罗宾(Anthony Robin)指出："要想成功，你必须学会调动别人内心深处的积极性，让他们发挥潜能，你必须'给他们的油箱加油'。"因此，创业团队的领导者需要时刻留心观察、发掘不同团队成员内心深处所隐藏的需求，选择合适的时机以满足他们当前欲望的方式进行激励，从而不断地激发团队成员工作热情。

4. 施行合理的分权授权

现代创业团队的管理事务繁杂，涉及面广泛，创业团队的领导者会受到个人精力、知识、经验条件等多方面的限制，其所能够有效领导的下级团队的人数及范围是有一定限度的。如果创业团队的一切经营决策、组织指挥等事务都需要同一个领导者做决定，那么即便他的能力再强也会感到难以胜任。为此，在进行创业团队的管理过程中创业团队的领导者应注意有效管理幅度问题，将集权与分权进行有机的结合，不要抓住权力不放，而要有选择地、尽可能地授权给创业团队成员。合理的分权将有利于创业团队成员根据实际情况迅速且正确地做出决策,也有利于创业团队的领导者摆脱日常繁杂的事务,集中精力解决重大问题。同时,合理的分权也可以调动团队成员工作的积极性和主动性。

(三)创业团队风险规避

创业团队在组建的过程中总会遇到一些问题,可能尚未组建完成时就四分五裂,也可能在组建完成初期夭折或者陷于长期的分裂冲突与争权夺利中无法自拔,即便这些问题不会摧毁一个企业,也必定会严重地损害其发展潜力,这就是所谓的创业团队溃散。当创业团队溃散达到一定程度时,它会成为创业的最大风险。

1. 创业团队的风险因素

创业团队的风险因素归纳起来通常有以下几种。

(1)过分追求民主,没有选出创业团队的领导者。

(2)创业团队盲目自信。

(3)团队成员中个别成员有畏惧心理。

(4)创业团队成员搭配不完全合理。

(5)创业团队过于相信他人。

(6)因为性格、个性、兴趣不合,导致磨合出现问题。

(7)团队成员之间缺乏共同的创业目标、利益、思路、纲领、规则等。

(8)有些团队成员的能力不适应企业发展的需要。

(9)没有明确的利润分配方案。

2. 风险因素的规避

从管理角度来讲,创业团队风险是系统性风险,是可以控制的。因此,在团队组建后,创业者要保持创业团队的稳定性、规避团队风险,还需要注意以下几点。

(1)创业团队要有一致的创业思路和共同的目标愿景,同时还要有自己的行动纲领和行为准则;团队成员认同团队将要努力的目标和方向。

(2)创业团队要有正确的理念,要坚信组织能够健康地发展下去,不要一开始就想着失败。

(3)创业团队要保证团队成员间通畅的沟通渠道,进行持续地沟通。

(4)创业团队要及时协调立据。

(5)创业团队应以法律文本的形式确定一个清晰的利润分配方案。

思考题

(1)简述创业者、创业动机和创业团队的概念。

(2)大学生选择创业的动机有哪些?

(3)创业团队有哪几种类型?其各自的特点是什么?

(4)创业者在组建创业团队时应遵循哪几个步骤?

(5)试分析创业者组建创业团队的优势和劣势。

(6)建立责、权、利统一的团队管理机制应注意哪些方面?

实训与操作

1. 实训目的

通过模拟团队的组合，进一步掌握创业团队的类型、组建程序和作用。

2. 实训内容

以小组为单位，由教师指定创业项目，并以此为目标虚拟组建创业团队。

3. 实训组织及步骤

(1)教师布置实训项目及任务，并提示相关注意事项及要点。

(2)将班级成员划分为4～5个小组，小组成员既可以自由组合，也可以由教师指定组合，小组人数划分视班级总人数而定。每个小组选出组长1名。

(3)各个小组自由选择创业项目，进行分析、讨论后确定创业团队的类型和人员组成，并拟出组建程序。

(4)将讨论结果形成简单的文字报告，交由老师评分。

Chapter 9

第九章
创业机会与创业风险

学习目标

- 了解创业机会的含义与特征。
- 了解创业机会的类型。
- 掌握创业机会的识别和评估方法。
- 把握创业时间的机会。
- 了解创业风险的内容。
- 掌握创业风险的来源与分类。
- 学会如何识别创业风险。
- 掌握创业阶段风险规避策略。

案例导读

创业是希望的种子

1米8出头的瘦高身材，白净的脸上架着眼镜，背着个大大的双肩书包，郭鑫说，他命运的转折要从2008年说起。

他的家在四川阿坝藏族羌族自治州地区，汶川地震，家里的房子化为瓦砾，16岁的郭鑫失去了外婆和爷爷。他看着战士连夜搭建帐篷，志愿者劳苦运送食物，素不相识的好心人在初升高考试中留他在家里休息。灾难让郭鑫变得坚强，也将感恩的种子埋在他的心里。

1. 调研课题获得大学生创业大赛金奖

在成都树德中学读高中时，郭鑫做了一项关于“灾区高三学生心理状况”的调研，通过连续三年跟踪调研100名灾区高三学生而做出调研报告反馈给心理援助机构，为来自灾区的高三学生提供心理援助。

2011年，郭鑫考入天津南开大学周恩来政府管理学院政治学与行政学专业。大一时，郭鑫看到一条新闻：某县城是离北京最近的沙源地，2000年开始退耕还林，10年后原本很富裕的县变成了国家级贫困县。这让他想起了自己的家乡，能不能让曾经水草丰美的故乡走出沙化和贫穷的两难困境？他因此组建了项目小组并入选了学校的“百项工程”，获得了资金、导师、信息等方面的支持。

郭鑫奔波在去农村调研的路上，无数个夜晚，他一个人疲惫地坐在返回天津的火车上，想起几天来被人拒之门外和恶语相加，感到无奈和委屈；调研几乎没有什么经费，小组里五六个人挤在一间房里，郭鑫常常是在桌上和衣而睡；为了更好地分析调查数据，郭鑫还辅修了数学学院的部分课程。

经过努力，郭鑫的项目入选“国家大学生创新科研计划”。凭借“林业碳汇商业化模式”，郭鑫和他的团队在“挑战杯”大学生创业大赛中获得金奖，而他也是获奖团队中年级最低的队长。

2. 创业瞄准解决社会难题

没想到，金奖却给郭鑫带来了更多烦恼。历经诸多艰难努力的创业成果难道就此束之高阁吗？郭鑫的脑子里出现了一个新的概念：社会创业。“为区别以营利为目的的商业创业，我们的创业称为社会创业，以解决社会问题为创业的核心目标。我们团队的每一项创业都要解决一个社会问题。”郭鑫说。

郭鑫想到了一个捷径，他在网上找到大学生村官的QQ群，和每个村官打招呼，推荐碳汇林：“如果让村民种植碳汇林，国际认可的认证机构颁发的认定书和国家主管部门发放的碳汇证可以作为有价证券出售给企业，一方面增加收入，另一方面也减轻了出口企业的负担。”大部分村官不搭理他，郭鑫并没有气馁。

终于，一位河北邯郸邱县的村官和郭鑫攀谈起来，两人很快达成共识。郭鑫带着团队辗转来到邱县村庄，通过大学生村官与当地村民建立了联系。为了赢得农民的信任，郭鑫买了酒和卤肉坐到农民炕头上，讲碳汇林怎么挣钱又环保，那一个月他吃住在村里的一间简陋办公室，农民有事随叫随到，终于在邱县开辟了碳汇林模式的第一块2 000亩的试验田。

郭鑫带着团队指导种植的碳汇林达到了有利于土壤发育、有利于涵养水源、有利于改善气候等5个国家标准。农民们人均净增收也从1 800元增加到3 900元，他们如约以每吨抽取10到20元不等的利润付给郭鑫。美好的设想变为现实，郭鑫赚到了创业的第一桶金。

听说郭鑫的项目后，各地有相关需求的政府部门相继邀请郭鑫团队到当地推广林业碳汇商业化模式，随后项目由小到大，逐渐铺开。如今，碳汇林项目已经在18个省市100多个县生根发芽。

在创业的路上，郭鑫继续朝着难以解决的社会需求的方向前进。在一次调研中，郭鑫发现南沙群岛等海南离岛地区许多人由于长期吃不上新鲜蔬菜，患上了各类疾病。郭鑫提出了这样的解决思路：“我校化学学院有一项配置营养液的技术，但因成本过高一直闲置。为了成功地把这个技术转化成产业，我们自己组建了研发团队对技术进行了再研发，极大地降低了产品成本和使用便利性。从而使产品能够很好地满足海军以及岛民的需要。”他将这个项目称为“海南离岛蔬菜绿箱子项目”，绿箱子里种上本岛的各种蔬菜，利用当地充足的光和热来促进蔬菜的生长，一般情况下，5天左右蔬菜就可上餐桌了。到去年年底，他的蔬菜绿箱子项目，销售额达到1.13亿元。

3. 让更多人实现创业梦

推广“绿箱子”时，郭鑫还成立了创新公寓公司。公司在北京高校聚集的五道口地区以3 500元/月每套租下50套公寓，统一装修设计后以1 500元/月的价钱租给刚刚毕业的大学生。入住这一物美价廉公寓的条件是“有并努力实现梦想”。入住前，郭鑫公司的员工会花几十块钱，和他们边吃边聊一下午，并对“梦想”做出评估。入住后还有专门人员为这些大学生提供实现梦想的服务。其中最典型的例子是一位清华大学美术学院的毕业生，入住公寓时是一家广告公司的美编。他在公寓的帮助下利用业余时间，先后拍摄了5部青春微电影，并通过公寓与土豆网的合作获得广泛好评，影片获利促使他辞去工作，专注于自己的梦想。创新公寓现已基本租罄，郭鑫相信，它一定能成为一个青年人追梦的社区，并最终形成一种营利模式，在他看来，年轻人除了要图生存，更要保留梦想，培育梦想。

“不能把开网店、摆地摊拉到大学生创业的概念中，因为这些项目体现不了大学生的价值。”郭鑫看来，一些大学生不能成功创业是因为缺乏创业精神，没有创新意识，依赖性很强。对于请教他创业秘诀的同学，他的回答都是，不要急功近利，创造价值比创造财富更重要。价值变大了以后，财富自己就会来。

“创业是希望的种子，我创业的经验就是不想营利点，做好失败的准备，随时准备回到原地。”郭鑫的梦想就是有一天中国能出个创业型大学，这个大学的学生都有创业者的精神，有社会担当，“我想培养出更多的这样的学生。”（摘自人民网）

第一节 创业机会

一、创业机会的含义与特征

（一）创业机会的含义

1. 机会

机会是指具有时间性的有利情况，是营造出的对新产品、新服务或新业务需求有利的环境。

2. 商业机会

商业机会也称市场机会，是指能为企业获得某种盈利的、对消费者具有极大吸引力的、适时的市场活动空间。商业机会产生于市场中尚未被满足的需求，是实现某种商业盈利目的的突破口或切入点。

3. 创业机会

创业机会是适于创业的商业机会。商业机会一般分为两类：一类是昙花一现的商机，这是一般性的商机；另一类是能持续一段时间，且不需要较多起始投入的商机，这一类才是适合创业的商机，即创业机会。

(二)创业机会的特征

1. 隐蔽性

生活充满机会，机会每天都在撞击着我们的大门。可惜大多数人都意识不到它的存在，这就是机会的隐蔽性。创业机会更是如此。创业机会的隐蔽性特征使它在人们心目中是如此神秘和可贵。

2. 偶然性

创业机会在大多数情况下是偶然造成的，尽管它普遍存在于人们身边的事物中，但人们并不容易捕捉到它。人们越是刻意地寻找创业机会，就越难见其踪影。创业机会虽是偶然现象，却是客观事物内在的必然性的表现。如果人们没有平时知识的积累、辛勤持久地探索，那么即使创业机会来了，也不过是一种偶然现象而已。

3. 易逝性

创业机会最显著的特性是易逝性，“机不可失，失不再来”就是对创业机会易逝性的最好说明。机会是一个非常态的、不确定的时间表现形式。虽然每天都可能会有创业机会出现，但同样的创业机会是不可能再来的。此外，由于创业机会往往是社会所共有的，人们都在寻找，先下手为强，在激烈的竞争中，只要稍一迟疑，创业机会就会被别人抢走。

4. 时代性

创业机会的时代性是指一定时代对各种创业机会打上的烙印和赋予的社会的、时期的色彩。社会色彩是指不同制度的社会对创业机会产生的影响。政治制度比较宽松，能在更为广阔的领域里为个人奋斗提供各种创业机会；政治结构比较严密，有许多领域人们是不能涉足的，当然那些领域中的创业机会也几乎为零。

经典案例

给手机美容

说到手机美容，就不得不提一个人——手机美容大王李俊峰。经多渠道资料了解，2002 年李俊峰怀揣着梦想，凭借着对个性定制独特的理解组建了一支团队，在北京创建了首家手机美容店铺，中国就此开创了手机美容行业。

李俊峰说：“以往大家买了新手机之后，保护手机的措施无疑都是手机壳或是贴手机膜，且都是成品的。没有一点意思，但随着时代的发展，消费者们不仅仅把手机当成一个通信工具，更将手机当成了宠物一般精心打扮。除了保护手机的功能以外，消费者对手机外观的审美需求也越来越高，而手机美容在保持手机原有的功能以外，添加了更多个性化的元素以达到更完美的消费者需求，给消费者一个独一无二的‘个性定制’体验。它的创新性、时尚性、多样性受到越来越多的年轻人和都市白领青睐！世界万物的外观需求都会有它的价值，从此我就给自己定了一个梦想：让人类重新定义手机的价值！”

至今，手机美容大王——李俊峰已经朝着他的梦想奋斗了14年，并且开创了手机壳个性定制设备品牌（通过欧盟SGS认证），做出了世界上首屈一指的手机壳个性定制设备和产品；为了提升行业价值，帮助100万名创业者成功，还在2014年创办了全球第一家手机贴膜商学院，帮助了全球2 000多家手机店铺利润翻倍。今天国美、苏宁、大中、乐语等主流手机卖场都纷纷成了手机美容的簇拥者！

中国13亿人口，手机保有量超过17亿部，每年手机销售量达6 000万部。如此巨大的手机数量，让手机美容拥有巨大的潜在市场。目前，李俊峰带领着他的团队，凭借着出色的手机美容经验、对手机壳个性定制的独特理解以及高水平的服务，用户已经遍布全球135个国家，让很多手机店主和创业者受益。他开创了手机美容这个行业，更做到了这个行业的领导者，利用14年设备研发经验，实现手机壳个性定制设备简单化、标准化、流程化、智能化。（摘自搜狐网）

二、创业机会的来源

机会无处不在，好的创业机会是企业成功的核心。创业机会的来源有很多，主要可归纳为以下四方面。

1. 技术变革

技术变革是有价值创业机会的最重要来源。技术变革改变了社会面貌，它以高科技手段大大提高了人们办事的效率，改变了人们日常行为的方式，制造了许多空白的市场空间，使创业成为可能。

2. 政治与体制变革

政治与体制变革使人们可以采用新的方式使用社会资源，能够更合理、更有效地将财富重新分配，如将财富从一些人手中转到另一些人手中，能够让创业者容易进入一些特殊的行业。例如，我国放松对电信业、银行业、运输业及铁路交通系统的管制，使现有的行业出现新的竞争者，使创业者将更有效率的商业创意引进这些行业，带动这些行业的发展。

3. 社会与人口变化

社会与人口变化改变了人们对产品和服务的需求。人们会在新的生活水平上提出新的要求，需求的变化需要新的产品或新的服务来满足，创业者通过生产和销售顾客所喜欢的产品和服务能够获得盈利的机会。因此，需求的变化可以创造新的创业机会。

4. 产业结构调整

为了加快转变经济发展方式，推动产业结构调整和优化升级，完善和发展现代产业体系，2013年2月16日国家发改委和国务院有关部门公布了《国家发展改革委关于修改〈产业结构调整指导目录（2011年本）〉有关条款的决定》。国家这些战略性产业政策的实施，有利于符合这一政策的行业的发展，如新能源、节能环保、高端技术服务等领域，支持这些行业中具有自主创新能力、发展潜力的新企业的成长。

三、创业机会的分类

(一)根据事物产生、发展及改变的过程分类

根据事物产生、发展及改变的过程，创业机会可分为问题型机会、趋势型机会和组合型机会。

1. 问题型机会

问题型机会是由现实中存在的未被解决的问题所产生的创业机会。创业的根本目的是满足顾客需求，而顾客需求在没有满足前就是问题。寻找创业机会的一个重要途径是善于发现和体会自己和他人在需求方面的问题或生活中的难处。例如，上海一位大学毕业生发现远在郊区的本校师生交通往返十分不便，就创办了一家客运公司，把问题转化为创业的机会。

2. 趋势型机会

趋势型机会就是在变化中看到未来的发展方向，预测到将来的潜力和创业机会。趋势型机会考虑问题的实际时间相对长一些，主要关注大市场环境的变化，以及随之引发的市场需求、市场结构的变化。大市场环境变化主要来自产业结构的变动、消费结构升级、城市化加速、人口思想观念的变化、政府政策的变化、人口结构的变化、居民收入水平的提高、全球化趋势等方面。例如，围绕城市化、老龄化这两个未来发展的大趋势必然引发住房、教育、医疗、养老等方面的需求。

3. 组合型机会

组合型机会就是将现有的两项以上的技术、产品、服务等因素组合起来，以实现新的用途和价值而获得的创业机会。创业者可以通过优化产品的方法来降低成本或形成竞争力，或者利用自己已有的用户群。例如，腾讯公司利用已有的庞大用户群对它的依赖性盈利，这样的机会就存在于优化资源配置当中。

经典案例

杰克·兹恩创造了 Pivot Power 可弯曲多插孔电源板

年轻发明家杰克·兹恩创造了 Pivot Power 可弯曲多插孔电源板。兹恩的构想在高中时期生成，在 2010 年的时候，已经成为大学生的兹恩向创意产品电商公司 Quirky 寻求赞助，Quirky 本身就是一家初创企业，目的就是为了帮助新生产品走向市场。兹恩简单而又新奇的小发明解决了操作人员不得不将线插入到不同电源的尴尬空间配置问题。(摘自创业邦)

(二)根据市场分类

根据市场，创业机会可分为识别型机会、发现型机会和创造型机会。

1. 识别型机会

识别型机会是指通过已有技术和已知需求成为供给方所创造的创业机会。例如，一些婚恋类网站利用人口庞大和现代人找伴侣难的契机，结合科学心理分析，将生活背景、兴趣爱好、气质、学历知识水平、世界观、价值观接近甚至相同的人搭配在一起，提高配对率。

经典案例

弗雷德·佛斯堡种大蒜的故事

纽约立沃尼亚 Honeyhill 农场的农场主弗雷德·佛斯堡对于大蒜怀有极高的热情。他所喜欢的不仅仅是大蒜，他强调的是美食的质量，特别是硬茎类作物。

自从 1978 年成为一名农民以来，佛斯堡知道他所种植的大蒜是特别的，但却利润微薄。对于一位小小的创业型农民而言，大蒜种植是耗时又费力的工作，除非他足够幸运能够找到人愿意帮助他来完成这项繁重的工作。他觉得，会有更好的方法。

2011 年，佛斯堡开发了一个由拖拉机拖拽的大蒜种植平台。这个平台能够将种植效率提高五倍，降低劳动力成本并且消除对劳作者产生的身体消极影响。在这个原型的基础上，并在相关农业研究机构的资助下，佛斯堡对平台进行了改善，以保证它可以执行其他任务，并希望其他菜品的种植户们可以在自己的庄稼地里进行应用。（摘自创业邦）

2. 发现型机会

在市场中，常常出现一些似是而非的现象，看上去似乎没有什么潜力或潜力很低的机会却最有可能变成一个很好的商业机会。发现型机会需要创业者善于挖掘，并将挖掘到的机会加以组合。这样既可以将新的技术引入相应的领域，又可以使本企业的业务与其他行业相互融合，如阿里巴巴将网络平台与商务交易融合起来，成为一种新的商业机会。

3. 创造型机会

创造型机会是指通过技术创新为人们带来方便的创业机会，如微软的核心竞争力在于别人短时间内无法超越的技术。创造型机会可在需求中寻找，根据需求来创新技术。例如，原来的制造业，整个产业链的技术水平不高，所以主要靠廉价的劳动成本来抢占市场，但是随着劳动力成本的逐渐上升，要想保持持续的竞争力，唯一的方法就是提高附加值，即通过产业升级、技术创新来生产出高附加值的产品。

通过创造获得机会的方法在新技术行业中最为常见，它可能开始于满足市场需求，从而积极探索相应的新技术和新知识；也可能始于一项新技术发明，进而积极探索新技术的商业价值。通过创造获得机会比其他任何方式的难度都大，风险也更高；同时，如果能够成功，其回报率将会非常高，这种情况下所产生的创新居于压倒性的主导地位。

(三)根据市场需求和资源能力分类

市场需求可能是已识别的(已知的)或未能识别的(未知的)，资源能力可能是确定的或未确定的。市场需求表示存在的问题，资源能力表示解决问题的方法。

有研究表明，创业机会的类型也可能影响开发的过程和创业的成败。根据市场需求和资源能力，创业机会可分为以下四类。

1. 机会类型Ⅰ

市场需求未得到识别且资源能力不确定(问题及其解决方法都未知)，其表现的是艺术家、设计师和发明家的创造性，他们感兴趣的是将知识的发展推向一个新方向和使技术突破现有限制。

2. 机会类型Ⅱ

市场需求已识别但资源能力不确定(问题已知但其解决方法仍未知),描述了有条理地搜集信息并解决问题的情况。在这种情况下,机会开发的目标往往是设计一个具体的产品或服务以适应市场需求。

3. 机会类型Ⅲ

市场需求未得到识别但资源能力确定(问题未知但可获得解决方法),包括人们常说的"技术转移"的挑战,如寻找应用领域和闲置的生产能力。这里的机会开发更多强调的是寻找应用的领域而不是产品或服务的开发。

4. 机会类型Ⅳ

市场需求已识别且资源能力已确定(问题及其解决方法都已知),这里的机会开发就是将市场需求与现有的资源匹配起来,形成可以创造并传递价值的新企业。

经典案例

打印"五彩人生"

广东东莞横沥镇,一幢挂着"横沥模具产业协同创新中心"牌子的楼房3层,旧厂房辟出1 000 m^2"作坊式"车间,十几名工人在忙碌着。让人想不到的是,一年十几台高精尖的3D打印机,就是从这里生产并远销全国各地;更想不到的是,研制开发这些高大上"神器"的技术人员只有一个人,他的学历证书写的是"大专"。

"现在这条件已经翻天覆地。我的第一台3D打印机,是在几十平方米的小店铺里搞出来的。"这位技术员兼老板的年轻人把记者带进车间,里面放着一台即将装配完工的新机器,"已经被一位杭州客户预定了,5月15日交货。"

他叫武小刚,甘肃小伙,跟记者见面的时候,他正跟工人一起单腿跪着安装机器的盖板,一身蓝色牛仔服,黝黑的皮肤,粗布球鞋,蹭满油渍的白手套,完全不像个老板的样子。他派发的名片上面除了印有联系方式和地址,看不到任何职务。"我本来就是草根创业,从图纸设计、技术研发、工业设计到程序开发、生产销售等全套流程,都得亲力亲为,带着团队一起做,的确不是什么大老板。"

武小刚的事业,从2011年底开始。那时,他萌生了"做一台更先进的3D打印机"的想法,正是这个想法,最终孕育出这家名为"鸿泰自动化设备"的小公司。

这么大胆的想法从何而来?大学毕业后,武小刚分配到老家天水的一家国有企业,不甘平淡的他,很快决定辞职下海,顶着父母亲人的反对南下闯荡,先后在深圳多家企业打工,最终落脚"模具名镇"横沥,在横沥模具城租下一间商铺,和朋友集资购买了一台二手3D打印机,干起了帮别人加工产品样板的个体户。

"通常一个产品设计出来后,要先打出一个样板来。有了成功的板,再依照它制作模具,批量生产产品。"武小刚解释,过去是手工打板,有了3D打印,打板变得省力、精准和高效,"当初还没有'3D打印'这个概念,叫'快速成型'。"

干着干着他发现,3D打印机越来越受欢迎,市场需求越来越大;而当时国内生产的设备精度都比较低,打印时的分层厚度一般都在0.1 mm以上,而国外早已做到了0.05 mm。

“我要是能做出精度更高的机器来，肯定能赚钱！”不安分的武小刚琢磨开了。他找到在深圳工作时的老板、被他称作“老师”的工程专家，后者一听，立刻出言劝阻：“人家西安恒通，那么大的企业，有那么雄厚的资金，那么多工程师，做了一台都不成功。你一个人，干个体好不容易挣下几十万元，一下子砸进去，多可惜！”

没想到，武小刚并没有放弃。2012 年一整年，只要店一打烊，武小刚就把自己关在里面，画图纸、研究方案、组装调试……模具加工一有盈利，马上投入到打印机的研发上。

2013 年 4 月，武小刚砸进去 40 多万元，倾尽心血，克服重重技术难关，第一台快速成型机终于出炉。当时“3D 打印”的概念刚刚兴起，他带着它参加东莞的 3D 打印论坛，一下子引起轰动，武小刚出名了。

在 3D 打印上取得突破后，武小刚被邀请进驻横沥模具产业协同创新中心，零租金获得了 1 500 m^2 的场地。武小刚获得了更多的技术支持，横沥镇有关部门也不遗余力地帮他推广产品。之后，他陆续研发出第二代、第三代、第四代机器，性能日臻完善，打印规格从 300 mm 提升到 480 mm。从 2014 年 3 月卖出首台机器，到现在已经卖出了 18 台，去年实现产值 800 多万元。

谈起创业的心得，“搞技术是冷板凳，需要耐得住寂寞，肯下功夫坚守。一旦认定了方向，就要坚持到底。”武小刚如是说。（摘自《人民日报》）

四、创业机会的识别

在成功创业的路上，如何识别创业机会是创业者首先要解决的问题。好的创业机会，必然具有特定的市场定位，专注于满足客户需求，同时能为客户带来增值的效果。创业需要机会，机会要靠发现，要想寻找到合适的创业机会，创业者应识别以下创业机会。

1. 现有市场机会与潜在市场机会

现有市场机会是市场机会中那些明显的未被满足的市场需求，往往发现者多，进入者也多，竞争势必激烈。潜在市场机会是那些隐藏在现有需求背后的未被满足的市场需求，其不易被发现，识别难度大，往往蕴藏着极大的商机。

2. 行业市场机会与边缘市场机会

行业市场机会是指在某一个行业内的市场机会，发现和识别的难度系数较小，但竞争激烈、成功的概率低。边缘市场机会是在不同行业之间的交叉结合部分出现的市场机会，处于行业与行业之间出现“夹缝”的真空地带，其难以发现，需要有丰富的想象力和大胆的开拓精神；而一旦开发，成功的概率较高。

3. 目前市场机会与未来市场机会

目前市场机会是那些在目前的环境变化中出现的机会。未来市场机会是通过市场研究和预测分析，认为它将在未来某一时期内出现的市场机会。若创业者提前预测到某种机会会出现，就可以在这种市场机会到来前早做准备，从而获得领先优势。

4. 全面市场机会与局部市场机会

全面市场机会是指在大范围市场出现的未被满足的需求。局部市场机会则是在一个局部范围或细分市场出现的未被满足的需求。在大市场中寻找和发掘局部或细分市场机会，创业者就可以集中优势资源投入目标市场，有利于增强主动性，减少盲目性，增加成功的可能。

经典案例

网上售票半年卖了4.7亿元

“创业者没有退路，最大的失败就是放弃。”这句话一直激励着酷秀网创始人王海峰，也是他创业历程的最好总结。

1982年出生的王海峰脸上始终挂着自信的微笑，透着一股不服输的韧劲。2011年，他创办的海南酷秀投资股份有限公司，在网上售卖景区票、电影票、演出票等，仅用了3年多的时间，就实现了年销售收入超2亿元，成为海南最大的旅游电子票务批发商。不久前，酷秀网和海口市旅游发展委员会签订了战略合作协议，推动海口“互联网＋旅游”产业的发展。

1. 看似不值钱的东西却蕴含大商机

王海峰2005年从海南大学电子商务专业毕业后，考上北京理工大学的研究生，一边念书一边在电子票务、软件下载等多个不同类型的互联网公司打工，为创业做准备。

2008年，王海峰第一次尝试创业，在获得投资资金后创办健身行业一卡通电子票务，但不到一年就以失败告终，几千万元的投资全“打了水漂”。

“当时北京有2 000多家运动健身场馆，使用互联网的仅500家。”王海峰将这次失败归结于“互联网＋”的浪点没有到来。他的创业热情没有被浇灭，反而更加激发他寻找下一个创业时机。

一个很偶然的机会，他走进了一家输入法软件公司。令他不解的是，这家只研发输入法软件还提供免费下载的公司，居然运转良好。

“看不到任何商业运营，公司100多个员工全是技术人员，怎么盈利?”王海峰说，在与该公司老板深聊后，他才知道这家软件公司的盈利主要依靠收集输入法用户的输入习惯数据，卖给从事市场调研的咨询公司。

“那次交谈对我的触动很大，在互联网时代，一些看起来分文不值的东西其实蕴含着巨大商机，商业市场不是‘大吃小’而是‘快吃慢’。”从那以后，王海峰开始思考并注重商业模式，跳出传统的“进货再出售”的商业模式框框。

2. 放弃百万年薪之后

2009年底，听说海南省国际旅游岛建设要上升为国家战略，王海峰放弃了年薪百万的工作，带着约30万元的个人积蓄做创业资金，从北京回到海南。

“海南从旅游大省走向旅游强省，商机和潜力都很大。做‘互联网＋’，首先要转变思维。”王海峰带着扭转海南旅游商业模式的想法，一家家拜访旅游景区及企业。

起初，很多景区都不相信电子票务平台能帮助他们卖出更多的门票。面对诸多怀疑，王海峰耐心地上门拜访，每个客户走访10遍以上，渐渐地打动了旅游企业。如今，海南绝大多数景区都能看到酷秀票务的身影，游客省去了排队购票、排队入园的麻烦。

王海峰发现，在网上代理销售数字化票务这条路走对了，而且还扶持了海南中小旅行社的成长。今年上半年，酷秀网的电子票务卖了4.7亿元，并已在郑州、成都等地建立了6家分公司，意欲在全国拓宽业务版图。

“我理解的成功就是一个公司离了谁都能正常运转，现在酷秀还离不开我，所以还算不上真正的成功。”王海峰将带着300多人的团队，朝着下一个浪点出发。（摘自《人民日报》）

拓展阅读

识别创业机会的方法

1. 新眼光调查

新眼光调查注重二级调查：阅读书籍、利用互联网搜索数据，浏览包含你所需信纸文章等都是二级调查形式。

2. 通过市场调研发现机会

人们可以从企业的宏观环境（政治、法律、技术、人口等）和微观环境（客户、竞争对手、供应商等）的变化中发现机会。借助市场调研，从环境变化中发现机会，这是发现机会的一般规律。

3. 通过问题分析和客户建议发现问题

问题分析要从一开始就找出个人或组织的需求和他们面临的问题，这些需求和问题可能很明确，也可能很含蓄。

这个分析需要全面了解客户的需求，以及可能用来满足这些需求的手段。一个新的机会可能会由客户识别出来，因为他们知道自己究竟需要什么。客户会提出一些诸如“如果那样的话不是会很棒吗”这样的非正式建议，留意客户的这些建议，有助于发现创业机会。

4. 通过创造获得机会

这种方法在新技术行业中最为常见，它可能始于明确拟满足的市场需求，从而积极探索相应的新技术和新知识，也可能始于一项新技术发明，进而积极探索新技术的商业价值。通过创造获得机会比其他任何方式的难度都大，风险也更高。同时，如果能够成功，其回报也更大。

五、创业机会的评估

不是每个创业机会都会给创业者带来益处，而且每个创业机会都存在一定的风险，因此，创业者在利用创业机会之前要对创业机会进行科学分析与评价，然后做出选择。

(一)创业机会的评估标准

对创业机会的评估主要基于以下几个标准。

1. 盈利时间

有价值的创业机会可能是项目在两年内盈亏平衡或者取得正现金流。如果取得盈亏平衡和正现金流的时间超过三年，那对于创业者的要求就高了，因为大多数创业者支撑不了这么长时间，其他投资者和合作伙伴也没有这么长时间的耐心，这种创业机会的吸引力就大大降低了。除非有其他方面的重大利好，一般要求创业机会具有较短的获得盈利时间。

2. 市场规模和价值

如果市场规模和价值小，往往不足以支撑企业长期发展。而创业者若进入一个市场规模巨大而且还在不断发展的市场，即使只占有很小的份额，也能够生存下来度过发展期。即使存在竞争对手也不用担心，因为市场足够大，竞争对手对自己构不成威胁。一般来说，市场规模和价值越大，创业机会越有价值。

3. 资金需要量

大多数有较大潜力的创业机会需要相当大数量的资金来启动，只需少量或者不需要资金的创业机会是极其罕见的。如果需要过多的资金，这样的创业机会就缺乏吸引力；有着较少或者中等程度的资金需要量的创业机会是比较有价值的，创业者应根据自身的资金实力和可以动用的资源来评估创业机会，对超出自己能力范围的不应考虑。

4. 投资收益

创业的目标就是要获得收益，这要求创业机会能够有合理的盈利能力，包括较高的毛利率和市场增长率。毛利率高说明创业项目的获利能力强，市场增长率表明了市场的发展潜力能使投资的回报增加。如果每年的投资收益率能够维持在25%以上，这样的创业机会是很有价值的；而每年的投资收益率低于15%，是不能对创业者和投资者产生很大的吸引力的。

5. 成本结构

竞争优势的来源之一就是成本，较低的成本会给创业企业带来较大的竞争优势，使得该创业机会的价值较高。创业企业靠规模来达到低成本是比较可行的，低成本的优势大多来自技术和工艺的改进以及管理的优化。如果创业机会有这方面的特质，那么对于创业者来说是非常有利的。

6. 进入障碍

如果创业机会面临着进入市场的障碍，那么就不是一个好的创业机会。如存在资源的限制、政策的限制、市场的准入控制等，这些都可能成为市场进入的障碍，因而削弱了创业机会。但是，对于进入障碍要进行辩证分析，进入障碍的大小是针对创业者自身情况而言的。如果创业者进入以后，不能够阻止其他企业进入市场，这也不是一个好的创业机会。

7. 退出机制

有吸引力的创业机会应该有比较理想的获利和退出机制，便于创业者和投资者获取资金及实现收益。没有任何退出机制的创业企业和创业机会是没有太大吸引力的。

8. 控制程度

如果能够对渠道、成本或者价格有较强的控制，这样的创业机会比较有价值。如果市场上不存在强有力的竞争对手，自己的控制程度就比较大；如果竞争对手已有较强的控制能力，如把握了原材料来源、独占了销售渠道、取得了较大的市场份额、对于价格有较大的决定权，那么新企业的发展空间就很小。除非这个市场的容量足够大，而且主要竞争者在创新方面行动迟缓或者时常损害客户的利益。

9. 致命缺陷

创业机会不应该有致命的缺陷，如果有一个或者多个致命的缺陷，将使得创业机会变得没有价值。

(二)评估创业机会价值的方法

1. 定性方法

定性分析侧重考虑:确定该市场机会所需的成功条件，分析自身在该市场机会上所拥有的优势，创业者所拥有的竞争优势，与期望的发展方向和目标是否一致。

2. 定量方法

定量分析主要是进行商业分析中的经济效益分析，其任务是在初步拟定营销规划的基础上，从财务方面进一步判断选定机会是否符合创业目标，一般是通过量、本、利分析法进行分析。

(1)市场需求量的预测。市场需求量的预测是进行经济效益分析的基础。市场需求量的预测可以运用一定的数学方法来进行，主要方法有趋势预测法、因果预测分析法、市场调查分析法、判断分析法等。

(2)成本分析。成本分析主要研究利用该机会所需付出的代价。应从投资成本、生产成本、营销成本三方面分析，可采用专门的成本预测方法，如直线回归法、趋势预测法等。

(3)利润分析。利润分析是在市场需求量、成本预测的基础上进行利润预算。一般可采用损益平衡模型、现金流量模型、简单市场营销组合模型、投资收益率等分析方法。

3. 阶段性决策方法

这一方法明确要求创业者在机会开发的每个阶段都要进行机会评价。一个机会是否能够通过每个阶段预先设置的通过门槛儿，在很大程度上取决于创业者经常面对的约束或限制，如创业者的目标回报率、风险偏好、金融资源、个人责任心和个人目标等。

一个不能成功通过某一阶段的评价门槛儿进入下一阶段的机会，将被修订甚至被放弃。因此，通过循环反复的“识别—评价—开发”步骤，一个最初的商业概念或创意就会逐步完善起来。

六、创业时间的选择

按照大学生的学习过程，选择的创业时间可分为四个阶段。

1. 在校创业

在校创业是指边读书边创业。在校大学生创业会出现学习和创业活动时间上的冲突，而且会受到周围环境较多的舆论压力。在校大学生应以学业为主，培养创业技能，提高创业素质，在有条件的情况下进行创业实践活动的训练。对在校创业应持慎重的态度。目前，在许多高校中已经有部分大学生利用自己的专业特长从事创业活动，也有一部分大学生利用家族企业背景从事创业活动。这部分学生的首要任务是处理好学业与创业的关系。如果两者矛盾激化而创业活动不容搁置的话，需要申请休学创业。

2. 休学创业

目前，我国多数高校都有最长学年的限制，在尚未完全采用学分制的情况下，休学创业是高校学籍管理中出现的新事物。教育部公布的《教育部关于贯彻和落实中共中央、国务院〈关于加强技术创新，发展高科技，实现产业化的决定〉的若干意见》中明确规定：大学生、研究生（包括硕士、博士）可以休学保留学籍创办高新技术企业。清华大学和北京大学等都建立了大学生休学创业的相关规章，为大学生在校期间创业铺平了道路。但这并不意味着政府的教育管理部门鼓励所有的大学生都去休学创业，而是对那些慎重做出休学创业选择的大学生进行创业活动的支持。

3. 毕业后创业

毕业后创业实质上是大学生的一种就业选择，这也是政府有关教育主管部门积极倡导的。毕业后创业不影响学业，但刚毕业的大学生在资金和经营经验方面不足，使得许多有创业打算的学生望而却步。我国各地政府和著名企业对大学生创业都有相关的扶持政策。

4. 毕业后一段时间创业

毕业后一段时间创业是大学生创业时机选择最普遍的形式。大学生毕业离开学校一段时间后，积累了一定的资金、一定的社会阅历和一定的管理经验，这时想付诸实践。

七、创业条件的创造

1. 积累创业资源

在初次创业的时候，一般资源会十分短缺，如果资源不足，创业成功的概率就会降低。在资源具备上，一般来说要符合两个条件：一是要有进入某个行业的起码的资源；二是要具备差异性资源。创业资源有很多，如资金、客户、技术、管理、人力及经营模式等，这些资源创业者也不需要完全具备，但至少应具备其中一些重要资源，其他资源可以通过市场化方式来获取。创业者如有足够的财力资源，其他资源的欠缺可以弥补；如有足够的客户资源，其他资源的欠缺也容易弥补。

2. 选择正确的创业方向

很多创业者先把公司创建起来后再去找项目，这种创业很盲目，成功的概率低。创业者在创业之前一定要有明确的创业方向。假如创业者选择了某一个行业，创业前一定要积累一些该行业的经验，收集相关的资讯，如果有可能，可以先考虑进入该行业为别人打工，通过打工来积累经验与资源。等行业知识、客户资源渠道、盈利模式都有了再创业，成功就指日可待了。

3. 提高经营能力

经营能力非常重要，有非常出色的经营能力，才比较容易找到投资者。很多年轻人在创业时，过多强调资金因素的影响力；其实不然，创业条件中资金虽然很重要，但更重要的是创业者个人的经营能力，特别是业务能力。

4. 选择成功的创业方式

在创业方式中，有几种成功的创业类型：自己从零开始独立创业、有技术与他人合作、在企业内部创业。一般来说，第三种创业方式最容易成功。创业者比较好的选择就是有计划、有策略地进入一家成功公司，先取得老板的信任，再找准机会建议老板从公司发展角度投资新项目，这样创业的机会就有了，作为项目的提出者，自然会被老板委以重任。很多企业都会有发展新项目的需要，如果冒昧地找人投资，合作机会不会太大，这是因为企业用人时对忠诚度的重视甚至超过对能力的重视。

在企业内部创业有很多有利条件，如有资金的支持、管理的指导、综合资源的共享、业务资源的利用、品牌形象的借助等，如果创业公司的业务与母体公司的业务有延续性或关联性，创业更容易成功。

八、创造商机的方法

创业者要在创业实践中学会筛选把握机会，但当没有现成的商业机会时，要创造机会。创造商机的方法有以下几种。

1. 创造兴趣

创造兴趣即创造新型消费。这种方法的突出特点是不拘泥于消费者现在是否有此兴趣，而是自作主张地创造出某种产品或服务，主动引导消费。

这种商机创造技巧的基本原理在于，消费固然能引导生产，生产也能激励消费和创造消费。

经典案例

从酷讯到唱吧，陈华的二次创业进化

杨姣是中国音乐学院研二学生，2012 年 6 月，她在学校寝室呆得无聊的时候，下载了唱吧——这是一款新推出的、手机上使用的 K 歌软件。她没有想到，“一个手机上的虚拟世界，居然让我得到这么多人的喜欢。”

两年过去了，她在唱吧拥有 180 多万名粉丝，已经有过 10 多次上央视演出的经验，也和羽泉在首都体育馆现场合唱。这位父亲是长途汽车司机、母亲是家庭主妇的女孩，因为一次偶然，生活有了改变。

根据唱吧提供的数据，目前拥有 1.4 亿名用户，月活跃用户 3 000 多万。这款基于 K 歌这一细分领域的兴趣社交 App，出自唱歌跑调的陈华。

这是陈华的第二次创业。2011 年，他意识到如果再不出来创业，就会错过这一波移动互联网浪潮，于是辞去在阿里巴巴的职位。陈华曾经做过酷讯——2006 年颇受业界关注的创业项目，再次创业的时候很快拿到 200 万美元融资，他一开始做电商导购方向的项目，大概有一年时间折腾了四五个产品，但是 PC 端获取用户成本太高，做起来太累，不好玩，产品也没有自我传播能力。

工程师周桂鑫感到了陈华压力很大，此前陈华一直跟他们写代码，能在电脑前一坐就是一整天。当时陈华坐不住了，天天外出，后来他才知道陈华是在外面和人探讨创业方向。从 2011 年 11 月到 2012 年 1 月，这个创业团队未正经干活，每周开会讨论方向。他们列举了一些标准：市场容量多大、竞争对手有多少、产品上能不能想到创新的点、能不能赚到钱、能不能做到自我传播等等，按照这些标准筛选方向，五六次后，K 歌方向还在上面，

陈华就觉得有希望了:这个竞争市场是蓝海,容量怎么算也有上亿用户,赚钱的想象空间也是有的,也具有天生的自我传播能力,市面上虽然有K歌工具,可产品做得不行,没有互动性。

当时团队11人,除了陈华以外,其他10个人并不完全认同K歌方向。周桂鑫属于反对派里不说话的一员,用沉默表示反对。陈华坚持自己的意见,周桂鑫当时的想法是,他说得有道理,但没有打在心坎上。陈华行使了CEO的权力,拍板做唱吧。"我一直挺佩服Tony(陈华英文名)的,他一般说什么我基本是顺从的。"周桂鑫说。

2012年5月31日,唱吧正式在App store发布。一上线,团队就服气了。原本陈华期望值是一个月能圈几十万用户就不错了,但当天就冲到10万用户,服务器直接挂了。因为他们优先做客户端,服务器架构做得很简单。技术团队加班,熬到凌晨三四点钟,改了服务器架构。6月7日,唱吧用户突破100万。陈华说:"熬了一年多,团队挺辛苦的,一直没碰到这么好的产品,有点像黑暗之后看到了光明。"

到2012年8月,唱吧用户突破1 000万。像这种快速蹿红的产品,可谓互联网的"现象级"产品,一时风行于用户当中,迅速积累千万用户。但是,很多现象级产品后继乏力,难以持久。陈华和其他创业者探讨过这个问题:"产品都是用创新的产品形态、用户没见过的玩法,把用户一下子吸引过来,有的新是从来没有见过的新产品,是产品经理创造出来的需求,玩一玩,但不解决任何实际问题,用户慢慢就厌烦了。唱吧是把传统KTV的东西搬到手机上来,在手机这个生态圈里很新,在用户的现实生活中却有实在的价值。唱吧为什么能够持续,或者说那些所有能活下来的产品,最重要的是解决实实在在、客观存在的需求。"在他的公式里,实在的需求+酷炫的功能=有生命力的产品。(摘自青年创业网)

2. 顺藤摸瓜

顺藤摸瓜即顺着事物相互关系之"藤"去摸商机之"瓜"。顺藤摸瓜运用了引申需求原理。所谓引申需求,是指由一种需求带动而产生的另一种需求。

经典案例

自行车引申出的消费需求

自行车是我国最为普及的代步工具,对自行车的需求必然会引申出新的需求,从而派生出许许多多的新产品。例如,人们雨天骑车需要挡雨,于是发明了各种自行车雨披;为了放置物品,有人开发出自行车前、后篮筐;自行车内胎需要充气,自然应该生产各类实用的打气筒或电动充气机。

3."吹毛求疵"

世界上的任何事物总有缺点,善于"吹毛求疵"也可以创造出商机。

经典案例

"吹毛求疵"获商机

玩具是儿童的朋友,为孩子们设计制造多种多样的玩具是奉献爱心的体现,也是创业的广阔天地。市场上的玩具娃娃很多，当然总有缺点可找。香港有位年轻人对玩具娃娃的设计吹毛求疵，认为市场上的玩具娃娃最大的缺点是千人一面，缺乏个性。于是他便从这里出发，进行创造性思考，结果获得了“椰菜娃娃”的商业创意，并大获成功。

4. 品味经验

实践经验远比书本知识丰富。美国汽车大王亨利·福特说：“任何人只要做一点儿有用的事，总会有一点儿报酬，这种报酬就是经验，这是世界上最有价值的东西！”这种被称为“最有价值”的经验能否帮助我们创造商机呢？事实表明，只要你拥有经验并善于品味是不愁没有商机的。

经典案例

非化学除氰技术的发明

日本某电镀厂排出的废水对环境造成了严重污染，导致河水中大量鱼群死亡。消息传出后，社会上要求该厂处理含氰废水的呼声越来越高。为此，电镀厂不得不组织科技人员研究解决的办法。如何从电镀废水中除去或回收氰呢？科技人员绞尽脑汁想了多种方案，但都因实施费用太高而举棋不定。后来，有人从喂金鱼的经验中得到启发，想到了类似用水龙头喷溅自来水以减少水中氯气的方案，即让电镀废水在冲击塔中反复地从上喷下。由于多次冲击作用，含氰废水中的氰浓度急剧下降，最终符合日本剧毒物质处理条例的要求。这一造价很低的非化学除氰技术很快便在日本取得专利，并获得向美国、加拿大、德国、法国、意大利等国许可转让的权利。

5.“带电”思考

“带电”思考一般是从电动和电热方面去琢磨课题，用电动代替手动。其优越性是不言而喻的，利用电动机、蓄电池做动力的机械、器械及日用生活品比比皆是，各种电动产品也层出不穷。

6. 化整为零

化整为零、各个击破是军事家们惯用的制胜战术，用于商机创造则是指将历来视为整体的东西加以细分，然后进行求异思考以获得新的商机。

经典案例

男士化妆品同样蕴含商机

化妆品历来被人们看作女士们消费的“专利”，化妆品市场自然被认为是女士们的天下。精明的日本人敢于打破这种整体市场观念的定式，率先将化妆品市场一分为二，生产女士化妆品的同时推出男士化妆品。当男士们使用了清香淡雅的化妆品后，感到容光焕发，在爱情或公关的天地里信心倍增。随着社会交际和公关活动的扩大，男士化妆品在市场上逐渐走俏。（摘自第一文库网）

7. 合二为一

将两种或两种以上的事物合二为一可以引起创新。创造商机也可以应用这种智慧，常用的有主体添加、同物自组和异类组合。主体添加即在一种事物的基础上添加另一种事物而产生新的创意，并产生商业价值。如曾经风靡日用品市场的磁化杯，这种杯子能使水磁化，有益于人体健康。

8. 分解重组

任何事物都可被看作由若干要素构成的整体，各组成要素之间的有序结合是确保事物整体功能或性能实现的必要条件。例如，有目的地改变事物内部结构要素的次序，并按照新的方式重新组合，以促使事物的功能或性能发生变化。

经典案例

款式百变的家具

一般的家具结构一成不变，而构件家具摒弃了整体家具结构一成不变的模式。其将家具结构要素归纳为若干类型，然后制作成多种基本板件，用户可以根据家庭起居要求，通过不同的组合拼装出数百种款式，充分体现用户的审美观念。

9. 更材易质

材料是物质产品的重要基础。但是，人们在创新思考时往往习惯于从功能、原理、结构方式或性能特征等方面去探索，却很少考虑去改变事物的材质。其实，从改变产品的材质方面思考也不乏商机。例如，仿瓷器器皿、不沾油洗碗布等。

10. “避重就轻”

“避重就轻”即追求轻型化，使产品在质量上更加轻便。轻型化不仅使物品移动方便，可以减少搬运消耗，而且有利于节省材料。运用此方法对开发非固定性的消费品具有积极的意义。

经典案例

好孩子口袋车创造吉尼斯世界纪录

2014 年 10 月 30 日，在众多媒体和好孩子微博粉丝的见证下，好孩子“口袋车”被吉尼斯世界纪录官方授予“折叠后最小婴儿车”荣誉。

口袋车是一款专为带孩子旅行而设计的童车受到全球用户的热捧。它以超小身材获得吉尼斯世界纪录™“折叠后最小婴儿车”称号。好孩子口袋车，英文名称 POCKIT，是有史以来获得吉尼斯世界纪录称号的第一辆童车。

口袋车的创意来自好孩子设计部门和用户的一次聊天。在这次常规沟通中，用户提到一次难忘的亲子旅行，在客户眼里，带宝宝出去旅行虽然很累，但获益良多。他谈到很多旅行中的见闻和感受，其中一个细节引起了设计师的注意：童车作为长途旅行必需品常因体积太大不好携带，给用户带来很多烦恼，有天客户的宝宝看妈妈很累，就天真地说：“下次出门把东西装进哆啦 A 梦的口袋，这样就不累了。”

看似调侃的稚嫩话语点燃了设计师心中的火种。什么样的童车最适合旅行？怎样才能使童车更便于携带？带着这些问题，设计师绘出图纸，积极和用户沟通，然后千百次地修改或重来。终于，一款采用仿生学设计，模仿螃蟹身体构造，世界上折叠后最小的童车诞生了，它源于孩子哆啦A梦的灵感，得名口袋车，英文名为POCKIT。（摘自凤凰网）

11. 拥抱艺术

在照明产品方面艺术化趋势明显，以电为光源，以金属、塑料、玻璃为主要原料的室内艺术灯已是千姿百态，这些灯用作照明的功能已降到次要地位，而用于室内装饰给人以艺术享受的美学功能则扶摇直上，成为设计者主要考虑的因素。如系列情趣灯，它们或如金花飞旋，或如玉蝶展翅，或如冰岩叠嶂，或如玉兔冲天。

第二节 创业风险

一、创业风险的内涵

一提起风险，很多人马上将其与失败、亏损联系在一起，这是不全面甚至是错误的看法。对于风险的理解，一般有两个角度：一个角度强调风险表现为结果的不确定性，另一个角度则强调损失的不确定性。前者属于广义上的风险，说明未来利润多寡的不确定性，可能是获利、损失或者无损失也无获利；后者属于狭义上的风险，只能表现为损失，没有获利的可能性。

创业风险是指创业过程中存在的各种风险，即指创业环境的不确定性，创业机会与创业企业的复杂性，创业者、创业团队与创业投资者的能力和实力的有限性导致创业活动结果的不确定性。

二、创业风险的来源与分类

（一）创业风险的来源

创业环境的不确定性，创业机会与创业企业的复杂性，创业者、创业团队与创业投资者的能力与实力的有限性是创业风险的根本来源。由于创业的过程往往是将某一构想或技术转化为具体的产品或服务的过程，在这一过程中，存在着几个基本的、相互联系的缺口，它们是上述不确定性、复杂性和有限性的主要来源，即在给定的宏观条件下，创业风险往往直接来源于这些缺口。

1. 融资缺口

融资缺口存在于学术支持和商业支持之间，是研究基金和投资基金之间存在的断层。其中，研究基金通常来自个人、政府机构或公司研究机构，它既支持概念的创建，又支持概念可行性的最初证实；投资基金则将概念转化为有市场的产品原型（这种产品原型有令人满意的性能，对其生产成本有足够的了解并且能够识别其是否有足够的市场）。创业者可以证明其构想的可行性，但往往没有足够的资金将其商品化，从而给创业带来一定的风险。通常，只有极少数基金愿意鼓励创业者跨越这个缺口，如富有的个人专门进行早期项目的风险投资,以及政府资助计划等。

2. 研究缺口

研究缺口主要存在于仅凭个人兴趣所做的研究判断和基于市场潜力的商业判断之间。当一个创业者最初证明一个特定的科学突破或技术突破可能成为商业产品时,他仅仅停留在自己满意的论证程度上。然而,这种程度的论证不适合后期要求。在将预想的产品真正转化为商业化产品(大量生产的产品)的过程,即生产具备有效的性能、低廉的成本和高质量的产品,并且产品能在市场竞争中生存下来,这个过程需要大量复杂而且可能耗资巨大的研究工作(有时需要几年时间)。如果不能实现这种研究工作,就会形成创业风险。

3. 信息和信任缺口

信息和信任缺口存在于技术专家和管理者(投资者)之间。在创业中,存在两种不同类型的人:一是技术专家,二是管理者(投资者)。这两种人接受不同的教育,对创业有不同的预期、信息来源和表达方式。技术专家知道哪些要求在技术层上是可行的,哪些要求是无法实现的。在失败类案例中,技术专家要承担的风险一般表现在学术上、声誉上受到影响,以及没有金钱上的回报。管理者(投资者)通常比较了解将新产品引进市场的程序,但当涉及具体项目的技术部分时,他们不得不相信技术专家,可以说管理者(投资者)是在拿钱冒险。如果技术专家和管理者(投资者)不能充分信任对方,或者不能够进行有效的交流,那么这一缺口将会变得更深,带来更大的风险。

4. 资源缺口

资源与创业者之间的关系就如颜料、画笔与艺术家之间的关系。没有颜料和画笔,艺术家即使有了构思也无从实现。创业也是如此。没有所需的资源,创业者将一筹莫展,创业也就无从谈起。在大多数情况下,创业者不一定也不可能拥有所需的全部资源,这就形成了资源缺口。如果创业者没有能力弥补相应的资源缺口,要么创业无法起步,要么在创业中受制于人。

5. 管理缺口

管理缺口是创业者并不是出色的企业家,不具备出色的管理才能造成的。管理缺口主要有两种:一是创业者利用某一新技术进行创业,他可能是技术方面的专业人才,却不具备专业的管理才能,从而形成管理缺口;二是创业者往往有某种“奇思妙想”,如新的商业点子,但在战略规划上不具备出色的才能,或不擅长管理具体的事务,从而形成管理缺口。

(二)创业风险的分类

1. 按创业风险产生的原因划分

按产生的原因进行划分,创业风险可分为主观创业风险和客观创业风险。

(1)主观创业风险。它是指在创业阶段,创业者的身体与心理素质等主观方面的因素导致创业失败的可能性。

(2)客观创业风险。它是指在创业阶段,客观因素导致创业失败的可能性,如市场的变动、政策的变化、竞争对手的出现、创业资金缺乏等。

2. 按创业风险的内容划分

按创业风险的内容划分,创业风险可分为技术风险、市场风险、政治风险、管理风险、生产风险和经济风险。

(1)技术风险。它是指技术方面的因素及其变化的不确定性使创业失败的可能性。

(2)市场风险。它是指市场情况的不确定性使创业者或创业企业遭受损失的可能性。

(3)政治风险。它是指战争、国际关系变化或有关国家政权更迭、政策改变使创业者或创业企业遭受损失的可能性。

(4)管理风险。它是指创业企业管理不善产生的风险。

(5)生产风险。它是指创业企业提供的产品或服务从小批试制到大批生产的风险。

(6)经济风险。它是指宏观经济环境发生大幅度波动或调整使创业者或创业投资者遭受损失的风险。

3. 按创业风险对资金的影响程度划分

创业投资的投资方包括专业投资者与投入自身财产的创业者。

按创业风险对资金的影响程度划分,创业风险可分为安全性风险、收益性风险和流动性风险。

(1)安全性风险。它是指从创业投资的安全性角度来看,不仅预期实际收益有损失的可能性,而且专业投资者与创业者自身投入的其他财产也可能遭受损失,即投资方财产的安全存在风险。

(2)收益性风险。它是指创业投资的投资方的资本和其他财产不会遭受损失,但预期实际收益有损失的可能性。

(3)流动性风险。它是指投资方的资本、其他财产以及预期实际收益不会遭受损失,但资金有可能不能按期转移或支付,造成资金运营的停滞,使投资方遭受损失的可能性。

4. 按创业过程划分

创业活动须经历一定的过程,一般而言,可将创业过程分为四个阶段:识别与评估机会、准备与撰写创业计划书、确定并获取创业资源、新企业管理。按创业过程划分,创业风险可分为机会的识别与评估风险、准备与撰写创业计划书风险、确定并获取创业资源风险和新企业管理风险。

(1)机会的识别与评估风险。它是指在机会的识别与评估过程中,各种主客观因素,如信息获取量不足、把握不准确或推理偏误等使创业一开始就面临方向错误的风险。另外,由于创业而放弃了原有的职业所面临的机会成本风险也是该阶段存在的风险之一。

(2)准备与撰写创业计划书风险。它是指创业计划书的准备与撰写过程带来的风险。创业计划书往往是创业投资者决定是否投资的依据,因此创业计划书将对具体的创业产生影响。此过程中各种不确定性因素与创业者自身能力的限制也会给创业活动带来风险。

(3)确定并获取创业资源风险。它是指由于存在资源缺口,无法获得所需的关键资源;或即使可获得,但获得的成本较高,从而给创业活动带来一定的风险。

(4)新企业管理风险。它主要包括管理方式,企业文化的选取与创建,发展战略的制定,以及组织、技术、营销等各方面的管理中存在的风险。

5. 按创业与市场和技术的关系划分

按创业与市场和技术的关系划分,创业风险可分为改良型风险、杠杆型风险、跨越型风险和激进型风险。

(1)改良型风险。它是指利用现有的市场、现有的技术进行创业所存在的风险。这种创业风险最低,经济回报有限,即风险虽低,但要想生存和发展,获取较高的经济回报也比较困难。其一方面会遭遇已有市场竞争者的排斥或进入壁垒的限制;另一方面即便进入,想要占有一定的市场份额也非常困难。

(2)杠杆型风险。它是指利用新的市场、现有的技术进行创业存在的风险。该风险稍高,这种风险往往是地理上的,常见于挖掘未开辟的市场,如彩电行业利用原有技术进入农村市场。

(3)跨越型风险。它是指利用现有市场、新的技术进行创业存在的风险。该风险稍高,主要体现在创新技术的应用方面,往往反映了技术的替代,是一种较常见的情况,常见于企业的二次创业。其领先者可获得一定的竞争优势,但模仿者很快就会跟上。

(4)激进型风险。它是指利用新的市场、新的技术进行创业存在的风险。该风险最大,如果市场很大,可能会带来巨大的机会。对于第一个行动者而言,其优势在于竞争风险较低,但是知识产权保护力度很弱,市场需求不确定,确定产品性能有很大的风险。

6. 按技术因素、市场因素与管理因素的关系划分

按创业中的技术因素、市场因素与管理因素的关系划分,创业风险可分为技术风险、市场风险和代理风险。

技术风险和市场风险见前文。

代理风险是指高级经营管理人才、组织结构及生产管理等能否适应创业的快速增长或战胜创业企业危机阶段的动态不确定性因素的风险。

这三类风险之间相互作用,使得创业企业运作的各个层面上诸多因素的不确定性更加复杂。

三、创业风险的识别

既然创业风险是创业过程中不可避免的现象,那么直面风险并化解风险是创业过程中的重要任务。

风险识别是应对一切风险的基础,只有识别了风险才可能有化解的机会。同时风险也是一种机会,应该开拓、提高它的积极作用。

创业风险识别是创业者依据企业活动,对创业企业面临的现实以及潜在风险运用各种方法加以判断、归类并鉴定风险性质的过程。创业者都必须掌握风险识别的能力,并不断提高这种能力。

1. 树立风险意识

作为创业者,应该正确树立识别企业风险的基本理念,具备以下意识。

(1)有备无患的意识。创业风险的出现是正常的,带来一些损失也是正常的,既不能怨天尤人,也不能骄兵轻敌。其关键的问题是要密切监视风险、减少损失、化解不利,甚至将风险转化为盈利的机会。

(2)识别风险的能力。识别风险是为了防范和控制风险。如果创业者在企业未发生

损失之前就能够识别风险发生的可能性,那么这个风险是可能被管理的,因此,风险识别是进行风险管理的基点。

(3)未雨绸缪的观念。创业风险需要创业者通过对创业活动的迹象、信息归类,认知风险产生的原因和条件,这不仅要识别所面临的风险的性质及可能产生的后果,更重要的(也是最困难的)是要识别创业过程中各种潜在的风险,为采取有效措施提供依据。

(4)持之以恒的思想。由于创业风险伴随着整个创业过程,同时风险具有可变性和相关性的特点,因此创业者要有打"持久战"的准备。风险的识别工作应该连续、系统地进行,并成为企业持续性、制度化的工作。

(5)实事求是的精神。虽然风险识别是一个主观过程,但是必须遵循客观规律。风险识别是一项复杂而细致的工作,应按特定的程序、步骤和适当的方法有层次地分析各种现象,并做出实事求是的评估。

2. 识别风险的具体方法

识别风险的具体方法主要有以下几种。

(1)业务流程法。以业务流程图的方式,将企业从原材料采购直至产品送到客户手中的全部业务经营过程划分为若干环节,每一环节再配以更为详细的作业流程图,据此确定在哪一环节进行重点预防和处置。

(2)咨询法。以一定的代价委托咨询公司或保险代理人进行风险调查和识别,并提出风险管理方案,供经营决策参考。

(3)现场观察法。通过直接观察企业的各种生产经营设施和具体业务活动,了解和掌握企业面临的各种风险。

(4)财务报表法。通过分析资产负债表、损益表和现金流量表等报表中的每一个会计科目,确定某一特定企业在何种情况下会有什么样的潜在损失及其成因。由于每个企业的经营活动最终要涉及商品和资金,因此这种方法比较直观、客观和准确。

四、创业阶段风险规避策略

1. 应对技术风险

为应对技术风险,民营企业除了要加大研发投入、缩短研发周期外,还要加强市场研究,迅速获得现有与潜在市场的产品信息,引领所在领域产品的潮流,并继续开展研究合作,快速完成技术更新。另外,要注意申请技术专利保护,防止技术的扩散给民营企业带来的损失。

(1)采用模仿创新战略。模仿创新就是在创新者已经成功的技术创新基础上,投入不多的资金模仿该项技术,并对其进行补充、提高、改良、完善的过程。模仿创新虽然有跟风之嫌,但可以节省大量的开发费用,提高成功率,缩短从技术到市场的时间,从而大大降低技术风险。

(2)组建技术研发联合体。企业进行技术创新,特别是自主技术创新,风险大、时间长、复杂性高,单个企业往往难以承受。这时如能组建技术开发联合体,可以在一定程度上化解技术开发风险。技术联合体是指两个以上的国内外法人组织联合致力于某一技术或产品的研究开发，实现优势互补、风险共担、利益共享的一体化组织。技术联合体通常是企业和科研机构以及大学之间的联合。建立技术联合体可以获得符合本企业特点的新技术，并能迅速将技术转化为新产品，有效避免企业与科研院所的体系脱节或缺乏必要的中介组织所致的企业不易获得具有开发价值的新技术问题，从而在较低风险的条件下，获得自主创新的技术，形成企业的核心竞争力。

2. 应对市场风险

企业要结合发展战略，针对目标市场要求，根据外部环境因素，最有效地利用本身的人力、物力和财力资源，制定企业最佳的市场营销组合策略，最大限度地缓解市场风险的作用。创业企业可以在以下几方面采取有效措施。

(1)树立以市场为导向的整合营销理念。要在瞬息万变、竞争激烈的市场中生存，企业必须树立正确的市场营销理念，重视市场营销的作用，这是企业开展一切营销活动的前提。成功的高科技企业不一定拥有最先进的技术和最好的产品，但它们一定拥有正确的营销理念和最好的营销策略。因此，企业要规避市场营销风险首先应该增强现代营销观念，把市场营销工作放在重要的地位。此外，在进行产品规划、渠道选择与制定产品价格和促销策略时都要以市场为导向，从客户角度出发；同时生产研发部门应注意与营销部门配合，响应市场需求，实现技术与市场的完美结合。

(2)生产适销对路的产品。面对消费需求的不断变化和竞争对手产品更新步伐的加快，加快新产品研发的速度是预防产品风险的重要途径。面对业已发生的产品风险，尽快开发出符合市场需要的新产品是企业走出困境、摆脱困境的有效举措。企业应根据市场需求和企业目标，对产品组合的宽度、深度和关联度进行决策。在一般情况下，扩大产品组合的宽度、增加产品线的深度和加强产品组合的关联程度可以使企业降低投资风险，增加产品的差异性，适应不同客户的需求，从而提高企业在某一地区或某一行业的声誉。

3. 应对财务风险

(1)根据企业的经营战略确定合理的债务结构。企业应根据企业的经营战略安排企业的资本结构和负债结构。最优的资本结构是指企业综合资金成本率最低、股东投资利润率最高的资本结构，同时也是财务风险最小的资本结构。企业要根据自身的生产经营发展状况来合理设计资本结构中的各种比例关系，如负债和总资产的比例关系，负债中短期负债和长期负债的比例关系，通过对不同来源、不同时期、不同层次的各种资本要素的有机协调，达到降低财务风险、有利于企业发展的目的。

(2)做好现金预算，加强财务预算控制。民营企业在借款时就应注意安排未来还本付息的资金，否则需要借新债还旧债。创业企业举债能力较弱，容易发生不能支付到期债务的现金流量风险。企业可以通过编制现金预算、合理调度资金、加快资金周转、加强收支管理、加强财务预算控制、控制未来的发展规模，以及进行现金预算和其他财务预算的监督，来避免由于盲目发展而陷入资金不足的困境。

(3)保持资产流动性。企业资金流转总是周而复始地进行的，因此流动性是企业的生命。企业必须加速存货周转，缩短应收账款周转期，以保持良好的资产流动性。企业应降低整体资产中固定资产的比重，以大大降低产品中固定成本的比重，从而降低企业的经营风险。

4. 应对管理风险

企业应建立一套完整的管理制度和科学的决策程序来降低管理风险。

(1)建立健全的现代企业制度。建立科学的决策和监督机制是企业控制管理风险的前提,而这些又离不开合理的产权制度与健全的企业内部治理结构。所以,为减少企业管理风险,企业必须按照现代企业制度的要求,建立起真正的完善的法人治理结构。经营者激励机制也是法人治理结构中不容忽视的重要问题,解决好经营者特别是中高层管理人员的利益分配问题,不仅可以引导他们致力于企业利益最大化,尽可能把决策风险和操作风险降到最低程度,减少经营者的短期行为,而且可以对企业"内部人控制"现象起到遏制作用。

(2)完善企业的内部控制制度。完善企业的内部控制制度的一个重要手段就是建立健全严密的内部控制系统。企业内部控制系统必须覆盖企业的各项业务、各个部门和各级人员,并渗透到投资决策、执行、监督、反馈等各个环节。同时,企业还必须建立科学的授权制度和岗位分离制度。

(3)提高决策者、管理者的自身素质。对企业中高层管理人员的使用必须坚持德才兼备的用人标准,在人员甄选过程中两方面的素质都应该列入考核内容,同时应加强员工的职业道德教育和业务培训工作。

企业在创业的过程中,机遇与风险并存。风险控制应把重点控制和阶段性控制相结合;同时要进行风险的整体监控,建立风险监控体系,使风险的控制措施更趋系统化。

拓展阅读

大学生创业的风险及其防范

做任何一件事情都会有风险,创业更是如此,那么大学生创业需要防范哪些风险呢?

1. 项目不当

大学生创业时如果缺乏前期市场调研和论证,只凭自己的兴趣和想象来决定投资方向,甚至凭一时心血来潮做决定,一定会碰得头破血流。大学生创业者在创业初期一定要做好市场调研,在了解市场的基础上创业。一般来说,大学生创业者资金实力较弱,选择启动资金不多、人手配备要求不高的项目,从小本经营做起比较适宜。

2. 缺乏创业技能

很多大学生创业者眼高手低,当创业计划转变为实际操作时才发现自己根本不具备解决问题的能力,这样的创业无异于纸上谈兵。为了获得创业技能,一方面,大学生应去企业打工或实习,积累相关的管理和营销经验;另一方面,积极参加创业培训,积累创业知识,接受专业指导,提高创业成功率。

3. 资金风险

资金风险在创业初期会一直伴随在创业者的左右。是否有足够的资金创办企业是创业者遇到的第一个问题,企业创办起来后,就必须考虑是否有足够的资金支持企业的日常运作。对于初创企业来说,如果连续几个月入不敷出或者其他原因导致企业的现金流中断,都会给企业带来极大的威胁。相当多的企业会在创办初期因资金紧缺而严重影响业务的拓展，甚至错失商机而不得不选择关门。

另外，如果没有广阔的融资渠道，创业只能是空谈。除了银行贷款、自筹资金、民间借贷等传统方式外，还可以充分利用风险投资、创业基金等融资渠道。

4. 社会资源贫乏

企业创建、市场开拓、产品推介等工作都需要调动社会资源，大学生在这方面会感到非常吃力。大学生平时应多参加各种社会实践活动，扩大自己人际交往的范围；创业前可以先到相关行业领域工作一段时间，通过这个平台为自己日后的创业积累人脉。

5. 管理风险

一些大学生创业者虽然技术出类拔萃，但理财、营销、沟通、管理方面的能力普遍不足。要想创业成功，大学生创业者必须技术、经营两手抓，可从合伙创业、家庭创业或从虚拟店铺开始，锻炼创业能力；也可以聘用职业经理人负责企业的日常运作。

创业失败基本上都是源于管理方面出现的问题，其中包括决策随意、信息不通、用人不当、忽视创新、急功近利、盲目跟风等。特别是大学生知识单一、经验不足、资金实力和心理素质明显不足，更会增加管理风险。

6. 竞争风险

寻找蓝海是创业的良好开端，但并非所有的新企业都能找到蓝海，更何况蓝海也只是暂时的，所以竞争是必然的。如何面对竞争是每个企业都要随时考虑的事，而对新企业更是如此。如果创业者选择的行业是一个竞争非常激烈的领域，那么在创业之初极有可能受到同行的强烈排挤。一些大企业为了把小企业吞并或挤垮，常会采用低价销售的手段。对于大企业来说，由于规模效益或实力雄厚，短时间的降价并不会对它造成致命的伤害，而对初创企业则可能意味着彻底毁灭的危险。因此，考虑好如何应对来自同行的残酷竞争是创业企业生存的必要准备。

7. 团队分歧

现代企业越来越重视团队的力量。创业企业在诞生或成长过程中最主要的力量来源一般都是创业团队，一个优秀的创业团队能使创业企业迅速地发展起来。但与此同时，风险也蕴含在其中，团队的力量越大，产生的风险也就越大。一旦创业团队的核心成员在某些问题上产生分歧不能达到统一时，极有可能对企业造成强烈的冲击。事实上，做好团队的协调并非易事，特别是与股权、利益相关时，很多初创时很好的伙伴都会闹得不欢而散。

8. 缺乏核心竞争力

对于具有长远发展目标的创业者来说，他们的目标是不断地发展壮大企业，因此企业是否具有自己的核心竞争力就是最主要的风险。一个依赖别人的产品或市场来打天下的企业是永远不会成长为优秀企业的。核心竞争力在创业之初可能不是最重要的问题，但要谋求长远的发展，就是最不可忽视的问题。没有核心竞争力的企业终究会被淘汰。

9. 人力资源流失

一些研发、生产或经营性企业需要面向市场，大量的高素质专业人才或业务队伍是这类企业成长的重要基础。防止专业人才及业务骨干流失应当是创业者时刻注意的问题，在那些依靠某种技术或专利创业的企业中，拥有或掌握这一关键技术的业务骨干人员的流失是创业失败的最主要风险源。

10. 意识上的风险

意识上的风险是创业团队最内在的风险。这种风险无形却有强大的毁灭力。其中，风险性较大的意识有投机的心态、侥幸心理、试试看的心态、过分依赖他人的心理、回本的心理等。

思考题

(1)什么是创业机会？创业机会有哪些特征？

(2)创业机会的来源有哪些？如何识别创业机会？

(3)简述创业机会的评估标准。

(4)创造商机有哪些方法？

(5)什么是创业风险？创业风险有哪些类型？

(6)如何识别创业风险？

(7)创业阶段应该如何规避风险？

实训与操作

1. 实训目的

(1)了解创业机会及创业风险的基本概念及意义。

(2)通过相关创业资料的阅读，初步了解创业机会与创业风险的基本内容。

(3)锻炼收集分析资料、团队合作、个人表达的能力。

2. 实训内容

以小组为单位，通过报刊、网络等搜集若干关于创业机会和创业风险的案例。选择其中一则以小品或话剧的形式进行角色模拟扮演，其他同学观看并谈谈得到的创业启示。

3. 实训组织与实施

(1)教师布置实训项目及任务，并提示相关注意事项及要点。

(2)把班级成员划分为若干小组，成员可以自由组合，也可由教师指定。小组人数划分方案视班级总人数而定。

(3)以小组为单位，通过书刊、报纸、网络等搜集若干关于创业机会和创业风险的案例。仔细阅读资料，充分展开讨论。讨论时间长度可视情况而定，课堂讨论或课外讨论均可。选择其中一则作为表演剧情的参考，角色、道具、剧本等由本组成员自行决定。

(4)表演之前，小组发言代表对本组的演员及角色进行介绍陈述，每组的表演时间以不超过 10 min 为宜。

(5)各小组表演结束后，小组发言代表陈述本小组表演的启示。其间允许并鼓励其他小组的成员提问，小组发言代表及该组成员有义务答疑。

(6)由各组组长组成评审团，对各组的表演评分。

(7)教师进行最后总结及点评。

Chapter 10

第十章 创业资源与创业融资

学习目标

- 了解创业资源的概念和种类。
- 了解创业资源的分类。
- 理解创业资源与商业资源的异同。
- 掌握影响创业资源获取的因素。
- 掌握创业资源获取的技能,学会利用各种融资渠道为企业筹集资金。
- 学会对有限的资源进行创造性利用,掌握创业资源开发的技巧。

案例导读

三洋纸业的融资租赁之路

江苏泰州三洋纸业创始人高峰,2002年就开始办厂。创业初期购买的生产设备效率非常低,为了提高产能,2010年高峰花了200多万元,从生产包装机械的昌异集团购买了一台高速印刷机。从此,"吃不完"的订单忽然变得"不够吃"了。高峰想得到大客户更多的订单,但大客户给订单的前提是三洋纸业必须上条生产线。上一条生产线,就需要投入1 000多万元,哪里去找这笔钱?高峰把困扰告诉了提供生产线的昌异集团老板,对方说:"可以做啊,金融租赁公司就能帮你解决。"昌异集团老板的话,让高峰将信将疑。

三洋纸业在昌异集团的介绍下,认识了江苏金融租赁公司,并结下了不解之缘。"昌异集团把我的信息提供给江苏金融租赁公司后,没想到2011年9月,江苏金融租赁就公司派了三名专业人员到工厂考察。"高峰说,"专业人员来三洋纸业,主要是'三看':看会计报表、看我的人品和我的产品及看公司股权结构是否清晰。随后,就着手'三落实':落实设备所有权，确保物权能到位、可追索，业务品种以直接租赁为主；落实资金用途，防止挪用，加强与供应商的合作；落实连带责任担保、回购承诺、设备上设置密码控制等风险缓释措施。仅仅10天时间，江苏金融租赁公司就将1 000万元资金打给了供应商昌异集团，昌异集团收到项目资金后，立即派人到我厂安装生产线。”

有了江苏金融租赁公司的支持，三洋纸业的发展开始“提速”了。“上了生产线，很多大客户都跟我有了合作意向，订单多了，我打算再购买一台高速印刷机。”尝到融资租赁甜头的高峰，现在再也不做让自己后悔一辈子的事了。“买这台印刷机，我还用融资租赁。”高峰对融资租赁有了更深刻的理解和认识。“虽然我们的产品有市场，手上有订单，但缺乏抵押物，银行根本不愿意跟我们打交道。银行不借钱时，江苏金融租赁公司借，手续简便，并且没有任何附加条件，利率也不高。”

江苏金融租赁公司除了提供融资服务，还给企业带来了行业的变化分析、成功企业的经验推荐及专业的资金规划指导等。在融资方案设计方面，江苏金融租赁公司则根据三洋纸业的现金流状况，量身定做租金还款计划。“我跟江苏金融租赁公司商量的是每个月还一次租金，我每个月用租来的设备赚的钱，刚好可以偿还租金，不像银行贷款，要么不还，要还就是一次性，压力太大。”(摘自商界招商网)

第一节 创业资源概述

创业资源是创业者开展创业活动的基础，是新企业所拥有的或者所能够支配的为了实现企业生存与发展战略目标，在创业过程中先后投入与利用的内外部各种有形与无形资源的总和。没有创业资源的支撑，创业者即使有再好的外部创业机会也无法开展创业活动。从企业创业初始到企业退出市场，创业资源的整合与获取伴随着整个创业过程，并对创业过程的展开产生着重要的影响。

一、创业资源的特征

相对于既有企业，新企业的创业资源不仅具有资源的一般特性，还具有其自身的一些特征，主要包括以下几方面。

(一)创业资源的稀缺程度更高

创业资源的稀缺性包括两方面的含义：一是创业资源相对于创业者的创业需求而言是稀缺的，不是说这种资源不可再生或可以耗尽，而是指这样一个普遍的现象，即在给定的时间段内，与创业活动对创业资源的需求相比，其供给量相对不足；二是新企业所拥有的与所需要的资源结构往往是不平衡的。

既有企业是由新企业逐步成长和发展起来的，伴随着企业的发展，既有企业往往会开发出较多的资源，这种开发过程所奠定的基础往往使既有企业更容易获得外界的资源；而新企业则没有既有企业那样的资源开发的积淀，因此新企业比既有企业获取外界资源的难度更大。在一定的时空范围内，新企业资源的充裕程度、资源结构平衡程度等都将影响新企业的规模、形式、路径的选择及创业绩效。实际上，创业成功的过程也就是一个创业资源总量逐渐丰盈、结构逐渐合理的过程。

(二)创业资源的外部依赖性更强

新企业创业资源稀缺，这就意味着新企业直接控制的内部资源不足。同时，相对于既有企业的管理者，创业者往往还缺乏与企业运作相关的知识、经验及能力。因此，新企业往往存在着资源稀缺和部分资源利用不充分的双重矛盾，而利用外部资源既能解决创业资源的稀缺问题，又能解决部分资源利用不充分而导致的资源结构不平衡的问题，大大减少了新企业的风险与成本。例如，许多创业者在创业过程中特别注意学习先进的管理经验，吸引既有企业的优秀管理人才加盟创业团队，从而快速提升创业绩效和有效地规避创业风险。

新企业利用外界资源的根本目的是解决创业资源的匮乏问题，而既有企业利用外界资源可能更多是从扩张、竞争战略等方面考虑。因此，在日趋动态多变的商业环境下，创业者如何创造性地获取及利用外部创业资源，对于新企业的生存与发展显得越来越重要。

(三)创业资源的个性化特征更明显

任何企业都被深深地打上了其缔造者的烙印，只不过新企业的个人特征更为明显。与既有企业相比而言，新企业的各种生产要素往往与创业者自身的社会网络联系在一起。例如，新企业中重要的人力资源往往是创业者的家庭或相关群体的成员，新企业的创业资金往往来自创业者自身或亲朋好友等相关群体。

二、创业资源的分类

根据创业资源的内容、控制主体、形态和利用方式等，分别将其分为不同的类型。

(一)按内容分类

按内容对创业资源进行分类有利于区分不同创业资源的性质和作用。从内容方面看，创业资源可以分为人力资源、信息资源、财务资源、实物资源、技术资源和组织资源。对于一般的创业者而言，成功的创业活动离不开这些资源。

1. 人力资源

人力资源是开创事业的基础，包括创业者与创业团队的知识、经验、判断力、技能等，也包括创业者本身的人际关系网络。其中，创业者自身的洞察力和领导能力是最核心的资源，直接决定了创业者能否洞察合适的创业机会，并领导其他团队成员有效地采取创业行动。人力资源大致可分为三类，即智力资源、声誉资源和社会网络。

(1)智力资源。智力资源不仅包括企业员工的学历、经验和技能，也包括员工的学习能力、创新精神和对变革的适应能力。企业员工的创新精神与主动变革能力，往往比其学历更为重要。

(2)声誉资源。声誉资源是指市场环境中的人群对于企业及其产品的综合评价。对于新企业来说，声誉资源十分重要。企业的声誉往往是通过企业的产品及服务的质量、从业人员的工作水平及态度、对消费者的服务态度和社会承诺履行程度等方面积累起来的。

(3)社会网络。社会网络是指社会成员之间因互动而形成的相对稳定的关系体系。

社会网络关注的是人们之间的互动和联系，社会互动会影响人们的社会行为。社会网络作为一种重要的社会资本，同经济资本一样属于重要的创业资源。事实证明，世界各国创业团队的社会网络对其创业活动开展的路径、方式及绩效都有重大的影响。

2. 信息资源

信息资源是企业生产及管理过程中所涉及的一切文件、资料、图表和数据等信息的总称。信息资源涉及企业生产和经营活动过程所产生、获取、处理、存储、传输和使用的一切信息，贯穿新企业管理的全过程。由于市场竞争十分激烈，对于新企业来说，就更加需要丰富、及时、准确的信息，以争取到更多的其他要素资源。当创业者比其他竞争者掌握更多的信息时，就能获得更多的创业机会。

3. 财务资源

财务资源是创业所需的资金，包括现金、股票、债券等。随着市场的发展，市场竞争越来越激烈和残酷，新企业要想在激烈的市场竞争环境中生存，创业者就必须掌控充足的资金。若创业者仅有良好的创业环境以及创业机会，却缺乏资金来实施具体的项目运营，那么再好的创业环境与创业机会也无法让创业者实现创业理想。

在创业初期，财务资源主要来自创业者本人或其家庭、朋友。随着企业规模的扩大，经营记录及声誉的积累，新企业外部财务资源的筹集将变得更加容易。

4. 实物资源

实物资源是新企业在生产和管理过程中使用的有形资源，包括长期存在的生产物质条件，如土地、矿山、厂房、机器设备、运输工具等，还包括生产过程中投入的主材、辅材等原材料。实物资源是创业活动得以开展的重要条件。许多实物资源属于一次性固定成本，它们在使用中会逐渐被损耗掉，因此加强维护和保养，推动实物资源的保值、增值显得特别重要。

随着市场规模不断扩大，专业化分工程度持续加强，金融市场的效率不断提高，实物资源越来越容易通过采购等渠道获取。在这种情况下，实物资源往往难以成为既有企业的竞争优势的重要来源，但对于新企业而言，实物资源是其创立的基本条件。

5. 技术资源

技术资源一般指专利权、商标权、著作权等。对于新企业来说，技术主要包括两方面的内容：一是与解决实际问题有关的软件方面的知识，二是为解决这些实际问题而使用的设备、工具等硬件方面的知识。这两者的总和构成了一个组织的特殊资源，即技术资源。

技术资源是无形且受法律保护的，是创新资源产生的结果及表现，一般与声誉资源结合在一起使用，从而提升其潜在的价值。在竞争激烈的现代社会背景下，加强开发、保护技术资源的独有性是保证新企业赢得市场的关键。企业必须对研发而生成的技术进行知识产权的保护，以免自身的利益被他人侵犯。加强开发与保护技术资源的目的是创新企业已有的技术，研发并拥有独立知识产权的核心技术，从而占领市场，促使新企业不断地发展壮大。

6. 组织资源

组织资源是管理活动进行资源配置整合的表现形式，包括组织结构、作业流程、工作规范、质量系统等。组织资源通常指组织内部的正式管理系统，包括信息沟通、决策系统以及组织内正式和非正式的计划活动等。组织资源为企业的生产经营活动提供了坚实的保障，可随着企业规模的扩大、管理规范化程度的提升而不断积累和优化。

对于新企业来说，其组织资源还处在萌芽阶段，需要创业者不断培育和积累，并且创业者要在培育和积累的过程中使组织资源发挥充分的作用。大多数新企业的失败都是由于无法有效地培育、积累和运用其组织资源而导致的。

以上几种创业资源相互作用，共同构成了创业者的创业资源基础，并在很大程度上决定了创业企业的绩效，进而影响创业企业成长发展的速度。

(二)按控制主体分类

创业资源按控制主体可分为外部资源和内部资源。

1. 外部资源

外部资源指存在于新企业外部，但可以被新企业吸引、购买并加以利用和共享的创业资源，如金融机构的资金、企业外部的优秀人才、科研机构的技术成果及现有的成功营销网络等。

2. 内部资源

内部资源是指存在于新企业内部，新企业已经掌控的创业资源，如新企业的自有资金、新企业的研发成果及新企业自有的营销网络等。

(三)按形态分类

美国学者巴尼(Barney)和霍尔(Hall)把资源分为有形资源和无形资源。

1. 有形资源

有形资源指具有固定生产能力特征的实体资产及可自由流通的金融性资产，包括财务资源、组织资源、实物资源和技术资源。

2. 无形资源

具体来说，无形资源是那些根植于企业的历史、长期以来积累下来的资产。无形资源包括人力资源、创新资源和声誉资源，指那些不具有实物、实体形态的资源，如企业名称、商誉、商标、专利、专有技术、营销网络、管理制度、信息资料、企业文化等。

新企业在拥有有形资源如厂房、装置、设备及资金等的同时，也会拥有各种不易计算其价值的无形资源，而后者往往是创业企业核心竞争力的主要来源。

(四)按利用方式分类

创业资源按其利用方式可分为直接资源和间接资源。直接资源指企业可直接利用的资源；间接资源指需要新企业通过一定的转化才可利用的资源，如信息资源往往只有通过加工处理才能具有决策参考价值。

三、创业资源与商业资源

商业资源是在日常商业活动中由众多商业企业提供的对企业有价值的资源，包括融资、采供、营销、人力等方面的资源。创业资源与商业资源既有相同点，又有不同点。

(一)创业资源与商业资源的相同点

1. 有共同的价值作用

创业资源与商业资源都是能够为新企业所利用的有价值的资源。创业资源能够帮助企业在创业阶段快速地成长起来；而商业资源能够为新企业的发展提供必要的商务活动的支持。两者都有利于提升企业的核心竞争力，为企业的发展提供更为广阔的空间和更多的机会。

2. 有重合的内容

创业资源与商业资源在内容上有一些重合的地方。商业资源主要是为商业企业服务提供的社会性资源，包括专业技术资源、投融资资源、原材料供应资源、产品营销资源、影响企业发展的关键人力资源、政府资源等，涵盖了场地服务、培训服务、投融资服务、人才招聘服务、专业技术服务等服务内容，这些内容属于创业资源的一部分。

（二）创业资源与商业资源的不同点

1. 资源的所有权不同

创业资源是新企业所拥有、控制的资源，商业资源是新企业外部的可供新企业利用的、但不属于新企业所有的资源。

2. 资源的稀缺性不同

新企业的竞争优势建立在其拥有具有稀缺性、独特性、难以模仿或难以替代性的创业资源的基础上，这是决定新企业在市场环境中得以生存的关键因素；而商业资源属于一种社会公共资源，为大多数商业企业服务，具有公平性和共享性。

3. 服务范围不同

创业资源是新企业的成长所必需的资源，服务于新企业的创业过程，是面向新企业的资源；而商业资源不仅为新企业提供服务，还为其他商业企业提供社会化服务，是资源提供者为了获取商业利润而向社会提供的资源，是商业化的社会资源。

第二节 创业资源的获取和整合

资源获取是指在确认并识别资源的基础上，创业者利用其他资源或途径获取创业资源并使之为创业服务的过程。资源的获取是资源整合过程中不可或缺的重要环节。创业活动的开展需要多种创业资源的投入，这要求创业者在创业过程中不断地开辟多种渠道，从多方面获取所需的各种资源，确保新企业的生存与发展。

一、创业资源的获取途径

资源获取是企业生存与发展的必要步骤。创业资源获取的途径主要有自有资源、内部积累、外部协作、资源购买、无形资源吸引及社会网络资源等。

1. 自有资源

自有资源是创业者自身所拥有的可用于创业的资源，如自有资金、自己掌握的技术、已获得的机会信息、自己创建的营销网络、自我管理才能等。大学生在创业之初，创业资源大多以自有资源为主。

2. 内部积累

资源的内部积累是指利用现有资源在企业内部经过培育后所形成的资源，包括自建企业的厂房、装置、设备，在企业内部开发的新技术，通过培训增加员工的技能和知识，积累获取资金等。

3. 外部协作

企业的创新和成长需要消耗大量的资源，一般来说，新企业实力非常弱小，资源有限，因此企业可以从外部环境中获取资源。例如，新企业通过与供应商、销售商及消费者间的交流或合作获取物质、技术、信息等资源；通过同行业企业为新企业提供技术，并促进技术的标准化；通过外部市场的调查研究发现消费者的需求缺口，获得更多商机信息等。

4. 资源购买

资源购买主要是利用资金通过市场购入所需要的资源，包括购买厂房、装置、设备等物质资源，购买专利和技术，聘请有经验的员工等。例如，新企业以购买他人的成熟技术，对技术市场寿命进行分析，然后通过后续的完善和开发，使技术达到商业化的要求。此外，企业还可以通过股权收购或资产收购的方式，将企业外部资源内部化。资源购买的前提是所购人的资源与企业原有的资源具有较高的关联度。

经典案例

万达的跨国并购

在2012年和2013年，万达集团实现了“旋风”式跨国并购，耗资数十亿美元，从电影院线、豪华游艇，到五星级酒店，而最近一次收购的“猎物”是几家国内的旅行社。在中国商界，王健林已经成为最知名的跨界名人，踏入明星闪烁的行业，一掷千金的跨国收购。2013年，万达商业地产公司的销售额为1 301.1亿元，在克而瑞销售TOP 50排行榜上位列第三。

2012年9月，AMC被王健林以26亿美元的价格招致麾下，万达的国际化从此正式起步。不过在当时，负债累累的AMC是夕阳产业的代名词，但是一年零四个月后，它的投资回报率翻倍。“AMC的并购为青岛东方影都打了基础。”王健林说。这是一个投资额高达500亿元的万达影视文化旅游城项目，仅前期策划就耗了5年。AMC和项目的对接勾兑出了明星效应，为万达拿到了进军电影业的优惠券。2016年之后，那里每年都会举办青岛国际电影节。

2013年6月，王健林耗资3.2亿元，收购了英国圣汐游艇公司。当然不是每一次都有惊人的附加值——“收购游艇目前我们还没看到边际效应。”王健林说。当时万达要在大连、青岛、三亚规划游艇俱乐部，收购资金与购艇费用相当，加上这一知名品牌吸引了他，“以后想买还不一定有机会呢，”王健林预言，“万达迟早会做航空公司，要么自己做，要么跟别人合作，要么就并购。”航空公司可以和旅行社、度假区拼合成旅游的全链条——会打破淡旺季的节奏，在任何需要客流的时候带去客流。

从2013年4月开始，万达拉开了打造万达城的帷幕。哈尔滨是第一个，它的卖点在于世界最大的室内滑雪场。6月，南昌万达城启动，这里将会有全球最大的室内海洋馆。9月，复合度更高的青岛万达城奠基，它的面积在现有5座万达城中属最大，超过8个天安门广场。10月，合肥万达城动工，建成后有华东唯一室内水上乐园。2014年2月，无锡也开

始打造万达城，它将是世界唯一室内大型儿童主题乐园，叫板上海迪士尼乐园。（摘自搜狐新闻）

5. 无形资源吸引

无形资源吸引是指发挥新企业、创业者、创业团队的形象魅力和声誉，通过无形资源的吸引作用，向外部展示新企业的商业计划、阐述新企业的美好前景，利用创业者或创业团队的形象和威信获得厂房、设备装置、技术等，吸引有行业经验的员工，获得资金支助等。

6. 社会网络资源

在创业者自有创业资源有限的情况下，社会网络就成为获取所需资源的重要途径。据调查，基于家庭关系的社会资本是创业资源的主要来源，占 51%；其次是基于关系网络的社会资本，占 38%。

大学生利用其以社会关系网络形式存在的社会资本来获取创业资源，一方面可以绕过难以获得借贷资本与风险投资的障碍；另一方面大大简化了融资的程序，缩短了融资时间，降低了交易成本。通常处于创立初期的企业在实力和声望等方面都较为薄弱，很难通过传统的市场关系获取自身所需要的资源。因此，新企业会倾向于利用自身的社会关系网络获取相关资源，用以弥补通过市场关系获取资源的不足。社会网络作为介于企业和市场之间的一种资源配置方式，在获取资源方面起到了决定性的作用。

二、创业资源的获取方法

创业者获取创业资源的方法主要有以下几种。

1. 提升学习能力

学习能力包括创业者个人的学习能力和新企业的学习能力两方面。

(1)创业者个人的学习能力。创业者个人的学习能力与资源获取呈正相关关系。创业者通过不断的学习能够增强自身的市场洞察力，能够根据市场需求和企业的内部需要来获取资源；创业者通过学习可以提高自身的管理素养，有利于规避动态环境所带来的不利影响；创业者通过学习能够更加了解外部市场的变化和新企业内部的需求，帮助自己对外部的竞争和内部的需求做出理性的判断，运用一定的如购买、收购或签订合同等方式获取企业所需的资源。

(2)新企业的学习能力。企业内部组织学习、交流经验是提升企业学习能力的重要机制。新企业可以通过网络关系交换所获取的显性和隐性的知识，在企业的学习活动中进行知识交流和创造。学习交流活动越有效，知识转移就越多，组织学习能力也就越强。企业学习能力越强，就越容易从外部识别和获取所需的信息。

2. 提升经营管理能力

企业在创建时期必然面临激烈的竞争，面对更加复杂的环境，要成功创业，创业者就必须具有独特的管理才能。成功的创业者能够很好地评估、发现和挖掘机会，能够洞察购买者的需要，能够利用自己的能力、技术和知识去获取资源，开发出购买者需要的产品。具有优秀管理才能的创业者是企业能够获得成功所必需的，而对于竞争对手来说是不可模仿、不可替代的稀缺资源。因此，创业者应该加强自身的素质培养，提升企业经营管理水平。

3. 提升内部协调能力

具有良好内部协调技能的创业者能够正确解读团队成员所传达的关于资源的信息，能够倾听其他成员的意见并协调好团队的内部人际关系，使创业团队表现出巨大的凝聚力，带动创业团队共同行动，获取必要的外在资源。创业者较强的内部协调能力，能将内部各种资源进行完美的匹配与重组，使企业的运作更有效率，能够根据成员的要求和企业发展的需要，从外部吸引更多的人力资源和其他无形资源。

4. 提升社会交往能力

创业者的社会交往能力是指创业者通过外部交流与沟通实现外部协作，获取资源的能力。创业者的社会交往能力越强，与合作者达成一致的可能性就越大，创业者就可以利用外部资源为企业服务。中国正处在经济转型期，创业者难以独自处理面临的各种问题和不确定性，需要他们构建各种关系来帮助其克服种种困难。社会网络为获取资源提供了一种可能，创业者只有充分利用自己的社会交往技能，积极地与外部成员互动，才能有效地获取各种创业资源。创业者经过社会交往，可通过合作来交换资源，这样不仅获取了必要的资源，也为企业创造了良好的外部环境，这是一种资源获取的双赢行为。

三、创业资源获取的影响因素

资源是企业创业的基础，获取必要的创业资源对企业的生存至关重要，但是大学生创业者获取创业资源是非常困难的。影响创业者获取创业资源的因素主要有以下几方面。

(一)社会网络系统不健全

在社会网络中，网络关系影响着个体能否获取相关的资源，以及采用何种方式来获取资源。社会网络的规模大小取决于凝聚在每个网络成员身上的关系数量。一般来说，某一成员身上所凝聚的关系数量越多，他在社会网络中就越重要。在创业的初始阶段，新企业的内部资源相对短缺时，良好的社会网络能够帮助创业者获取所需的资源。一般来说，大学生刚步入社会，还没有形成足够广泛的社会网络系统，这导致他们在创业中常无法获取必要的创业资源。

(二)信任机制尚未形成

新企业在初期阶段存在着新生劣势，使其在经营中面临着高度的技术和市场的不确定性。在中国目前所处的经济转型时期，市场机制不完善，信息不对称，新企业通过要素市场获取资源的难度要比西方成熟市场条件下的企业高得多。同时，新企业缺少与外部购买者和供应商的良好信用记录，往往阻碍了资源所有者对新企业的正确认识和判断，使新企业很难赢得其他企业和投资者的支持。

(三)行业经验的缺乏

行业经验是创业者所拥有的前期工作经验及行业技能，它会随着创业者转移到新的组织当中。创业者先前的工作经历和创业经历对获取创业资源将产生很大的影响，拥有丰富行业经验的创业者要比那些缺乏行业经验的创业者更懂得如何获取创业资源。这是因为有先前行业经验的创业者更加了解顾客的需求偏好，熟悉行业的市场情况，懂得不同市场战略实施的有效性，并且能够掌握如何与利益相关者建立关系的技能，这些都有利于他们赢得其他企业的认可，从其他企业或投资者那里获取创业资源。

（四）创业者的领导能力不强

在企业创建初期，企业的社会网络联系尚未完善或者刚刚建立后的企业网络不稳固。这时，企业的资源获取在相当大的程度上依赖于创业者的领导能力，如创业者的内部领导能力和外部协调能力等。

在企业内部，创业者发挥其卓越的领导才华可以调动创业团队成员的积极性，鼓励成员为企业的发展带来更多的创业资源。在企业外部，创业者能够与其他供应商、分销商协调一致，共同协作，从外部争取更多的资金和物质方面的资源支持。领导能力强的创业者会运用合理的管理手段和协调技能，迅速补充企业的创业资源。如果创业者的领导能力不强，就会阻碍企业对创业资源的获取。

（五）缺少互惠合作的企业机制

互惠合作机制的构筑能够形成多种渠道，有利于新企业的资源获取，新企业应善于与其他企业建立合作的机制，积极参与其中。在合作中，企业之间能够以比较低的成本获取创业资源，彼此可以利用对方企业的资源结识更多的企业。当合作的企业不断增加时，创业资源获取的渠道便随之扩大。在其他条件不变的情况下，建立新的合作关系，新的企业加入能够帮助企业得到新的资源。善于构筑互惠合作机制的企业，其创业资源获取的能力会更强，成功的机会更多；反之，企业则难以获得创业资源。

四、创业资源的整合

尽管与已存在并进入成熟发展期的大型企业相比，创业型企业的资源比较匮乏，但实际上创业者所拥有的创业精神、独特创意以及社会关系等资源同样具有战略性。因此，对创业者而言，一方面要借助自身的创造性，用有限的资源创造尽可能大的价值；另一方面更要设法获取和整合各类战略资源。

（一）善用资源整合技巧

创业者通常可利用身边能够找到的一切资源进行创业活动，有些资源对他人来说也许是无用的，但创业者可以通过自己独有的经验和技巧，将这些资源加以整合、创造，并应用到创业活动中去。例如，很多高新技术企业的创业者并不是专业技术人员出身，却可能因兴趣或其他原因，对某个领域的技术略知一二，进而凭借略知的"一二"敏锐地发现创业机会，并迅速实现相关资源的整合。

整合已有的资源，快速应对新情况，是创业的利器之一。创业者要善于用发现的眼光洞悉身边各种资源的属性，将它们创造性地整合起来。这种整合很多时候甚至不是事先仔细计划好的，而是具体情况具体分析和尝试的产物，这也体现了创业的不确定性，考验着创业者的资源整合能力。

（二）步步为营

创业者分多个阶段投入资源并在每个阶段投入最有限的资源，这种做法被称为步步为营。步步为营的策略首先表现为节俭，即设法降低资源的使用量，降低管理成本。应注意的是，过分强调降低成本，会影响产品和服务的质量，甚至会制约企业的发展。例如，为了求生存和发展，有的创业者不注重环境保护或盗用别人的知识产权，甚至以次充好，这样的创业活动尽管短期可能赚取利润，但就长期而言，这种企业的发展潜力有限。因此，创业者需要有原则地节俭。

步步为营策略还可表现为自力更生，减少对外部资源的依赖，其目的是降低经营风险，加强对所创事业的控制。很多时候，步步为营不仅是一种经济的做事方法，也是创业者在资源受限的情况下寻找实现企业目的、目标和理想的途径，更是在有限资源的约束下获取满意收益的方法。习惯于步步为营的创业者会形成一种审慎控制和管理的价值理念，这对创业企业的成长与向稳健成熟发展期的过渡尤其重要。

(三)发挥资源的杠杆效应

资源杠杆效应是以尽可能少的付出获取尽可能多的收获。资源杠杆效应的发挥是创造性产生的过程。美国著名的投资银行家罗伯特·库恩(Robert Kuhn)说过："一个企业家要具有发现价值和创造价值的能力，要具有在沙子里找到钻石的功夫，识别一种没有被完全利用的资源。"

尽管存在资源约束，但创业者并不会被当前控制或支配的资源所限制，成功的创业者善于利用资源杠杆效应，利用他人或者其他企业的资源来完成自己创业的目的：用一种资源补足另一种资源，产生更高的复合价值；利用一种资源撬动和获得其他资源。很多既有企业不只是一味地积累资源，它们更擅长资源互换，进行资源结构更新和调整，积累战略性资源这是创业者需要学习的重要经验。

对创业者来说，容易产生杠杆效应的资源主要包括人力资本和社会资本等非物质资源。人力资本由一般人力资本与特殊人力资本构成。一般人力资本包括受教育背景、以往的工作经验及个性品质特征等。特殊人力资本包括产业人力资本(与特定产业相关的知识、技能和经验)及创业人力资本(如先前的创业经验或创业背景)。有调查显示，一般人力资本可为创业者提供知识、技能、资格认证、名誉等资源，同时也提供了同窗、校友、老师及其他连带的社会资本；特殊人力资本可直接作用于资源获取，有产业相关经验和先前创业经验的创业者能够更快地整合资源，实施市场交易行为。

(四)设置合理利益机制

资源通常与利益相关，创业者之所以能够从家庭成员那里获得支持，是因为家庭成员之间不仅是利益相关者，更是利益整体。创业者在整合资源时就一定要设计好有助于资源整合的利益机制，借助利益机制把潜在的和非直接的资源提供者整合起来，借力发展。因此，创业者整合资源就需要关注有利益关系的组织或个人，要尽可能多地找到利益相关者。同时，创业者要分析并确认这些组织或个体与自己及自己想做的事情有利益关系。创业者与利益相关者的利益关系越强、越直接，创业者整合到资源的可能性就越大。设置合理的利益机制是资源整合的基本前提。

利益相关者是指与创业者创建新企业有直接利害关系的自然人或法人单位。利益相关者要为新企业提供资源并做出承诺，而创业者的责任则包括以下两点：

(1)满足利益相关者的需求。创业者要寻找那些与自己具有共同利益的相关者，同时也需要寻找可以互补的利益相关者。如果创业者要让利益相关者对自己有信心，那么创业者首先就要对自己有信心。同时，创业者要有诚实可信的声誉，与利益相关者在利益上公平分享回报。

(2)以利益相关者为核心,形成资源整合机制。新企业要尽快建立以利益相关者为核心的资源整合机制,以保证企业机会的顺利实现和企业的持续发展。

第三节 创业资源管理

一、不同类型资源的开发

在市场竞争中,企业的优势不仅来源于独特的资源,也来源于对这些资源的合理开发。企业合理地对资源进行开发能够为顾客创造更大的价值,也能为企业带来财富。因此,新企业应善于开发不同类型的资源,将创业资源转化为企业的绩效,实现价值创造的功能。下面主要阐述企业如何对人力资源、社会资本、技术资源、资金资源和信息资源等进行开发。

(一)人力资源的开发

企业一般应具有善于管理、决策果断、勇于开拓的管理者,精于核算与理财的会计人员,喜欢交际、会公关的销售人员,具有过硬的技术、擅长研发的技术人员,从事外向型经济专业人员。要拥有这样一批高素质的员工,企业应根据发展的需要,制订一套人力资源规划方案,以人才战略作为企业发展的重点。人力资源的开发可以分为两种方式:一种是在企业内部培养,另一种是从企业外部引进。

1. 在企业内部培养

在企业内部培养人才可以提升员工的有关专业技能,同时能够激发员工的工作积极性。一般来说,企业内部可以开设专业培训讲座,有目的地让员工获得更多的岗位知识;也可以通过岗位变换的方式,让员工在不同的工作岗位上得到实际的锻炼,提高员工素质。此外,企业还可以进一步完善激励机制,从精神上和物质上激发员工的最大潜能,使人力资源得到充分的开发。

2. 从企业外部引进

企业内部人才培养的周期一般较长,见效较慢,因此除企业内部培养、委托培养外,可以通过外部的人才市场招聘,引进中、高级的专业人才,以及中、高级技工。企业可以利用吸引人的薪酬制度求才,用事业发展吸纳高科技人才,用各种奖励和激励制度留住骨干人才。

(二)社会资本的开发

企业的社会资本和物质资本、人力资源一样,既有先天的成分,也有后天的获致性的特点。随着经济活动的频繁开展,人们后天获致性的社会关系在企业日常运作中日益凸显。企业应该利用好自己所控制的显在的和潜在的社会网络,并加以开发,有利于实现企业的经营目标。社会资本的开发能够派生出其他多种创业资源,具体的开发途径如下。

1. 长期投资

社会资本的形成需要花很多时间和精力,是一种长期投资。企业在日常工作中要注意社会资本的积累，不要有需要帮忙的事情时才去找别人。此外，在业务来往过程中，企业要注意积累可能的客户资源，开发社会资本。

2. 经常维护与开拓

社会资本可以通过合作、交流、拜访、帮助、友情等进行维护。只有经常性地进行维护，社会资本才会不断巩固，才会不断地开拓出新的社会资本。

3. 充分利用社会网络关系

社会网络关系具有辐射性，每个人一生中所认识的人包括老师、同学、亲戚、同事、朋友、客户等，是非常有限的，所以创业者应该好好珍惜，充分利用现有的社会网络关系。

(三)技术资源的开发

技术是决定产品市场竞争力和获利能力的关键要素，如美国的微软公司和苹果公司在创业初期的资本都不过几千美元，团队成员也只有几人，它们能够发展壮大及取得成功依靠的就是其独特的技术资源。成功的企业要有好的产品，好的产品必须达到专业化、专一化，且技术上在同行业领域内一直领先。

技术资源的开发首先要对其进行整合，既要整合企业内部的技术资源，还要吸收企业外部的有价值的技术资源。技术资源整合的目的是对技术不断创新，通过技术的开发，自主研制新的产品，获取自主的知识产权，使企业在市场中保持技术领先地位。

(四)资金资源的开发

资金资源的开发为的是解决企业资金来源的问题，在新企业的发展过程中主要体现为选择新的战略投资者加入。由于新的投资者自身具有一些基本情况，如资质状况、业绩成效等，他们的加入必定带来新的资金来源，同时还会为企业带来其他资源，如政府关系、行业资历、市场驱动力、营销支持等。新企业在选择战略投资者时要考虑他们是否与企业当前所处阶段的发展目标相吻合，能否提供其他增值服务；要结合创业项目的发展空间、经营计划，确定新投资者的出资数额与股份比例，明确投资者的人员构成及各方所担任的职务，做好风险的控制等问题。

(五)信息资源的开发

企业的外部环境在不断地变化，企业必须掌握及时、准确的信息，对环境的变化进行预测和分析，进而进行科学合理的决策。信息资源的开发有利于企业抓住难得的成功机会，争取更多的生产要素资源，为创业者研发、采购、生产、销售的决策提供参考。信息资源的开发分为企业内部信息资源的开发和企业外部信息资源的开发两方面。

1. 企业内部信息资源的开发

企业要管理好内部的信息资源，就需要对信息资源进行规划，建立企业信息资源管理标准，建立集成化信息系统的功能模型、数据模型和结构模型，实施系统化的企业信息化解决方案，在企业内部建立高效率、高水平的现代信息网络系统。

2. 企业外部信息资源的开发

企业外部及时、有效的信息是新企业健康、快速发展的重要保障。创业活动需要相应的政策扶持和行业指导，只有在政策允许和鼓励的条件下，企业才能获得更多的国内外人才、海内外投资、各种服务与优惠等。企业充分开发外部信息资源，享受政府的扶持，得到行业的帮助，可以使创业活动少走弯路，达到事半功倍之效。

企业应安排专人负责搜集有关政策信息、行业动态，掌握行业内各种关系网，如竞争对手、供货商、经销商、管理部门等。通过信息资源开发，企业能够与大客户合作，并能够在第一时间了解客户的需求。此外，创业者对于科技研发机构、行业协会、行业展会、专业书刊等资源都需要加以关注和开发，发掘其价值，为企业的成长服务。

二、有限资源的创造性利用

资源是企业构建竞争优势的重要基础，在企业创建之初，企业所拥有的各种资源都是非常匮乏的，新企业应该在资源有限的约束下，通过创造性地构建独特的能力，对现有资源加以有效利用。在创业过程中，在不同的情况下，有限的资源都可以被创造性地利用。

（一）人力资源与社会资本的利用

初创时期，新企业面临的创业机会很多，但所拥有的资源却相对不足。在这种情况下，新企业应该发挥团队的作用，利用团队的力量充分协调创业机会与创业资源之间的关系。

在企业还没有完成注册登记、产品营销模式还没有确定下来、创业资金还没落实的情况下，广泛而有效的社会关系将成为企业创立的有力工具。创业者需要调动自己社会资本中的一切有利因素，活用社会资本，顺利完成注册登记，并为企业筹集足够的资金。社会资本的公共特性和互惠特性使创业者在使用有形的物质资源的同时，可以创造性地开发并使用一种新的资源，即社会关系网络资源。这些资源是可以共生和再生的，可以成为共享资源，而且这种资源不会因为人们的使用而减少。

企业在内部无法拥有所需的资源时，从外部获取资源就显得十分必要，尤其是在企业的创立和早期成长阶段。企业并不需要所有资源，而是要拥有资源的使用权。通过各种各样的关系与其他社会成员发生联系，构成一个连环交错的社会网络，能够为企业接触并控制外部资源提供一个很好的途径。

（二）利用初始资源撬动其他资源

初始资源是指企业在初创时所拥有的特定资源和能力的总和。初始资源具有一定的价值性、稀缺性、难以模仿性等特点。初始资源可以是资金资源、物质资源、技术资源、个人信誉资源、人力资源等。初始资源可以作为工具性资源用以撬动企业所需的其他资源。创业者需要利用自身具备的初始资源与其他合作者、供应者、顾客等建立联系，运用初始资源开发其他资源。新企业可以在初始资源的基础上构建新的社会网络关系以获取新的资源。例如，企业与科研机构、金融机构、中介机构、关联企业等建立良好的网络联系，获取新企业所需要的资源。通过组织网络，企业能够从大学及其他科研机构获得核心人力资源、技术资源及有价值的商业性科技成果，从金融机构获得资金资源，从中介机构获得廉价的人力及物质资源，从而能够节省从外部购买的成本，也能够节省搜寻资源的时间。

（三）企业能力与资源的结合

资源利用是指企业经过资源整合过程形成独特的能力结构，将企业的外部资源与企业的内部资源进行有效的组合和配置，以形成企业的战略，最终为企业创造价值。有限资源的创造性利用包括两方面:一方面是创业者或创业团队利用个人资源禀赋获取外部资源,从而创造价值;另一方面是创业者或创业团队利用已整合的资源获取外部资源并创造价值。因此,企业能力的发挥与企业的资源分不开,能力需要与资源进行互动。

能力作用于资源,资源要与能力相适应,达到相辅相成的效果。在有限的资源条件下,企业应分析当前拥有哪些能力,如何利用自身的能力抓住市场机会,如何制定发展战略,如何对现有的资源加以利用。发挥能力的过程也就是高效地利用有限资源的过程,能力越大,就越能充分地将资源的潜在价值挖掘出来,实现有限资源的创造性利用。

能力发挥的重点在资源的有效利用上,如果资源不能被有效地利用,就会逐步散失。新企业在内部通过能力的整合,能够让企业的最大能力与资源的最大功效结合在一起,凭借市场的利好机会,为企业赢得发展中一个又一个胜利。

(四)对异质性资源的利用

对异质性资源的利用主要是指利用资源的差异性和互补性,充分发挥整体资源的优势作用。拥有异质性资源是企业形成竞争优势、创造价值的一个必要条件。研究发现,最优资源组合的构建取决于创业者对各类型资源的整合与重组,企业拥有的异质性资源越多,资源整合的作用越大。

(五)有效的资源整合

面对有限的创业资源,企业可以采用不同的资源整合方式,结合创业团队的资源情况,分析企业资源储备的规模,提出吸纳外界资源的方案,积极地寻找和整合所有能够利用的内部和外部资源,发挥资源的最大效用。在创业过程中,创业者应定期考察创业资源的情况,并及时加以整合。对于经常出现的人力资源短缺现象,企业可以采取以老带新的方式来保持人员梯队,对于新加入的人员,可以先进行短期专项培训,然后在参与项目运作中不断加以辅导,使他们在实践中成长。

资源有限的新企业更加迫切需要对资源进行有效的整合,在技术不断变革、环境不断变化的条件下,提高资源整合效率已经成为形成企业竞争优势的重要来源。企业资源整合效率不同是企业拥有相似资源而产出却有较大差异的主要原因。

三、创业资源开发的技巧和策略

(一)创业资源开发的技巧

开发创业资源的技巧的关键在于对资源的识别及调整企业内外部关系两方面。

1. 对资源的识别

每种资源都能产生一定的作用,与企业发展目标相匹配的资源能够促进新企业的发展,而不相匹配的资源则会为企业带来负面影响,造成企业资源的浪费。创业者由于缺乏企业管理经验,缺少忠诚的客户作为基础,不能通过无形的声誉带来业绩,因此更要好好地把握现有的创业资源,掌握资源识别的技巧。创业者要学会有意识地识别企业的资源需求,确定潜在资源的来源渠道,分辨哪些资源对于企业的创建和早期成长是必要的和关键的。创业者只有掌握了资源识别的技巧才能更好地开发资源。

经典案例

对接客户的需求

王先生开了一家体控理疗店。起初由于人们对新生事物的不了解,生怕上当受骗,因此生意一直很冷清。体控理疗是什么?其实很多人都是第一次听说。体控理疗就是一种集保健、美容、治疗于一体的新型理疗方法,效果非常不错。为了尽快拓展市场,王先生开展了许多促销活动,如散发名片、开展免费体验、价格优惠等,但收效甚微。

有一天,王先生突然想起了不久前的一件事。一个朋友给了他一张"合理膳食"的科普宣传图,上面图文并茂地写有"40种不能搭配同吃的食物""不同疾病症候人群食物"等知识。随着生活水平不断提高,人们的健康意识越来越强,而"合理膳食"又是人人用得上、家家必备之物。

于是,为了便于保存、携带和查阅,王先生将这张宣传图改编成了小册子。小册子设计得非常漂亮,封面上方是三口之家的人物图片,下方印着"合理膳食,均衡营养"八个醒目大字;封底印有居家服务常备电话,如清洁公司、搬家会司、计算机维修公司、理疗服务等。当客户将有价值的资料保存下来后,就有了为对方服务的机会,自然也会赚到钱。(摘自新浪网)

2. 调整企业内外部关系

资源开发既包括对新资源的发现,也包括对原有资源的创造性利用,往往要与企业各职能部门经常交流与沟通,从而引起企业内部结构关系的调整,带动外部关系资源的流动与重新组合。在对内外部关系的调整中配置资源,可提升企业整体能力,使企业内外部关系相互作用、相互推动。

在资源开发中,企业应考虑如何发挥重要资源的作用,如何实现各职能部门的协调合作,能够清晰地描述如何调整内外部关系的资源配置,让整个项目更好地运作起来。在资源开发中还涉及对资源的补充、资源的积累和资源的调动等行为,企业应关注重要的资源,拥有核心的资源,积累异质性资源,更新核心技术,重置关键设备,拓展市场资源,培养合适的专业人才。企业要重视内外部关系的构建与管理,实现企业内部、外部的共同协作,在关系的调整中积累更多的创业资源。

(二)创业资源开发的策略

创业资源开发的策略包括以下几项。

1. 以创业资源为基础进行开发

资源整合对于创业过程的促进作用是通过创业战略的制定和实施来实现的。对于高科技企业来说,战略定位不清晰、核心竞争力不明确是其发展的主要障碍,因此有效的资源整合能够帮助创业者重新认识企业的竞争优势,制定切实可行的战略规划,为新企业的成长打下良好的基础。一方面,战略的制定和实施需要一定的资源支持,只有拥有充分的资源,战略才有制定和实施的基础,新企业所拥有的创业资源越丰富,创业战略就越有保障;另一方面,创业资源还可以适当校正企业的战略方向,帮助新企业选择正确的创业战略。因此创业资源开发的策略要以创业资源的状况为基础,企业获取的创业资源越多,创业战略的实施也越有利。

2. 利用利益战略联盟进行开发

创业过程充满许多不确定性和风险，因此新企业仅仅依靠自身的能力开发资源是不够的。创业者可以通过利益关系网络的资源来整合，与其他企业建立战略联盟，这样可以大大降低创业的不确定性和风险。此外，利益战略联盟容易产生知识的外溢，员工的非正式交流和频繁流动能够使每个联盟的企业可以从中获取新的管理方式和新产品的研发、生产运作及营销推广的技能，企业可以利用这些技能对创业资源进行有效的整合与开发。

经典案例

巧用资源，空手打入石油界

图德拉是美国的一个工程师，他很想在石油界大展宏图、大显身手，但苦于没有钱。一天，他从一个朋友那里得到一条信息：阿根廷想采购数千万美元的丁烷气体。于是他便突发奇想，决定去碰碰运气。当他来到阿根廷之后，才发现自己碰到了强劲的对手——英国石油公司和壳牌石油公司。是打退堂鼓，还是迎难而上？他决定用自己的智慧，跟两家公司叫板。图德拉精心调查，苦思良策。

一天，他在报纸上发现一则消息：阿根廷牛肉过剩，积压严重，亏损大增，他们正不惜代价卖掉这些牛肉。于是，他找到阿根廷政府说：如果你买我 2 000 万美元的丁烷气体，我就买你 2 000 万美元的牛肉，也就是说，你不花一分钱，只要给我你积压的牛肉，就可以得到 2 000 万美元的丁烷气体。这正是阿根廷梦寐以求的，于是当场签了协议。

合同签好后，图德拉拿着牛肉的供货单，跑到西班牙，因为那里的造船厂没有订单，濒临倒闭。图德拉对西班牙政府说：如果你买我 2 000 万美元的牛肉，我就在你们的造船厂买一艘 2 000 万美元的超级油轮。西班牙政府的难题轻而易举地解决了，非常高兴。他马上通过驻阿根廷美国大使，叫他们把图德拉要的牛肉发往西班牙。

牛肉有了买主，那么油轮又卖给谁呢？图德拉离开西班牙后，返回美国，直接跑到费城的石油公司。图德拉对他们说：如果你们买我在西班牙建造 2 000 万美元的超级油轮，我就买你们 2 000 万美元的丁烷气体。太阳石油公司见有利可图，就同意了。就这样，图德拉一分不花，空手打进了石油界，从此大发其财。（摘自阿里巴巴商友圈）

3. 集中资源进行开发

在资源开发时，创业者应立足于经济效益的角度对创业资源的开发进行思考，确保资源的有序利用、集中开发，即要掌握各类资源的存量、特征、优势等方面的情况，坚持集约性开发原则，利用重点资源，开发关键资源。创业者通过对资源的集中开发，可提高每一单位资源的开发力度，提高创业项目的投入产出效益。需要注意的是，在集中资源开发中还要注意将资源节约放在首要位置，在资源保护中开发，在开发中保护资源。

4. 以构建创新体系为目标进行开发

在创业阶段，新企业的规模相较对小，其核心产品的自主知识产权比率很低。从长远发展来看，新企业在未来的一段时期内，应投入大量资源重点开发一批属于企业自身的、拥有自主知识产权的核心技术。创业者应当及时把握国内外最前沿的科研动态，了解国际最新的技术和科研成果，着力于高新技术、实用技术的应用开发，将高技术含量的资源与其他创业资源融合在一起，以高科技作为产品的内涵，以高科技打造产品的竞争力，凭借高端技术提高企业的经济效益，以高科技赢得市场、占领市场。

5. 在动态发展中进行开发

在一定时期内，企业所拥有的资源是企业发展的一个必要条件，在现有的资源条件下开发资源、提高资源的利用效率是非常重要的。企业资源的开发为的是促进企业的可持续、稳定发展，因此资源的开发应该是动态的开发。企业一方面要解决资源的合理配置问题，优化企业的生产结构，提高企业的生产效益；另一方面要考虑资源的存量与流量的变化，不能为了追求眼前的经济效益目标而过度浪费资源，造成资源耗竭，影响企业以后的进一步发展。

企业在追求现有资源开发利用的最大效用的同时，还要注意资源的长久保持，从更长远的时间、空间范围考虑，在资源的开发过程中形成一个良性的资源循环体系，即“创业资源资源开发—创造资源—新的资源”路径。这就意味着在资源的开发中通过资源的创造能够产生新的资源，保证企业在充足的资源条件下持续健康地发展。

第四节 创业融资

一、创业融资与创业资本

(一)融资与创业融资的概念

融资是指资金供应方通过借贷、购买有价证券等形式把资金使用权出让给资金需求方，并在出让的过程中取得相应的报酬。融资具有以下两个特点。

(1)资金的所有权与使用权分离。

(2)资金供应方要取得一定的利息、股息等，作为其出让资金使用权的报酬。

创业融资是指资金供应方将资金的使用权出让给创业者用于创业活动的一种融资方式。

拓展阅读

创业融资的问题

2015 年全国“两会”上，“大众创业，万众创新”首次出现在政府工作报告中，并被列为经济发展“双引擎”之一。2014 年，中国新登记注册市场主体达到 1 293 万户，其中新登记注册企业增长 45.9%，形成了新的创业热潮。然而，小微企业融资难、融资贵问题突出，部分企业生产经营困难的现状仍有待改善。究竟该如何破解这一难题？

全国人大代表、国家开发银行陕西分行行长黄俊认为，小微企业融资难不能全怪银行，银行也有难处。对于金融机构而言，对大企业放贷，无论是风险还是成本收入比，都要比小微企业好得多。

黄俊坦言，小微企业融资难，归根结底还是放贷风险过高，烂账、坏账太多，导致银行有顾虑。如果能建立和完善社会诚信系统，信息完全透明公开，大幅度提高违约成本，这样就消除了银行向小微企业放贷的后顾之忧。（摘自人民网）

（二）创业资本的概念

创业资本是由创业投资者（或其他出资人）出资，将其投入拟创立的新企业或刚刚诞生的新企业，并赋予极大的希望以获取高回报，又要承担一定风险的权益资本。

创业资本的本质是为创业项目或新企业提供资本支持，通过资本经营帮助创业者创业，并获得资本增值。创业资本通常是没有担保的投资，高风险与高收益并存，是一种资金与管理相结合、金融与技术相结合，流动性很小的中长期的股权投资。

创业资本所涉及的风险包括资本经营风险、道德风险等。创业资本的风险与收益是非对称、不规则的，其系统风险值的分布呈规模风险不变的特点。

二、创业融资的渠道

新企业利用不同的融资工具，从多个渠道筹集到企业发展所需要的资金。这些融资渠道共同构成了企业的融资体系，为企业提供有力的资金支持。创业融资的渠道主要有以下几种。

（一）债务性融资

债务性融资即贷款，是利用涉及利息偿付的金融工具来获取债务资本的融资方式。典型的债务性融资需要企业以某种资产（如汽车、房子、工厂、机器）等作为抵押。

一般来说，新企业的债务资本主要来源于商业银行贷款和创业贷款等。新企业比既有企业更难获得贷款，因为新企业的失败率较高，容易造成银行贷款无法收回，因此一般的商业银行倾向于贷款给那些在销售额、利润、顾客满意度等方面有着良好记录的既有企业。

1. 商业银行贷款

个人从商业银行获得贷款的形式主要有信贷额度贷款和抵押贷款等。这些贷款中有些是无担保的，有些是需要有应收账款、库存或其他资产担保的。

（1）信贷额度贷款。信贷额度是银行和贷款人之间达成的正式或非正式协议，规定了贷款人向银行申请的1年期贷款的最大额度。通常银行会收取占信贷额度一定百分比的手续费，并以此作为以后公司向银行申请贷款时，银行保证履行贷款责任的明确承诺。信贷额度贷款可以是无担保的，但通常银行会要求以库存、应收账款、设备或其他应收资产来抵押。无担保信贷额度贷款对贷款人的任何资产都没有留置权，也没有优先于借款人的商业信用债权人优先取得还款的权利，但银行要求信贷额度贷款的偿付一定要优先于对公司委托人和股东的债务偿付。

（2）抵押贷款。抵押贷款是指按照《担保法》规定的抵押方式，以借款人或第三人的财产作为抵押物而发放的贷款。办理抵押贷款时应由银行保管抵押物的有关产权证明，特别是对于房屋按揭和汽车贷款，严格地说，产权抵押给银行了，你拥有的只是使用权。抵押贷款的金额一般不超过抵押物评估价的70%。

经典案例

一举两得:“零转让”得资金和厂房

杜德文做了几年的外贸服装,积累了一定的业务渠道,便打算自己办一家鞋厂。他仔细算了算,办一个年产50万双皮鞋的中等规模的厂需要100万元设备和周转资金,外加一处不小于200 m^2 的厂房。杜德文通过朋友在近郊某镇物色了一家负债累累、濒临倒闭的板箱厂,以“零转让”的形式接手了这家工厂,即该镇以资债相抵的办法,将工厂所有的动产、不动产及工厂的债务全部一起转让给了杜德文。厂房的问题是解决了,但是100万元的投资从哪里来呢?正在杜德文着急万分的时候,他的一位朋友一语点破:板箱厂的厂房就是现成的抵押物。就这样,杜德文不花一分钱,就解决了资金和厂房的问题。(摘自阿里巴巴商友圈)

2. 创业贷款

创业贷款是指具有一定生产经营能力或已经从事生产经营活动的个人,因创业或再创业提出资金需求申请,经银行认可有效担保后发放的一种专项贷款。新企业可充分利用政府的优惠政策申请创业贷款,根据个人的资信状况和偿还能力,符合条件的借款人最高可获得单笔50万元的贷款支持。对创业达到一定规模或成为再就业明星的,还可提出更高额度的贷款申请。创业贷款的期限一般为1年,最长不超过3年。

拓展阅读

大学生创业贷款

1. 选择融资渠道的原则

(1)大学专科以上毕业生。

(2)毕业后6个月以上未就业,并在当地劳动保障部门办理了失业登记。

(3)在申请此类贷款时,有三点比较重要:第一,贷款申请者必须有固定的住所或营业场所;第二,营业执照及经营许可证、稳定的收入和还本付息的能力;第三,也是最重要的一点,就是创业者所投资项目已有一定的自有资金。

具备以上条件的大学生方能向银行申请,申请时需要提供的资料主要包括婚姻状况证明、个人或家庭收入及财产状况等还款能力证明文件;贷款用途中的相关协议、合同;担保材料,涉及抵(质)押品的权属凭证和清单,银行认可的评估部门出具的抵(质)押物估价报告。除了书面材料以外,还要有抵押物。抵押物抵押方式较多,可以是动产、不动产抵押,定期存单质押、有价证券质押、流通性较强的动产质押,符合要求的担保人担保。发放额度根据具体担保方式决定。

2. 贷款期限和金额要求

国家为大学毕业生提供的小额创业贷款是政府贴息贷款,其期限为1~2年,2年之后不再享受财政贴息。

创业贷款金额要求一般为:最高不超过借款人正常生产经营活动所需流动资金、购置(安装或修理)小型设备(机具)及特许连锁经营所需资金总额的70%;期限一般为2年,最长不超过3年，其中生产经营性流动资金贷款期限最长为1年；个人创业贷款执行中国人民银行颁布的期限贷款利率，可在规定的幅度范围内上下浮动。

3. 贷款偿还方式

(1)贷款期限在1年(含1年)以内的个人创业贷款，实行到期一次还本付息，利随本清。

(2)贷款期限在1年以上的个人创业贷款，贷款本息偿还方式可采用等额本息还款法或等额本金还款法，也可按双方商定的其他方式偿还。

(二)股权性融资

股权性融资是指无须资产做抵押，赋予投资者在企业中某种形式的股东地位，让其分享企业的利润，并按事先约定拥有对资产的分配权。股权性融资的渠道主要有公开发行股票、天使投资和风险投资。

1. 公开发行股票

公开发行股票是指企业通过在公开市场发行股票筹集资金的融资方式。目前，中国的股份有限公司都是通过发行股票筹集资金而建立的。根据筹集资金的方式不同，股份有限公司又可分为定向募集公司和向社会募集公司两种。定向募集公司发行的股票只能由发起人认购；向社会募集公司发行的股票可由社会上的组织和个人自由认购。公开发行股票的优点是融资资金数量大，流动性强；其缺点是融资成本高，必须公开披露公司信息，受严格的规定约束，且来自股民的压力大。

2. 天使投资

天使投资是一种非组织化的创业投资形式，其资金来源大多是民间资本，而非专业的风险投资机构。天使投资者是对缺少自有资金的创业家进行投资，并承担风险与收益的个人投资者。天使资本市场是风险资本市场的一个子系统，属于非正式部分，与风险资本呈互补关系。风险资本市场可分为私有股份融资市场和小盘股市场(二板市场)，其中私有股份融资市场又包括非正式天使资本市场和风险资本。新企业从天使资本市场获得初创资金，将来才更有可能从更加正规的风险资本市场获得融资。

拓展阅读

天使投资4.0时代

清科研究中心发布的报告显示，2015年第一季度，中国天使投资市场活跃度延续2014年的火爆行情。2015年第一季度，中外天使投资机构新募集基金25只；共发生349起投资案例，披露金额的交易共计涉及2.59亿美元，投资活跃度比2014年同期情况提升近1倍；共发生3起创业板IPO。此外，2015年新三板的火爆为天使投资退出带来了新的途径。

该报告认为，2015年国内天使投资将迎来天使投资4.0时代，在经过高净值个人主导天使投资的1.0时代、专业风险投资机构主导天使投资的2.0时代和行业领导企业投资创业公司的3.0时代后，国内天使投资4.0时代将是全民参与的股权众筹时代，创业者获得天使投资的难度将大幅度降低，潜在天使投资人也将通过股权众筹平台与更多优质项目产生交流。

据清科集团旗下私募通统计，2015 年第一季度天使投资机构募集完成 25 只天使基金，共募得金额 4.07 亿美元。国内共 349 家新企业获得来自天使投资机构的天使投资，同比上升 93.9%；披露的金额超过 2.59 亿美元，同比增加 214.2%。从平均金额来看，2015 年第一季度的平均投资金额约为 74.09 万美元，相比于 2014 年平均每起投资金额约为 68.67 万美元，增加约 7.9%。投资界人士认为，依托国家政策的大力扶持和创业环境的日趋完善，创业成功率有一定程度的提升。相应地，天使投资者对创业者也更加有信心，不再过度拘泥于投资金额的苛求，而是给了创业者更大的发挥空间和资金支持。同时，在 2014 年天使投资井喷式增长后，越来越多的人开始关注天使投资，刺激潜在投资者将天使投资加入投资组合。

值得关注的是，2015 年第一季度新募天使基金中出现了许多由政府和天使投资机构合资成立的一批政府背景天使基金，如深圳市龙岗区政府出资，力合天使创投管理的龙岗力合天使创业投资基金和西安经济开发区成立的 5 000 万元天使投资基金。（摘自东方财富网）

3. 风险投资

风险投资是指通过资本经营服务对被投资企业进行培养和辅导，当企业发展到一定阶段后即通过退出投资以实现自身资本增值的一种特殊形态的融资模式，其经营方针是在高风险中追求高收益。风险投资是当今世界上广为流行的一种新型投资机构，它以一定的方式吸收机构和个人的资金，投向那些不具备上市资格的中小企业和新兴企业，尤其是高新技术企业。

经典案例

风险投资企业：日本软银

伴随着阿里巴巴 2014 年 9 月 19 日在纽交所上市钟声的响起，孙正义及软银的财富增值“也快要裂开了”。十四年前，孙正义的软银在当时名不见经传的阿里巴巴身上投下了 2 000 万美元，如今根据估算，这笔股份估值达 580 亿美元。

1988 年 7 月，孙正义创建了软银。当时局域网等网络产业在日本还未兴起，在孙正义看来，这样的局域网也一定会在日本扩展开来。1991 年，软银引进网威系统产品，开创日本市场，同时引进迪士尼入股，到 1994 年，网威系统年营收达 1.3 亿美元。

与网威的谈判体现了孙正义的惊人说服能力。在孙正义与对方谈判后不久，一家重量级的日本公司突然宣布已经草签合作协议，在得知消息的那一刻，孙正义第一时间赶到美国，向网威表示在日本建设局域网必须以组建合资企业的方式进行。孙正义说：“如果让我接手，我可以向您推荐实力雄厚的日方合伙人。”这时，对方的脸色变了，这一切被孙正义看在眼里，他看到了对手内心的动摇。会面结束后，网威公司副总经理去日本考察。一下飞机，孙正义就和 NEC、富士通、东芝、佳能、索尼等公司进行融资谈判，融资谈判如孙正义预想的一样顺利。

继而，1992 年软银取得思科-T 在日本的代理权。1994 年，软银上市，孙正义的身价超过 10 亿美元，1995 年，以 21 亿美元收购 Ziff-Davis 部分股权，同时收购 Comdex 展会部分股权。孙正义坦言，收购 Ziff-Davis 与 Comdex 展会至关重要。因为这两家公司能提供丰富的资讯，了解哪些行业可以投，可以赚钱。就是通过 Ziff-Davis，孙正义发现了雅虎，以及整个互联网产业。1996 年，美国硅谷的互联网浪潮开始发酵，孙正义向雅虎投入了 1 亿美元。此后雅虎上市后，孙正义仅仅抛售了 5% 的股份，就获利 4.5 亿美元。（摘自新浪网）

风险投资不同于其他投资的地方在于它为被投资企业提供管理咨询等增值服务，其最终目标是谋求资金回报，而不是公司的控制权。

风险投资无须风险企业的资产抵押担保，手续相对简单。在快速变化的环境中，技术创新的速度加快、行业不断分化，传统融资方式逐步丧失了有限的资金融通功能。风险投资的特殊制度和管理模式创新正好能够弥补传统融资活动的不足，为那些不能通过传统融资渠道获得资金的新企业提供资金来源。

风险投资退出方式主要有四种：首次公开募股（initial public offerings，IPO）、兼并与收购、回购和清算。然而，在 IPO 费用昂贵的国家，大多数风险投资家更倾向于选择灵活性较大且成本相对低廉的企业兼并与收购的方式或者采取股权拍卖的方式进行风险投资的退出，变现风险企业资产，即将投入的资金由股权形态转换为资金形态。

（三）其他融资方式

除上述两种融资方式外，其他融资方式还包括创业基金、政府基金、典当融资等。

1. 创业基金

大学生创业是一项系统工程，需要一系列的配套和社会各方面的大力支持。大学生创业离不开资金的支持，资金是创业的基本保障。中国已经陆续成立了许多创业基金，主要用于为大学生创业提供资金支持、创业培训及技术支持，帮助大学生发挥自身优势，依托科技自主创业，拓宽大学生融资的渠道。同时，各地方政府也先后出台了如《关于进一步鼓励和扶持大学生自主创业创新的实施意见》（杭高新〔2014〕10 号）和《大学生创业基金管理办法》等相关政策规定。创业基金对大学生发挥了积极作用，解决了大学生融资困难的问题。

拓展阅读

首只民营学生创业基金在南京设立

2011 年 6 月 9 日下午，中国创业实习网·华信青年学生创业基金设立仪式暨中国创业实习网第二届大学生创业大赛决赛阶段启动仪式在南京东南大学举行。

据了解，中国创业实习网·华信青年学生创业基金出资规模为 1 000 万元人民币，该基金成立旨在对青年学生创业项目进行扶持。中国创业实习网·华信青年学生创业基金的设立，将通过资本的进入，把资源、经验、执行力甚至团队带给创业大学生，从而实现“资本”“智本”和“商业模式”的三合一，真正实现以创业带动就业。（摘自新华报社网）

2. 政府基金

近年来，政府充分意识到中小企业在国民经济中的重要地位，各省市地方政府不断采取各种方式扶持科技含量高的产业或者优势产业。这对于拥有一技之长又有志于创业的诸多科技人员是一个很好的机会。

3. 典当融资

风险投资只是一小部分精英型创业者的“特权”，而银行的大门虽然敞开着，但有一定的门槛儿。“急事告贷，典当最快”，典当的主要作用就是救急。与作为主流融资渠道的银行贷款相比，典当融资虽然只起到拾遗补阙、调余济需的作用，但由于能在短时间内为融资者争取到更多的资金，正获得越来越多创业者的青睐。

经典案例

典当融资解决短期资金问题

张先生是一位成功的纸张批发贸易商人，其公司和十几家印刷厂建立了长期供货合作关系。由于印刷厂的业务不断增长，公司的纸张批发业务大幅增长，而银行又收紧了流动资金贷款审批政策，张先生一下子面临短期资金周转的困难，打算通过私人借贷解决资金问题。为了保持公司业务的正常发展，张先生找到典当行帮忙解决难题，业务人员经过详细分析张先生公司的业务特性和财务状况，建议他将个人名下一套闲置房产拿来典当行抵押典当进行融资。典当行经过价格评估后决定授予张先生50万元的最高循环贷款额度，张先生在接下来的半年内可以因需要在额度内随借随还，逐日计息。

这样，张先生既可随时借用资金周转，又可避免资金闲置时负担利息，比向银行长期贷款更划算、更符合他的生意要求，而且防范了向私人借贷被人侵吞房产的风险。张先生连声赞好，立马办理手续，安心地扩展公司的业务。(摘自51汽车网)

三、选择融资渠道的原则

新企业选择融资渠道的原则包括融资规模适度、资本结构合理、融资期限适宜和把握最佳融资时机。

(一)融资规模适度

确定企业的融资规模是企业融资过程中的首要问题。筹资过多不仅造成资金闲置浪费，增加融资成本，导致企业净资产收益率下降，还可能导致企业负债过多，无法承受偿还的困扰，增加经营风险；相反，筹资不足会妨碍企业投资计划及其他业务的正常开展。因此，企业在进行融资决策时，要根据企业的生产经营状况、自身的实际条件及融资的难易程度和成本情况，预测资金的需求量，确定合理的融资规模。

(二)资本结构合理

资本结构是指企业各种资本来源的构成及比例关系。其中，债权资本和权益资本的构成比例，在企业资本结构的决策中居于核心地位。最佳资本结构是指能使企业资本成本最低且企业价值最大，并能最大限度地调动各利益相关者积极性的资本结构。企业价值最大化要求降低资本成本，但这并不意味着要强求低成本，而不顾筹资风险，筹资风险太大不利于企业价值的提高。企业的资本总成本和企业价值的确定，都直接与现金流量、风险等因素相关联，因而两者应同时成为衡量最佳资本结构的标准。

(三)融资期限适宜

企业融资按照期限来划分，可分为短期融资和长期融资。企业究竟是选择短期融资还是长期融资，主要取决于融资的用途和融资成本等因素。从资金用途来看，如果融资是用于企业流动资产，由于流动资产具有周期短、易于变现、经营中所需补充数额较小、占用时间短等特点，企业宜选择各种短期融资方式，如商业信用、短期贷款等。如果融资是用于长期投资或购置固定资产，这类用途要求资金数额大、占用时间长，因而适宜选择各种长期融资方式，如长期贷款、企业内部积累、租赁融资、发行债券、股票上市等。

(四)把握最佳融资时机

在大多数情况下，企业只能适应而无法左右外部的融资环境。例如，在某一特定的环境下，企业可能不适合发行股票融资，只能通过银行贷款或其他方式融资。这就要求企业必须充分发挥主动性，积极地寻求并及时把握各种有利时机。由于外部环境复杂多变，受宏观经济状况及市场整体情况的影响，企业融资决策要有超前性。为此，企业要及时掌握国内外利率、汇率等金融市场的各种信息，了解国内外宏观经济形势、国家货币及财政政策等各种外部环境因素，合理分析和预测能够影响企业融资的各种条件，以及各种可能的变化趋势，以便寻求最佳融资时机。

企业可以对各种融资方式合理搭配，结合融资成本、融资期限、融资风险、资金使用的自由度优化资金组合。

思考题

(1)创业资源、创业融资和创业资本分别指什么？

(2)影响创业资源获取的因素有哪些？

(3)创业融资的渠道有哪些？

(4)如何开发创业资源？

实训与操作

1. 实训目的

大学生创业遇到的瓶颈之一就是创业资金不足。说服投资者投资是要讲究技巧和方法的，本次活动的目的是掌握创业融资的基本方法，提高创业者的融资能力。

2. 实训内容

创业融资大赛。

3. 实训组织与实施

(1)将全班同学分成若干小组。

(2)由小组长选择创业项目。

(3)各小组制订创业计划。

(4)现场答疑。

①老师先筛选入围的小组和项目。

②各小组当堂就创业项目和创业前景答疑。

③老师总结。

4. 结果评价

宣布创业融资答疑结果，并加以点评。

Chapter 11

第十一章
商业模式的开发

学习目标

- 掌握商业模式的概念和成功商业模式的特征、设计商业模式的方法。
- 熟悉商业模式的设计与创新。
- 了解商业模式的类型。

案例导读

京东商城的商业模式

2016 年 7 月 20 日晚，美国《财富》杂志公布了 2016 年全球财富 500 强榜单，京东集团首次上榜即位列 366 位，成为中国首家且唯一入选财富 500 强的互联网企业。创业多年，京东长期保持着远高于行业 2 倍平均增速的高增长，营业收入从 2004 年的仅仅千万元猛增至 2015 年的 1 813 亿元。简单梳理下，京东 2009 年净营收为 29 亿元，2016 年同比增长 44%至 2 602 亿元，短短七年净收入增长接近 100 倍。反思京东成功的原因，我们可以从它的商业模式进行分析。

1. 自建物流，构建竞争壁垒

创业至今，京东建设了中国电商领域规模最大的物流基础设施，截至 2016 年第一季度，京东已经运营 209 个大型仓库，6 个“亚洲一号”智能物流中心投入使用，仓储设施占地约 430 万 m^2，全国拥有 5 987 个配送站和自提点。京东的物流体系已经覆盖全国 2 493 个区县。京东在物流领域开创的诸如 211、极速达、半日达等多项创新式服务成为中国行业标杆，领先于全球同行。

刘强东说，“物流投资真正花钱的是人，仓储可以选择租赁，也许 20 亿～30 亿元就可以打造一个覆盖全国的物流网络,但现在京东投资最多的是买土地,建库房。”在刘强东看来,“自建物流中心一年可能投入上百亿元,但这些本身都是公司的资产,并不是烧掉了。任何一家公司只要烧出核心竞争力就能成功,如果烧钱没有建立任何竞争壁垒,没有核心竞争门槛,那钱烧的没有任何价值和意义”。刘强东认为,京东的竞争壁垒便是自建物流打造的最好用户体验。

2. 扩张品类,只做第一不做第二

京东商城在线销售商品包括家用电器、汽车用品,手机数码,电脑、软件、办公,家居、厨具、家装,服饰鞋帽,个(人)护(理)化妆,钟表首饰、礼品箱包,运动健康,母婴、玩具、乐器,食品饮料、保健品、图书音像十大类逾 8 万种。其中家用电器、手机数码、电脑商品及日用百货四大类超过 3.6 万种商品。

京东目前在 3C 通讯品类已成为行业内线上线下的绝对第一,其市场份额超越国美苏宁两家总和。母婴和大家电也是线上线下最大的零售平台。而对于目前竞争最激烈的商超和生鲜,刘强东说:“我们要在三年之内结束商超之战,成为中国不仅是线上的、也是线下的第一,超过沃尔玛、家乐福。”商超、生鲜是零售业最大的两个品类,拿下商超和生鲜就意味着拿下更多女性消费者,这将使京东在此前 3C 品类吸引男性消费者的基础上,吸引更多的女性消费者进行更高频的购买。

3. 强强联合,腾讯的流量和沃尔玛的供应链

2014 年,腾讯战略入股京东,京东获得了微信和手机 QQ 两大移动端入口资源。很快,京东作为中国首个大型综合电商平台登陆美国纳斯达克上市后,京东开展了全新的战略部署,在深耕电商核心业务,同时,在金融、O2O、无人机无人车配送技术等领域持续突破创新与投资。

2016 年 6 月 20 日,京东集团与全球零售业的领导企业沃尔玛达成深度战略合作,这个合作为京东获取了沃尔玛的供应链资源,也为今后进入了世界零售市场的提供了更多机会。(摘自创业邦)

第一节 商业模式概述

管理学大师德鲁克曾说过:“当今企业之间的竞争,不是产品之间的竞争,而是商业模式之间的竞争。”由此可见,企业的商业模式会得到越来越多的创业者的重视。

一、商业模式的概念

商业模式的概念首次出现于 20 世纪 50 年代,风靡于 20 世纪 90 年代,泰莫斯提出:“商业模式是指一个完整的产品、服务和信息流体系,包括每一个参与者和其所起到的作用,以及每一个参与者的潜在利益和相应的收益来源和方式。”也有学者提出:“商业模式是一种包含了一系列要素及其关系的概念性工具,用以阐明某个特定实体的商业逻辑。它描述了公司所能为客户提供的价值以及公司的内部结构、合作伙伴网络和关系资本等

用以实现(创造、推销)这一价值并产生可持续盈利收入的要素。”

现阶段的学者对商业模式概念的理解不尽相同,大体上对商业模式有两种不同的解读:第一类学者用商业模式来表示一个企业从事商业活动的具体方式与方法;第二类学者则偏向于强调商业模式的模型方面的意义,并在综合了各种概念的共性的基础上,提出了一个包含十个要素的参考模型。商业模式参考模型的十个要素如下。

(1)价值主张。价值主张即公司通过其产品或服务所能向消费者提供的价值。价值主张确认了公司对消费者的实用意义。

(2)消费者目标群体。消费者目标群体即公司所瞄准的消费者群体。这些群体具有某些共性,从而使公司能够(针对这些共性)创造价值。定义消费者群体的过程也被称为市场划分。

(3)分销渠道。分销渠道即公司用来接触消费者的各种途径,阐述了公司如何开拓市场,它涉及公司的市场策略和分销策略。

(4)客户关系。客户关系即公司同其消费者群体之间所建立的联系。人们所说的客户关系管理即与此相关。

(5)价值配置。价值配置即资源和活动的配置。

(6)核心能力。核心能力即公司执行其商业模式所需的能力和资格。

(7)价值链。价值链即为了向客户提供产品或服务的价值,相互之间具有关联性的支持性活动。

(8)成本结构。成本结构即所使用的工具和方法的货币描述。

(9)收入模型。收入模型即公司通过各种收入流来创造财富的途径。

(10)裂变模式。裂变模式即 BNC 模式,是公司商业模式转变的方式、转变的方向。

二、成功商业模式的特征

成功的商业模式必须能够突出企业不同于其他企业的独特性。这种独特性表现在:企业怎样界定目标客户及其需求和偏好,界定产品和服务以满足目标客户需求;界定业务运作内容、价值传递和沟通渠道等方面,以客户可以接受的价格创造和提供吸引客户的产品;界定竞争者以建立战略控制能力,保护产品价值不会很快流失。

具有吸引力、成功的商业模式通常需要具备能够创造价值与竞争优势的特点,而这些特点往往是商业模式评价不可忽略的重要因素,也影响着创业活动的结果。

(一)客户价值最大化

商业模式能否持续盈利与该模式能否使客户价值最大化有必然联系。一个不能满足客户价值的商业模式,即使盈利也一定是暂时和偶然的,是不具有持续性的;反之,一个能使客户价值最大化的商业模式,即使暂时不盈利,但终究也会走向盈利。因此,创业者要把对客户价值的实现和满足当作企业应该始终追求的目标。

(二)持续盈利

持续盈利是指既要盈利,又要能有发展后劲儿,具有可持续性,而不是一时的偶然盈利。企业能否持续盈利是人们判断其商业模式是否成功的唯一外在标准。因此,在设计商业模式时，盈利和如何盈利也就自然成为重要的原则。当然，这里指的是在合乎相关法律规范条件下的持续盈利。

(三)资源整合

资源整合就是要优化资源配置，要有进有退、有取有舍，要获得整体的最优。在战略思维的层面上，资源整合是系统论的思维方式，是通过组织协调，把企业内部彼此相关但却分离的职能，把企业外部既参与共同的使命又拥有独立经济利益的合作伙伴，整合成一个为客户服务的系统，取得“1＋1＞2”的效果。在战术选择的层面上，资源整合是优化配置的决策，是根据企业的发展战略和市场需求对有关的资源进行重新配置，以凸显企业的核心竞争力，并寻求资源配置与客户需求的最佳结合点，其目的是通过组织安排和管理运作协调来增强企业的竞争优势，提高为客户服务的水平。

(四)持续创新

在经营企业的过程中，商业模式比高科技更重要，因为商业模式是企业能够立足的先决条件。成功的商业模式不仅指在技术上的突破，还包括对某一个环节的改造，或是对原有模式的重组、创新，甚至是对整个企业规则的颠覆。商业模式的创新形式贯穿企业经营的整个过程，贯穿企业资源开发研发模式、制造方式、营销体系、市场流通等各个环节。也就是说，在企业经营的每一个环节上的创新都可能变成一种成功的商业模式。

(五)有效的融资

融资模式的打造对企业有着特殊的意义，尤其是对中国广大的中小企业来说更是如此。众所周知，企业生存需要资金，企业发展需要资金，企业快速成长更需要资金。资金已经成为所有企业发展中绕不过的障碍和难突破的瓶颈。可以说，谁能解决资金问题，谁就赢得了企业发展的先机，也就掌握了市场的主动权。商业模式的设计很重要的一环就是要考虑融资模式。甚至可以说，能够成功融资并能用对地方的商业模式就已经是成功一半的商业模式了。

(六)高效率的组织管理

高效率是每个企业管理者都梦寐以求的境界，也是企业管理模式追求的高目标。从现代管理学理论来看，一个企业要想高效率地运行，首先要解决的就是企业的愿景、使命和核心价值，这是企业生存、成长的动力，也是员工做好工作的理由；其次要有一套科学、实用的运营管理系统，其解决的是系统协同、计划、组织和约束问题；再次还要有科学的激励方案，解决如何让员工分享企业成长果实的问题，也就是向心力的问题。好的商业模式能帮助创业者解决这三个主要问题，从而保证了组织管理的高效运行。

(七)风险控制

商业模式有两方面的风险：一是系统外的风险，如来自政策、法律和行业的风险；二是系统内的风险，如产品的变化、人员的变更、资金不济等。好的商业模式能够抵御和规避企业在经营过程中遇到的风险。

三、商业模式的构成

商业模式是一个整体、系统的概念，而不仅仅是一个单一的组成因素，如产品价值、营销网络、资源配置等，这些都是商业模式的重要组成要素（表 11-1），但并非全部。商业模式的组成要素之间必须有内在联系，这种内在联系把各组成要素有机地关联起来，使它们互相支持，共同作用，形成良性的循环。

表 11-1　商业模式的组成要素

商业模式组成要素	子要素	描述
产品价值	核心能力	企业价值增长的重点和方向
	产品成本	为提高产品或服务所投入的成本
	价值收入	为客户提供价值所获得的收益
营销网络	客户群体	企业提供产品或服务的目标客户
	营销渠道	企业推广产品或服务的模式
基础资源	内部资源	企业内部自主配置的资源
	外部资源	企业的外部网络，由伙伴关系等组成

（一）产品价值

产品价值是商业模式的核心问题，创业者需要考虑核心能力、产品成本和价值收入三方面的问题。其中，核心能力是企业在长期生产经营过程中的知识积累、特殊技能及相关资源组成的综合系统，是企业的相对优势。企业管理者根据企业自身在价值链中的定位，既要考虑合作者、客户在价值链中的角色，还要结合产品成本和价值收入综合分析定位产品价值，以求清晰地描述企业创造价值的逻辑。企业定位中极为重要的部分是确定企业价值收入的来源，价值收入可以通过出售、出租、业务分成和广告等不同的方式（往往是几种经营方式的组合）确定。对收入来源进行分析能更好地制定商业模式。

（二）营销网络

营销网络是企业在将产品和服务推向市场获取利润的过程中所形成的网络，包括客户群体和营销渠道。客户群体与价值取向对应，是企业产品或服务所对应的客户群，常具有某些共同的特征。在具体的营销过程中，企业还需要对目标客户进行识别，接触潜在客户并将其转为真正客户，然后进行长期维护。其中，如何快速获取客户信息是关键，如果企业能够迅速提取客户信息，就能够发现新的客户和商机，更好地为客户提供个性化的产品或服务，形成一种正反馈效应。企业可以通过互联网提供给某一具有共同特征的群体某种信息，如论坛、博客等，以期将他们聚集在一起，最后形成稳定的关系网络。

经典案例

小米手机——与用户交朋友

小米创办于 2010 年 4 月 6 日，在 2011 年 10 月底上市。随后，小米手机用了不到三年时间成为国内第一、世界第五。

手机是全球竞争最激烈的行业，小米的崛起可以用三个数字来诠释：第一是综合口碑第一，这是国家统计局、中国信息服务中心发布的数据；第二是在安卓手机中质量认可度第一，也远远领先于其他同行；第三是留存率第一，留存率是指使用小米的用户再换小米手机的概率。

在一个极度竞争的市场里，小米是怎样脱颖而出的？答案就是与用户交朋友。

1. 倾听用户意见，快速迭代

产品做好之后还要真心真意与用户交朋友，这并不容易。小米把用户放在最重要的位置上，首先要让用户满意，再考虑企业的利益，只有这样才有机会与用户交朋友。要注意倾听用户的声音，并且根据用户的意见快速做出改进。过去几年，用户给小米提出了1.5亿条意见。小米邀请用户参与小米手机的研发，用户帮小米做了全球几十个版本，帮小米把系统移植到上百款手机上，而且小米经常与用户举办年会活动，便于融洽感情。

雷军说，有一次与一个领导朋友聊天，他说有时手机需要24小时开机，但晚上容易被骚扰电话吵醒，他问我有没有办法。我说这个功能很简单，我们很快就把电话VIP(重要人士)功能做到了手机上。还有一次见到韩寒，我问他用手机有哪些不满意，他说有些粉丝知道他的电话后经常给他打电话，接不接都为难，他希望只接通信录里的电话。我受他的启发，就设定手机只接收通信录里的电话，拒接任何陌生电话，只接收短信。

就这样，小米把每一个功能都做得非常细，五年时间做了两三百个版本。小米和用户交朋友，他们就很热情地帮小米提各种意见，帮我们推荐产品。因为每个人都希望被尊重，互联网这种开放的精神，能组织几百万人帮你做手机，可能这些不体现在媒体上，不体现在报纸和广告上，而是润物细无声，所以小米手机一发布就非常火爆。

2. 群众路线：从群众中来，到群众中去

这种互动其实就是群众路线，深入群众，相信群众，从群众中来，到群众中去。互联网手段比实体经济的手段发达很多，只需很低的成本就能争取到大量意见。可能这几百万意见你来不及看，就发动网友筛选意见，这样就把有用的意见留下了。小米甚至还发明了一种方式，对每个星期更新的功能进行投票。做不好的工程师压力很大，做得好的人就发一桶爆米花，这样研发人员就非常有热情，到社会上去听取意见，与用户关系熟了，用户就会支持他。

怎么倾听意见，怎么快速改善？这个问题解决了，与用户的距离就拉得非常近。小米的功能在设计的时候是集大成的，如果客户能提出一条意见，大部分人都支持，小米只需一个星期就能更新。全球范围的消费电子只有小米是用这方式快速迭代的。

3. 极度重视品质和服务，做中国最好的客户服务中心

谈到服务，广告公司都当成成本来看，认为把成本控制得越精越好。这么想时，服务品质好不了。在中国做好服务非常难，因为在中国的经济水平下，做服务需要投入很大成本。

中国任何一家公司的售后服务点都没有小米这么高级。每个“小米之家”像零售店一样，有免费的茶水、沙发等，能上网，让每位朋友来了像回家一样。而且这些售后服务点全部是小米全资的，店员全都是小米的员工。以前的服务经常是第三方售后服务点来做，第三方售后服务点做好非常难，因为它们是以营利为目的的，而小米不惜巨资在全国各地办了小米之家。

小米不仅是中国最大的手机公司，也是中国最大的手机行业客户服务中心，有1 700家客服中心，有2 750人。小米的手机销售量可能跟他们差不多，但客服中心的人数是他

们的10倍，小米客服中心的离职率只有百分之十几，中关村的客服中心离职率是50%左右，因为客服工作很枯燥，很难留住人。但小米的客服人员的薪酬比社会平均标准高30%，每个人每个月600元餐补在小米自建的食堂里一天吃三顿饭还有富余。企业如果不尊重员工，他们是不会尊重客户的，所以一定要把客服中心做好。

在这样的思路下，可以少做点广告，有些广告用户都不相信。把服务做好，让每一个用户切身理解小米和别人不一样，自然而然业务就好了。所以小米把服务当成了产品的一部分，而不是备用。客服中心放在租金较高的中关村，主要是便于与研发人员随时沟通。（摘自《读懂新经济：战略图景与行动路径》）

（三）基础资源

资源是价值活动的基础，是指企业可以从市场上所获得的和控制的各种要素。企业可利用这些要素结合生产、管理、激励等机制，将资源转化为产品或服务。按性质分，资源可分为内部资源和外部资源。内部资源又分为有形资源、无形资源及人力资源等；外部资源主要是外部的网络关系，包括伙伴关系等。参与多个企业间有价值的活动达到互利的目的，可降低交易成本、获取广泛的资源、减少市场风险等。

四、商业模式的类型

商业模式包括运营性商业模式和策略性商业模式。

（一）运营性商业模式

运营性商业模式重点解决企业与环境的互动关系，包括与产业价值链环节的互动关系。运营性商业模式创造企业的核心优势、能力、关系和知识，主要包含以下内容。

（1）产业价值链定位。企业处于什么样的产业链条中，在这个链条中处于何种地位，企业结合自身的资源条件和发展战略应如何定位。

（2）盈利模式设计（收入来源、收入分配）。企业从哪里获得收入，获得收入的形式有哪几种，这些收入以何种形式和比例在产业链中分配，企业是否对这种分配有话语权。

（二）策略性商业模式

策略性商业模式对运营性商业模式加以扩展和利用，涉及企业生产经营的方方面面。

（1）业务模式。企业向客户提供什么样的价值和利益，包括品牌、产品等。

（2）渠道模式。企业如何向客户传递业务和价值，包括渠道倍增、集中或压缩等。

（3）组织模式。企业如何建立先进的管理控制模型，如建立面向客户的组织结构，通过企业信息系统构建数字化组织等。

每一种新的商业模式的出现，都意味着一种创新、一个新的商业机会的出现，谁能率先把握住这种商业机遇，谁就能在商业竞争中拔得头筹。

经典案例

Netflix——优化用户个性化选择

Netflix是一家按需定制电影和电视节目服务提供商。基于订购模式，人们可以访问观看数千部电影。在全球范围内，Netflix订阅用户数量已经达到了4 800万，收入超过10亿美元。

Netflix的优势在于，他们可以提供全面地个性化服务，为全世界范围内的每一个个体会员提供相关内容建议。为了提升自己的个性化推荐服务，该公司还推出一项比赛Netflix Prize，只要有人能够优化Netflix的电影推荐算法，就有机会赢得100万美元的奖励。

用户收到的所有推荐，都是为其量身定做的，Netflix会按照用户的品位，喜欢，曾经打分评级过的电影，以及过去添加到DVD观看列表里的历史记录为用户推荐影片。

为了进一步细化服务，Netflix还推出了多用户档案功能。也就是说，如果在一个家庭中有不同的用户，那么他们每个人都会有一个专属于自己的档案，Netflix同样会根据不同用户的使用行为提供个性化服务。也就是说，在同一个Netflix账户下面，可以最多存储五个用户档案，比如Netflix会给你的孩子推荐卡通和动漫电影，还会了解你的父母喜欢的或不喜欢的。

Netflix执行的是高度个性化的客户保留解决方案，比如他们有一个被称为"微流派"解决方案，比如国外电视喜剧，离奇古怪的独立电影，贴近现实生活的老电影，等等。

而真正让Netflix把自己的个性化服务带到一个新高度的，就是他们的"Netflix Max"服务。Max是一款类似竞赛游戏的内容推荐助手，它会询问用户的心情和想看的视频类型。在玩游戏的过程中，根据用户的回复来推荐电影或电视节目，并以卡片形式展示出来。(摘自网易科技)

第二节　商业模式的设计与创新

一、商业模式的设计思路

对于企业而言，商业模式的设计实际上就是企业的基本盈利假设和实现方式，以及由此产生的不同价值链和不同资源配置模式。具体来说，商业模式主要解决企业的利润从何处获得的问题，也就是企业利润来源于什么样的价值链条，以及主要由价值链中的哪些环节实现，为什么是这样而不是其他选择。商业模式首先必须是对企业盈利方式的假设和设计，而这些依赖于企业对市场前景和发展趋势的思考、对竞争对手商业模式的分析和优化、对自身资源的优化和对外部资源组合方式的思考等。

由此，商业模式的设计思路可从以下几个关键点出发。

(一)商业模式必须能够创造价值

(1)新企业自身的盈利必须得到保证。也就是说，虽然新企业无法在一开始就保证盈利，但至少要找到可持续的盈利方法。

(2)新企业必须能够为战略合作伙伴创造出更多的价值。企业的战略合作伙伴包括供应商、分销商以及其他业务合作伙伴组成的供应链或价值链。在新的竞争环境中，企业面临着缩短交货期、提高产品质量、降低成本和改进服务的压力，单个企业仅依靠自己的资源已经不能胜任整个供应链条中的市场变化。如今的商品竞争已不再是单一企业的竞争,而是供应链或经营网络之间的整体竞争。

因此,商业模式的设计必须考虑到企业整体阵营的利益,要使得企业的经营网络能够获得更大的价值,即共赢。

(二)商业模式需要紧抓市场需求

对于企业来说,如果其价值要在市场端与消费者端才能呈现出来,那么设计商业模式首要考虑的便是市场中各种不同消费者的需求。新企业可采取市场区隔分析的方法来明确消费者的需求,进而寻求产品在市场中的定位。

对于大众市场来说,市场细分程度高,基本上都被现有厂商以各种各样的类似产品所占有,一项创新的差异化产品想要立即挑战大众市场,这在新企业的创立初期几乎是不可能完成的任务。因此,创业者在设计商业模式时,需深入运用市场区隔分析,挖掘尚未满足的市场需求,并以差异化产品来满足这类市场需求。

对于新兴科技领域来说,由于市场尚未完全成形,消费者的需求还不是特别明确,企业对目标消费者的了解也十分匮乏,往往缺乏具体的消费者需求信息。这种情况如果任凭其持续下去,会在很大程度上影响企业的前进步伐。因此,新企业在构建自身商业模式时,务必要依托市场区隔分析,力求找到相对明确的利己市场需求。

(三)商业模式需要明晰企业利润结构

成熟的商业模式必须要能将成本、收入结构及计划实现的利润目标清晰地表现出来,并且能够让股东知道未来存在的投资回报方式。为实现利润目标,商业模式中有关成本与收入结构设计的内容必须包括定价方式、收费方式、销售方式、收入来源比重、价值链中各项活动的成本与利润配置方式等,具体可由前述市场分析获取新企业未来将要提供的产品,再由此规划能实现利润的成本和收入结构,以期实现企业利润目标。

(四)商业模式需要突出企业竞争优势

成熟的商业模式需要显示企业能在利己市场有效地提供差异化产品,创造价值,满足消费者需求。同时,商业模式还需显示维持竞争优势的能力,通过各种方式,努力扩大与其他企业之间的领先优势。例如,处在知识经济产业领域的新企业,商业模式大多能呈现正向回馈的效应,随着领先创新者将市场规模扩大,其价值效应及成本效应将会越来越显著。

(五)商业模式短期内不能被他人复制

新企业要能够自我保护,包括企业自身的专利技术、品牌的差异化、独特的营销网络、商业机密或领先优势等,新企业至少要保证在以上几项中占有1～2项。其中,专利战是近年来科技公司的重要策略。

经典案例

京东的智慧物流模式

2016年5月,京东宣布成立×事业部,专门研发智慧物流相关的各项技术,并打造智慧物流开放平台。京东×事业部囊括了京东智慧化物流中心、京东无人机、京东仓储机器人以及京东自动驾驶车辆送货等一系列备受瞩目的尖端智能物流项目，对行业前沿、高端的智能设备、智慧系统进行多方位、立体化地研究与创新。京东集团首席技术官张晨透露，京东在农村有超过20万名乡村推广员，无人机可以把包裹从配送中心送到这些推广员手中，再由他们送到农村客户手中。极大地提高了配送效率，并降低了运营成本。

这意味着，京东有望在未来数年内，在中国率先实现仓储分拣自动化，以机器完全取代人的体力劳动。

无人机、无人车、无人仓，组成了京东智慧物流的骨干枢纽。“三无产品”每个都充满了极大的挑战，充满了智慧的结晶，充满了科技感。以无人机为例，据京东官方人员介绍，目前无人机在2016年618电商大促（销）中已经崭露头角，并且取得了不错的成绩。未来将研发多种机型适应不同的地域环境，夯实最后一公里优势，树立行业物流壁垒。而且未来将拓展更多航行线路，基于航行线路建立智慧无人仓，固定式配送站，形成地空一体的无人机整体运输网络。

在无人车方面，也有多种车型，比如四轮、六轮等，理想的作业环境主要在城市的非机动车道与京东的园区内部进行实现，载荷设计现在大于20 kg，能够承载一些日常运送的快递小件，同时可以携带多单运行，时速是5～7 km，满足非机动车安全环境要求，且单次充电使用时间大于8 h，满足全天候运行。目前主要适配于京东的配送点到客户地址这一阶段，全部无人自主配送。其核心的导航系统基于视觉触达、激光周围定位、全球导航卫星系统（GNSS）。据京东内部人士透露，“近期目标我们是完成从A到B点自主行驶，中期目标降低现有传感器的成本丰富我们一些购物场景，医院学校等等场景，那么最终我们达成一个具有充分智能的京东机器快递员的意义”看来，京东未来物流人员成本将节省一大部分。

在无人仓方面，则配置了更多按需研发的智能机器人，有来去如风的穿梭车、智能搬运机器人、分拣机器人、六轴机器人等。据悉，京东研发的穿梭车在空载情况下速度峰值可达到6 m/s，加速度为4 m/s，仅落后以精密仪器闻名于世的日本某企业0.6 m/s，这样的实力完全排名在全球前列。智能搬运机器人方面，自重100 kg，但是可以载货300 kg左右，运行场景铺了很多二维码，机器人完全靠二维码的识别和惯性导航来行走，转弯或者任何都是按照这个行走。行走速度大约等于2 m/s。最主要的是该机器人可以按需调配。比如可以根据安全情况调整其安全速度、可以自动识别障碍物重新调整优化运行路径。

据相关数据显示，截至2016年3月31日，京东已经运营209个大型仓库，6个“亚洲一号”智能物流中心已经投入使用，仓储设施占地约430万 m^2，全国拥有5 987个配送站和自提点。京东的物流体系已经覆盖全国2 493个区县，6万自营配送队伍。庞大的后端配送自营规模，在智慧物流的助力润滑下，愈发使得物流效率提升明显。正如京东×事业部相关人士说道“我们未来预计单个仓储面积会超过100万 m^2，单个仓储的单日生产产能会超过两百万单，甚至会有很多包括中小件，我们会有一些仓库突破五百万单，这是我们计划的产能。我们进行过有效的测算，如果应用京东无人仓这样一个概念，那我们的物流成本可以降低目前的50%左右，那么我们的生产效率也可以提升到现在的两倍，在咱们仓储单位面积效率上，可以提高5倍以上，”目前，亚洲一号只能算是京东半自动化的仓库中心。未来，如果全部实现自动化，京东的物流效率简直可以逆天了。（摘自搜狐网）

总之，对于企业特别是创业企业而言，总要有自己独特不易被模仿的特性来助力商业模式的开发。

(六)商业模式必须能够确保正常启动

理想过于完美而实现理想的方法却没能设计好是新企业犯得最多错误之一。商业模式是实现理想的方法,是企业能否生存下去的关键所在。因此,想要创业成功,理想固然重要,但如何实现理想则更为重要。创业者一定要确保自己选择的商业模式是清晰、明确、可以正常启动的,而不是镜中花、水中月。

二、商业模式的设计方法

根据商业模式的设计思路可以看出,企业商业模式设计最为关注的是企业的价值实现、独特性和可行性。成功的商业模式设计应该以本企业为出发点,充分考虑社会资源的集约利用和设计安排,创造企业价值、客户价值、伙伴价值和社会价值。对于商业模式设计方法学者研究的并不太多,代表性的方法主要包括参照法、相关分析法、关键因素法和价值创新法。

(一)参照法

参照法是商业模式设计的一种有效方法。该方法是以国内外商业模式为参照,然后根据本企业的有关商业权变因素,如环境、战略、技术、规模等不同特点的调整,确定企业商业模式设计的方向。许多企业的商业模式设计都是采用参照法进行的,如吉列(Gillette)首创的"剃刀与刀片"的诱钓型商业模式。这种模式的关键是找到便宜或免费的初始产品(剃刀)和后续重复消费较昂贵产品(刀片)之间的紧密联系。企业可借助后者赚取高额利润,许多其他行业都参照其应用,如喷墨式打印机(打印机与墨盒)、移动通信行业(免费手机与手机套餐)等。

(二)相关分析法

相关分析法是在分析某个问题或因素时,将与该问题或因素相关的其他问题或因素进行对比,分析其相互关系或相关程度的一种分析方法。创业者运用相关分析法,可以找出相关因素之间规律性的联系,研究如何降低成本、增加价值。例如,亚马逊通过分析传统书店,在网上开办电子书店;ebay首创的网上拍卖也来自传统的拍卖方式。

(三)关键因素法

关键因素法是以关键因素为依据来确定商业模式设计的方法。商业模式中存在着多个变量,影响设计目标的实现,其中若干个因素是关键和主要的(成功变量)。创业者可通过对关键成功因素的识别,找出实现目标所需的关键因素集合,确定商业模式设计的优先次序。例如,微软公司成功的关键是其软件系统与任何硬件的兼容性。

(四)价值创新法

对一些从未出现过的商业模式设计往往需要进行创新,即通过价值要素的构建、组合等设计出新的商业模式。

三、商业模式的创新

面对激烈的市场竞争,所有的企业,不管是传统行业还是新兴产业,都要与时俱进,根据商业环境的变化不断创新商业模式。

(一)商业模式创新的概念

商业模式创新是指企业价值创造提供基本逻辑的创新变化,它既可能包括多个商业模式构成要素的变化,也可能包括要素间关系或者动力机制的变化。通俗地讲,商业模式创新就是指企业以新的、有效的方式赚钱。商业模式创新是当今企业获得核心竞争力的关键,沃尔玛、亚马逊、Zara、Netflix 等企业就是因为它们独特而具有竞争力的商业模式而异军突起,在竞争激烈的各类行业市场中成为领袖的。在过去 10 年成功跻身于《财富》500 强的 27 家企业中,有 11 家是通过商业模式创新而取得成功的。

21 世纪是知识经济时代,从竞争的角度来说,知识将会逐渐成为竞争优势的重要来源,而一个企业的先进商业模式将是知识成为竞争优势的具体表现。从中国目前的情况来看,谁拥有了优秀、先进的商业模式,谁就拥有了更多的市场机会及资源。从某种意义上说,商业模式的创新在很大程度上促进了一批新企业的高速成长。

经典案例

解析服装巨头 Zara 的商业模式创新

Zara 创始于 1975 年,它既是服装品牌,也是专营 Zara 品牌服装的连锁店零售品牌。Zara 公司坚持自己拥有和运营几乎所有的连锁店网络的原则,同时投入大量资金建设自己的工厂和物流体系,以便于“五个手指抓住客户的需求,另外五个手指掌控生产”,快速响应市场需求,为顾客提供“买得起的快速时装”。Zara 品牌之道可以说是时尚服饰业界的一个另类,在传统的顶级服饰品牌和大众服饰中间独辟蹊径开创了快速时尚(Fast Fashion)模式。随着快速时尚成为时尚服饰行业的一大主流业态,Zara 品牌也倍受推崇,有人称之为“时装行业中的戴尔电脑”,也有人评价其为“时装行业的斯沃琪手表”。在 2005 年,Zara 在全球 100 个最有价值品牌中位列 77 名,哈佛商学院把 Zara 品牌评定为欧洲最具研究价值的品牌,沃顿商学院将 Zara 品牌视为研究未来制造业的典范。Zara 作为一家引领未来趋势的公司,俨然成为时尚服饰业界的标杆。一些国际服装品牌巨头明知 Zara 厉害,就是学不来,模仿不了。为什么？因为 Zara 其以快速时尚服装为核心、以供应链全程控制为基础的商业模式系统创新,这也是 Zara 之所以成功的关键所在。

Zara 商业模式创新之一:锁定个性化消费需求。Zara 的成功最重要的在于它把握了个性化消费的潮流。在传统行业里,大规模生产的同质化产品只能依靠廉价来吸引消费者,以赚取微薄的利润,但没考虑到消费者对于满足自己个性化的产品是愿意付高价的,而这正是 Zara 瞄准的客户对象。

Zara 商业模式创新之二:提供“与众不同”“独一无二”的产品价值。“品种少,批量大”是传统制造业的天条,而在“长尾市场”中,“款多量小”却成为当红的商业模式。Zara 以其“多款式、小批量”,创造了长尾市场的新样板。

Zara 值得大多数传统企业借鉴的是,它有意识地在自己的产品中“制造短缺”。虽然一年中它大约推出 12 000 种时装,但每一款的量却并不大。即使是畅销款式,Zara 也只供有限的数量,常常在一家专卖店中一个款式只有两件,卖完了也不补货。总裁 Isla 说:“我们不想所有人都穿同样的衣服。”随着每周两次补充新货物，公司使顾客养成经常来逛的习惯。

如同邮票的限量发行提升了集邮品的价值，Zara通过这种方式，满足了大量个性化的需求，培养了一大批忠实的追随者。

“多款式、小批量”，Zara实现了服装企业商业模式的突破。款式更新更快增加了新鲜感，吸引消费者不断重复光顾。快速更新店面里的货品，也确保了它们能符合顾客的品位，从而能被销售出去。在Zara你总是能够找到新品，并且是限量供应的。这些商品大多数会被放在特殊的货架上面。这种暂时断货策略在很多人眼中太大胆了，但是想想所有限量供应商品在市场上受到的追捧吧，人们需要的不是产品而是“与众不同”“独一无二”。而Zara的暂时断货正满足了人们的这种心理，Zara由于这种颠覆性的做法慢慢变成了“独一无二”的代言人。

此外，抛弃了引导潮流的想法，Zara更喜欢追随潮流。它的目标就是让顾客在承担得起的价位上买到多个品种的服装。Zara去年推出了20 000件单品，大约是世界服装界老大Gap的三倍。在Gap的店里，东西都是千篇一律。

Zara商业模式创新之三：通过全程控制供应链，创造快速时尚的稀缺价值。Zara商业模式的成功得益于公司出色的服装行业的全程供应链管理，以及支撑供应链快速反应的IT系统应用。Zara公司采取“快速、少量、多款”的品牌管理模式，在保持与时尚同步的同时，通过组合开发新款式，快速的推出新产品，而且人为地造成“缺货”，以实现快速设计、快速生产、快速出售、快速更新，专卖店商品每周更新两次的目标。

Zara有400多名设计师，其实，与其说他们是“设计师”，不如说是“抄版员”。他们是典型的“空中飞人”，经常出没于米兰、巴黎这些时尚中心举办的各种时装发布会之间，或者出入于各种时尚场合，观察和归纳最新的设计理念和时尚动向。通常，一些顶级品牌的最新设计刚出来没多久，Zara就会发布和这些设计非常相似的时装。这样的设计方式能保证Zara紧跟时尚潮流。据悉，在欧洲，每年Zara都要向那些顶级品牌支付几千万欧元的罚款。但是Zara并没有因此放弃这种设计模式，因为从中赚取的利润要比罚款高得多。并且这种方式也打破了其他企业设计师主导企业未来的境遇，Zara已占领了中高端35%的市场份额，跻身于世界100强著名品牌行列。

Zara有出色的全程供应链管理：设计、采购、生产、配送和终端销售。从设计到生产，再到把新款衣服送到全球各地的专卖店，只需短短的15天时间。Zara不借助外部合作伙伴进行设计、仓储、分销和物流，而是自己全包全揽，保持整个供应链在完全掌控中。Zara的供应链管理能够快速地把信息从购物者那里传递给设计师和生产管理人员。供应链管理还能对原材料和产品在流动过程中的每一个环节进行实时的追踪。最终目的就是在最终客户与设计、采购、生产和分销等上游运行环节之间实现尽可能快速和直接的沟通。

Zara对供应链的控制使它能够设定产品和信息的流动速度，从而使整个供应链都能够以一个既快速又可以预测的节奏运行。Zara的灵敏供应链系统，大大提高了Zara的前导时间。前导时间是从设计到把成衣摆在柜台上出售的时间。中国服装业一般为6～9个月，国际名牌一般可到120天，而Zara最厉害时最短只有7天，一般为12天。这是具有决定意义的12天。Zara之灵敏供应链所展现出来的韵律，使得有“世界工厂”之称的中国相形见绌。缩短供应链环节"短"是 Zara 快速反应的另外一个基础。Zara 知道，如果供应链环节很多，则不可避免导致反应时间长，因此要求产品从门店直接发出，由店长负责订货，配送也是从配送中心直接配送到门店。

Zara 的短还在于流程执行过程。Zara10～14 天对于终端的反应，包含了产品设计时间，如果按照规范的流程先后次序执行，是无论如何也不可能完成的。而其之所以能够完成这个"不可能的任务"，是因为其在组织结构设计上以及办公场地布置上都充分关注了流程的并行，强调不同环节充分沟通解决问题。比如，Zara 通过设计师、生产计划采购人员团队在一起工作，加强团队面对面沟通，快速决策，使得针对某一款产品的评审、工艺技术保证以及材料供应等问题一次得到解决。

Zara 商业模式创新之四：压缩的黄金渠道。在 Zara 的一家美国门店里，店长 Devina 总是带着一台定制的手持式 PDA 在店里巡视。尽管这台 PDA 模样小巧，却内置了 Zara 总部标准的订货系统和产品系统等模块，而且，它还能帮助 Devina 与西班牙总部保持密切的联系。在 Zara，每个门店经理拥有向总部直接订货的权力，因此，当 Devina 在自己门店的系统里发现某种产品库存不足时，通过与宽带连接的 PDA，她可以看到西班牙总部的建议订量，再根据自己对当地市场的判断，向总部发出订单。每隔半小时，Zara 女装、男装和童装的主管都会根据 POS 机里的销售系统，对店面进行实时控制和补货。

Zara 的零售只设专卖店，那是 Zara 的窗口与眼睛，不搞特许经营。专卖店每周根据销售情况下订单两次，这就减少了需要打折处理存货的频率，也降低了库存成本。Zara 的每一位门店经理都拥有一部特别定制的 PDA，通过这台联网的 PDA 他们可以直接向总部下订单，而总部可以直接掌握每一间门店的销售情况，同时门店店长也可以和总部产品经理及时沟通。这样 Zara 可以做到设计、生产、交付在 15 天内完成。

Zara 从不需要与大牌设计师协作，也不需要花费几百万美元开展广告攻势。取而代之，它通过旗下规模庞大、达到最低限度要求的分店和从人行道获得灵感的服装来建立自己的品牌。Zara 总裁 Isla 认为，"我们的商店就是最好的广告。我们节省下来的资金可以花在顶级的选址地段上。"Zara 的店铺开设在全世界最昂贵的街道上：第五大道、东京银座、罗马康多蒂大街和巴黎香榭丽舍大街。

Zara 商业模式创新之五：重金打造信息系统。在 Zara 调控中心的大办公区里，20 多名工作人员坐在电话机旁，使用包括法语、英语、德语、阿拉伯语、日语和西班牙语在内的不同语言，收集来自世界各地的客户信息。通过他们的工作，时尚情报信息每天源源不断地从世界各个角落流入 Zara 总部办公室的数据库。Zara 的主要信息来源是设计师和全球 800 多家门店。

Zara 对门店的控制能力极强，各店每天都要向总部进行数据汇报。为方便每位专卖店经理即时向总部汇报最新的销售信息和时尚信息，Zara 专门为每位店长配备了特制的手提数据传输设备。店长将通过手持 PDA 发出订单，在总部不缺货的情况下，从订单开始网上发送直到货物送达门店，最快只用三天时间。（摘自中国服装网）

（二）商业模式创新的方法

商业模式是动态变化的，商业模式创新属于企业最本源的创新，企业的更新换代实际上是商业模式的推陈出新。离开商业模式创新，其他的管理创新、技术创新都失去了可持续发展的可能和盈利的基础。因此，商业模式创新贯穿于企业经营的整个过程，贯穿于企业资源开发、研发模式、制造方式、营销体系、流通体系等各个环节，是挖掘企业潜力的重要途径，是企业家的必修课。

创业者需要分析企业所处的宏观环境、行业状况和企业的自身状况。首先，商业模式创新与宏观环境密切相关，当市场经济发展到一定程度，竞争会成为商业模式创新的原动力，从而推动商业模式创新，促进新的商业模式产生；其次，商业模式创新与企业所处行业状况密切相关，处于行业成熟期的企业更需要创新商业模式以求新的发展，焕发新的活力；再次，商业模式创新与企业自身状况密切相关，当企业原有业务发展空间变小或拥有一定的剩余经营资源时，应积极对商业模式进行探索与创新。

因此，商业模式创新的视角要更为外向和开放，更多考虑涉及企业经济方面的因素，更加注重从为客户创造价值的角度出发，从根本上设计企业的行为。商业模式创新的方法有以下几种。

1. 改变收入模式

改变收入模式即为改变企业对用户价值的定义及相应的利润方程。要想做到这一点，企业必须以用户的新需求为切入点，深刻理解用户购买本企业的产品需要完成的任务或要实现的目标是什么。这里的用户的新需求并不是指营销范畴里的新需求，而是从更宏观的层面来定义用户需求，即从更深入的层面了解用户购买产品用来完成什么样的任务或实现什么样的目标。

事实上，用户要完成一项任务需要的不仅是产品，还需要一个解决方案，而企业一旦确认了这种解决方案，也就确定了新的价值创造模式，并可以此进行商业模式创新。

经典案例

"计量收费"模式，让施乐公司成为服务型企业

施乐公司创建于1906年，创建之初公司名称为海罗伊德公司。20世纪40年代，施乐公司经营愈发艰难了，当时施乐公司拥有了多条相片纸的生产线，但是和柯达公司比起来，还相去甚远。

为了摆脱经营困境，时任总裁的威尔逊给技术部长下一道军令状，让他务必找出一道的新的产业道路。之所以寻找新的道路，其实目的并不是要和柯达在化工领域持续竞争下去，而是另辟蹊径，凭借新技术夺回市场。

在技术部长的不懈努力下，施乐公司终于找到一项新技术——"电子图像复制技术"。这项技术由卡尔逊发明，由巴特研究院参与改进。威尔逊看到这项技术之后，当即决定与巴特尔研究院签订合作意向合同并投入巨资加大研究力度。在双方共同努力之下，1949年研发出的"A型"终于成功运用到胶版印刷机，借此良机，威尔逊一改公司的方针，大量招兵买马，调整营销组织，设立客服中心，构建了一套针对大客户的直销服务体系。

与此同时，他还大胆突破了常规营销理念，变销售为租赁。虽然租赁方式不能使资金快速回笼，资金周转上承受巨大的压力。但正因如此，施乐才能长期盈利，也在客观上吓退竞争对手。

1959 年，一场决定输赢的比赛正式开始了。施乐公司开发的 914 复印机因为可以使用普通纸，成为当时最负有盛名的复印机企业。通常湿式复印机的昌吉都采用吉列"刀片十刀架"的营销模式。他们压低复印机的价格，再通过专用的复印纸来实现盈利。而 914 复印机刚好相反，机器本身很贵，要花费几千美元，但是复印时只需使用价格低廉的普通纸，从长远来看，还是划算的。但是这种复印机始终未能打开销路，就连长期的合作伙伴 IBM 也觉得这种复印机太过昂贵。鉴于如此，施乐公司提出一套新型租赁方案，即"计量收费"模式。简单来说，复印机每月的基本租赁费用是 95 美元，每月复印的页数低于 2 000 张时不收取额外费用，超过 2 000 张每张收取 4 美分。

从此，施乐公司不再是一个复印机的销售企业，摇身一变成为提供复印服务的服务型企业。（摘自商业模式创新设计专业系列微课）

2. 改变企业模式

改变企业模式是指改变企业在产业链中的位置及充当的角色，换句话说，就是改变了其价值定义中的"造"和"买"的搭配，一部分由自身创造，其他部分由合作者提供。

企业为什么样的消费者提供什么样的产品或服务，产品或服务的独特价值或者特点是什么，这就是市场定位。当消费者的需求发生变化时，企业可对消费者进行细分，有针对性地提供产品或服务，获取潜在的利润，创新企业的商业模式。商业模式创新是一种集成创新，因此在市场重新定位后，伴随产品、工艺或者组织的创新，往往需要企业进行较大幅度的战略调整，多体现为服务创新，表现为服务内容、方式及组织形态等多方面的创新变化。

一般来说，企业的这种变化是通过垂直整合策略或出售外包来实现的。例如，谷歌公司在意识到大众对信息的获得已从桌面平台向移动平台转移，而自身的竞争优势仅限于桌面平台搜索引擎会逐渐丧失竞争力，于是迅速实施垂直整合策略，大手笔收购摩托罗拉手机和安卓移动平台操作系统，进军移动平台领域，改变了自己在产业链中的位置及商业模式。又如，甲骨文（Oracle）、礼来（Eli Lilly）、香港利丰和推出智能手机的 Facebook 等都是采取这种思路进行的商业模式创新。

3. 改变产业模式

改变产业模式即为企业重新定义本产业，进入或创造一个新产业。这种模式在很大程度上会使企业重新整合资源，进入新领域并创造新产业，如商业运营外包服务和综合商业变革服务等。

例如，亚马逊公司所进行的商业模式创新向产业链后方延伸，为各类商业用户提供如物流和信息技术管理的商务运作支持服务，并向它们开放自身的 20 个全球货物配发中心，进入云计算领域，成为提供相关平台、软件和服务的领袖。其他如高盛公司等都在进行类似的商业模式创新。

4. 改变技术模式

正如产品创新往往是商业模式创新的最主要驱动力一样，技术变革也是如此。企业可以利用科技与商业创意整合外部资源，为自己和产业伙伴创造新的价值，并通过对产业经济的商业运作环节进行创新重组形成新的产业链，用新的科技手段、创意营销与资本的结合开发潜在的需求，创造新的需求实现模式，形成市场与科技对接、创意与经济对接。

例如，当今最具潜力的技术是云计算，它能提供诸多崭新的用户价值，从而提供企业进行商业模式创新的契机。当前另一项重大的革新技术是3D打印技术，一旦其成熟并能商业化，它将帮助诸多企业进行深度商业模式创新，如汽车企业可用此技术替代传统生产线来打印零件，甚至可采用戴尔公司的直销模式，让用户在网上订货，并在靠近用户的场所将所需汽车打印出来。

5. 改变分销渠道

商业模式创新如果提供全新的产品或服务，那么它可能开创了一个全新的可盈利产业领域。如果企业能够创新营销方式，那么即便是向消费者提供已有的产品或服务，也能给企业带来更持久的盈利能力与更大的竞争优势。

分销渠道难以被竞争者模仿，这常给企业带来战略性的竞争优势，而且这种优势通常可以持续数年。首先，企业要加强分销渠道系统性与规范化建设，解决大渠道利润少、地区串货、渠道无序竞争、零售终端管理复杂、新品推广缺乏积极性等问题；其次，从产品及消费需求入手，以分销成本节约和购买便利性为原则，设计、构建最符合产品特征和企业实际情况的具有个性化的渠道；再次，对分销渠道进行整合与细分，在同一分销渠道内要尽量进行产品多品种的整合。

思考题

(1)成功的商业模式具有哪些特征？

(2)商业模式具有哪些类型？各有什么特点？

(3)创业者应如何设计适合自己的商业模式？

实训与操作

1. 实训目的

通过对经典案例的分析与讨论，了解商业模式创新对一个企业发展的重要性。

2. 实训内容

分析苹果公司的音乐商店商业模式，并进行小组讨论。

3. 实训组织及步骤

(1)教师布置实训项目及任务，并提示相关注意事项及要点。

(2)将班级成员划分为4～5个小组，小组成员既可以自由组合，也可以由教师指定组合。小组人数划分视班级总人数而定，每个小组选出组长1名。

(3)以小组为单位，讨论大家自己熟悉的音乐获取途径。

(4)从网络上搜集苹果公司音乐商店的运行模式信息，并与小组讨论结果进行比较，分析苹果公司的这种商业模式的特点和优势。

Chapter 12

第十二章 创业计划的制订

学习目标

- 掌握制订创业计划的方法和步骤、撰写和展示创业计划书的方法。
- 熟悉创业计划的内容。
- 了解创业计划的类型和作用。

案例导读

两清华大学研究生还没毕业就获得京东投资，计算机高才生竟要深耕传统行业

清华大学计算机专业研究生的师兄弟。现在，一位是创业公司酱印网的CEO，一位担任CTO。年少得志，在读研期间就获得了青松基金和京东的投资。曾经意气风发，在公司还没有盈利时，就迅速扩展超过30人，光人力成本一年就得几百万元。

但实际上，兄弟俩低调内敛，没有一些创业者动不动就颠覆行业的豪气，也没有动辄流水做到几个亿的疯狂，而是带领公司细心地打磨产品，服务客户。不到一年时间，刚毕业就创业的兄弟俩学到了什么？

2015年底，邓宏琛和吴汉钊获得了青松基金与京东投资的千万级别的Pre-A轮融资。这已经是他们拿到的第二笔融资。2014年，他们还没有毕业，就拿到了天使轮融资。

他们在上学期间，针对大学生同校、跨校、同城学生活动信息获取难、买票难的问题决定创建一个活动信息发布与分享平台。“小酱油”最初的目标用户是大学生及经常参加学校活动的毕业生。

创始人邓宏琛坦言，毕业就创业的弊端就在于管理经验不足。特别是对员工的管理上，虽然公司连续拿到融资，策划了许多线下活动，却发现公司扩张太快。作为初创公司，

员工一度超过30人,而创业的活动票务平台却很难盈利。

在做"小酱油"的时候,因为需要筹备线下活动,在一次"水球大战"的活动中,邓宏琛发现一场活动竟然要准备40多种物料,而这40多种物料需要不同的供应商供货。在不断筹备线下活动中,他们发现活动中的物料是个大生意。"小酱油"于是迎来了转型……

单场中小型活动物料费用数万元,单场大型活动物料费用平均超过10万元。以北京地区为例,北京每月线下活动数千场。商务印刷行业是特别传统的行业,也是标准的红海,在中国大大小小的印刷厂商有10万家。

行业有明显的痛点,据邓宏琛介绍:

(1) 从用户角度看,传统印刷厂工厂从业人员年龄构成较大,而现代企业的市场人员多是有高素质的年轻人。客户对印刷厂提供需求过程中,会存在明显的沟通矛盾。

(2)印刷厂往往不具备市场能力,他们与客户之间存在着中间商。中间渠道成本高,压缩盈利。

(3)传统线下店,设计感、产品质量都很难得到保证,很难做到精致的工艺。

2016年3月,酱印网上线。在创业中转型,需要莫大的勇气。经过不到一年的磨炼,如今的酱印网已经服务上千家企业。他们的客户有乐视、每日优鲜、乐纯、51社保、映客、梦东方等知名互联网与创业企业。

转型企业服务公司,扎根到一片红海的传统商务印刷领域,并取得了不小的成果。酱印网靠的是啥?

(1)利用互联网解决了厂商和客户的矛盾。通过客户的需求,平台推荐优质厂家。酱印网组建了专业的供应链团队,为企业客户做出筛选。

(2) 再次创业的积累,绝对不做一锤子买卖,而是要做成平台,做长期生意。所以,平台客户对印刷产品有不满意的地方,酱印网甚至给返厂重做。

(3)搭建售后体系,解决客户一切不满。

(4)不只负责为客户生产印刷制品,也会对客户的产品提出设计建议。而且,酱印网竟然也会向有强大设计能力的客户学习产品设计的经验,磨炼自己的内功。

邓宏琛说,传统行业做的是生意,而我们做的是事业。清华大学的学生可谓天之骄子,在没有毕业就能拿到融资,是何等的意气风发。能在创业的坑中及时转型,可见创业不只是靠努力和运气,更需要勇气。

在接触CEO邓宏琛时,在他身上没有感觉到年轻人的锐气,更多了几分沉稳。也许这就是创业对人的磨炼吧,在问到创业这两年最大的困难是什么?他说,毕业创业吃了不少没有经验的亏,好在活下来。(摘自创业邦)

第一节 创业计划概述

创业计划是对新企业创立之前的所有准备工作的总结和整合,是为实现创业战略而制定的完整、具体、深入的行动指南。许多成功创业者的经验证明,只有科学、周密地拟订创业计划,才能在创业过程中少走弯路、减少损失,提高创业成功的把握度。

创业计划首先是吸引投资的工具，同时也是确定创业目标和制订行动计划的参考资料，是一个企业管理和操作的行为指南。创业计划是执行所有创业活动的第一步，如果没有创业计划并确定创业目标，那么创业的风险就会相对提高。虽然创业计划并不一定能保证创业活动的成功，但它可以提高创业成功率。

一、创业计划的分类

根据不同的分类标准，创业计划可分为许多类型。

(一)按照创业计划的内容分类

1. 综合创业计划

综合创业计划是全面实现创业战略的创业计划。例如，创业者计划开发销售一种新产品，那么这份创业计划就需要涵盖产品的开发、生产、销售等各个方面，其具体内容非常详细而烦琐，这就是一份典型的综合创业计划。综合创业计划的主要阅读者为利益相关者，如投资者、供应商、潜在客户、应聘的关键员工等。综合创业计划的目的是让利益相关者了解创业计划，激发他们的兴趣，使他们积极投入创业活动中，进而促进创业活动的进行。

2. 专项创业计划

专项创业计划是创业中的某一项目的专门计划，如创业融资计划、产品开发计划、市场开拓计划等，其中最重要的是创业融资计划，因为资金是确保其他项目顺利开始的基石。专项创业计划为某一项目的发展定下了比较具体的方向，从而使创业项目中的相关员工了解该项目的发展规划，并激励他们为创业成功而努力。

(二)按照创业计划的目标分类

1. 吸引风险投资的创业计划

吸引风险投资的创业计划主要面向风险投资者，其目的是向风险投资者募集资金。风险投资者评估投资项目的首要资料就是创业计划，一份简练而强有力的创业计划能让风险投资者对投资项目的运作和效果心中有数。

吸引风险投资的创业计划在撰写过程中要注意以风险投资者的需求为出发点，尽量说明创业项目有足够大的市场容量和较强的持续盈利能力，展示创业者有完善、务实和可操作的项目实施计划，有完全具备成功实施项目素质能力的管理团队，并且具备项目运营的成功保证。

通常，吸引风险投资的创业计划应包括以下十项内容：计划概述、产业背景和公司概述、市场调查和分析、公司战略、项目总体进度安排、关键风险和应对策略、管理团队的组成、企业经济状况、财务预测、假定公司能够提供的利益。

2. 吸引创业伙伴的创业计划

吸引创业伙伴的创业计划是为了吸引创业团队的新成员及有特定意义的关键员工。在最初准备创业的时候，创业者无论是从身边的亲朋好友中寻找创业伙伴，还是从并不熟悉的人群中寻找创业伙伴，此时一份结构清晰、前景良好的创业计划是吸引创业伙伴最有力的武器。

吸引创业伙伴的创业计划不仅要清晰地阐明企业的商业模式和未来发展规划，更要对创业团队成员的利益分配和权限给出清晰的说明。

通常，吸引创业伙伴的创业计划应包括以下八项内容：创业机会及其商业价值描述、新企业将提供的产品以及可能的消费者、可能的市场竞争与拟采取的市场策略、可能的市场收益、可能遇到的风险及应对策略、希望别人以怎样的方式参与、将给新进入者哪些利益、有待与新进入者讨论的问题。

3. 获取政府支持的创业计划

政府部门所制定的各项政策对创业活动的成败具有重要的影响。只有在政府政策允许和鼓励的条件下，新企业才能获得更多的人才、贷款、投资、各种服务及优惠等。获取政府支持的创业计划应当强调新企业的项目投资可行性，尤其要着重说明新企业的社会收益和社会成本，只有创业项目的社会影响较为良好，才有可能成为政府关注的对象，进而获得政府的支持。

通常，获取政府支持的创业计划包括总论、团队情况、产品的市场需求预测、项目的技术可行性、项目实施方案、投资估算与资金筹措、项目收益分析及对社会的影响、项目风险及不确定性分析、关于项目可行性的综合结论和希望政府给予的具体支持十项内容。

拓展阅读

四川省：大学生创业开办实体有补贴，吸纳就业有补贴

2017 年 2 月，四川省就业创业工作联席会议办公室编印下发了《四川省大学生就业创业扶持政策清单(2016 年版)》，首次集中梳理并公布四川省现行的大学生就业创业扶持政策。

创业补贴：对大学生创业实体和创业项目，给予 1 万元补贴。领办多个创业项目，最高不超过 10 万元。

省级创业大赛获奖项目前期孵化补助：对省级及以上相关部门(单位)组织的创业大赛获奖项目，进入前期孵化，可享受 5 万～20 万元的补助。

创业吸纳就业奖励：大学生创业实体吸纳就业并按规定缴纳社会保险费的，可向创业所在地公共就业服务机构申请一次性奖励。招用 3 人(含 3 人)以下的按每人 2 000 元给予奖励，招用 3 人以上的每增加 1 人给予 3 000 元奖励，总额最高不超过 10 万元。

创业担保贷款贴息：高校毕业生创业可申请贷款额度最高不超过 10 万元、贷款期限最长不超过 3 年的创业担保贷款，贷款利率可在贷款合同签订日贷款基础利率的基础上上浮一定幅度。

税费减免：2016 年 12 月 31 日前，对持《就业创业证》(注明“自主创业税收政策”或“毕业年度内自主创业税收政策”)或 2015 年 1 月 27 日前取得的《就业失业登记证》(注明“自主创业税收政策”或“毕业年度内自主创业税收政策”)的大学生从事个体经营的，在 3 年内按每户每年 9 600 元为限额依次扣减其当年实际应缴纳的增值税[全面推开营(业税)改增(值税)试点前为营业税]、城市维护建设税、教育费附加、地方教育附加和个人所得税。毕业 2 年内从事个体经营(除国家限制的行业外)的大学生，自登记之日起，3 年内免收管

理类、登记类和证照类等有关行政事业性收费。(摘自四川新闻网)

二、创业计划的内容

创业计划的制订源于创业者把握商机,并针对商机的实现分析环境因素,组合各种资源,研究应怎样打破市场壁垒、进行风险评估、采取有效措施规避风险、进入市场并建立起属于自己企业的网络、制定营销原则和策略、争取市场份额等问题。同时,创业者应根据市场的变化及时进行决策和调整,以增强企业对市场的适应能力,避免僵化,这也是创业生存和发展的需要。

完整的创业计划包括以下几方面的内容。

(一)行业分析

行业分析应包括对该行业的展望,即该行业的历史成就和将来的发展趋势,创业者还应提供对该行业新产品开发的看法。竞争分析也是行业分析的重要内容,创业者应识别每一个主要的竞争对手,分析他们的优势与劣势,特别是分析竞争对手将如何影响本企业在市场上潜在的成功。

(二)企业描述

对新企业进行的描述主要应明确企业的经营范围和规模,关键要素应包括产品和服务、企业的地点和规模、所需人员和办公设备、创业者的背景及企业历史。

(三)生产计划

如果新企业属于制造业,则必须制订周密的生产计划,生产计划应该描述完整的生产过程。如果新企业准备将某些甚至所有制造工序分包给其他企业,则应该在生产计划中对分包商加以说明;对于创业者自己将要实施的全部或部分制造工序,则需要描述厂房的布局、制造运营过程中所需要的机器设备、原材料及供应商的姓名、地址、供货条件、制造成本以及任何资本设备将来的需求等。

(四)市场营销计划

市场营销计划是创业计划中的一个重要组成部分,它主要描述产品或服务将如何被分销、定价及促销。营销计划是新企业成功的关键,因此创业者应该尽一切努力把该计划准备得尽可能全面而具体,以便投资者了解新企业的创建目标是什么,以及为了有效地实现这一目标将实施什么样的战略。

(五)组织计划

组织计划主要描述新企业的所有制形式,即新企业的所有制将是独资形式、合伙制形式还是公司制形式。如果新企业是合伙制企业,那么创业计划中就应该加上合伙的有关条款。如果新企业的所有制形式是公司制,那么创业计划中就应该明确被核准的股份份额、优先认股权、公司的经理及高层管理者的姓名、地址及简历。此外,组织计划还应提供组织结构图,用以表明组织内成员的授权及责任关系。

(六)风险估计

创业者有必要进行风险估计,以便制定有效的战略来应对这些威胁。新企业的主要风险可能来自竞争者的反应,来自自身在市场营销、生产或管理等方面的弱势,来自技术的进步带来的其产品的过时等。创业者有必要在创业计划中提供备选战略以应对上述风险的发生。

(七)财务计划

财务计划也是创业计划的重要组成部分,它表明了新企业所需要的潜在投资承诺,还表明了创业计划的可行程度。

三、创业计划的作用

创业者制订的创业计划具有以下三方面的作用。

(一)帮助创业者厘清思路

在创办新企业时,创业者必须清楚市场机会究竟在哪儿,产品又该如何设计;如何让人们更倾向于购买自己的产品而非对手的产品;要和谁竞争,该如何迎战;如何为自己准备足够的客户资源,使企业从正式创立之日起,就有源源不断的销售收入;准备在产品开发、人员使用、办公地点租用、购买原材料上花费多少资金;有没有一套适合自己的盈利模式;如何管理公司,公司的员工有多少、组成结构如何、各自的工作目标是什么;融资渠道是否可行等,这些都需要创业者将其写在创业计划中。创业计划详细可行,将是创业者在创业路上遇到困难时最可靠的支撑,也是巩固创业者创业信心的坚实保证。

创业计划是创业者事业的蓝图,有了明确的创业计划,创业者才不至于在创业过程中迷失方向和打乱思路,在受到干扰或遭遇挫折时,才不至于打乱创业活动的节奏和进程。许多创业者在刚开始投入一项事业时凭借的仅仅是一腔热情,当真正着手去做时,会发现需要考虑的问题多而杂。制订创业计划需要创业者以认真务实的态度分析市场状况及自己所拥有的资源等,冷静地观察和分析自己的创业理想是否切实可行,清晰地认识创业机会与创业风险,明确创业活动的方向和目标,并对某一项具有市场前景的产品或服务进行总体安排,进而厘清思路。

(二)帮助创业者寻求外部资源支持

除了使创业者更加了解自己要做的事情外,创业计划更大的意义是要向他人进行展示,尤其是那些能给创业者提供资金帮助的人。因此,创业计划的另一个重要作用就是帮助创业者把新企业推销给风险投资者,说服其对创业者的创业活动进行投资。

几乎没有一家新企业不在创业初期遇到资金问题,如果这时创业者能清晰地向潜在投资者和其他风险投资者描绘本企业正在追寻的创业机会,以及实现这种机会的有效商业模式,则能够显著增加企业获取投资的机会,而创业计划的好坏,往往决定了投资交易的成败。目前,中国企业在国际上的融资成功率不高,不是项目本身不好,也不是项目投资回报不高,而是创业项目计划书编写的草率与创业者的策划能力让投资者感到失望。

对新企业来说,创业计划的作用尤为重要。当选定了创业目标与确定创业动机后,创业者就必须提供一份完整的创业计划,它将是整个创业过程的灵魂。从企业成长经历、产品服务、市场、营销、管理团队、股权结构、组织人事、财务、运营到融资方案,只有内容翔实、数据丰富、体系完整、装订精致的创业计划才能吸引投资者的注意,让他们看懂项目商业运作计划,才能使外部资源支持成为现实。

(三)帮助企业员工明确方向

员工是创业者所需要的重要人力资源,员工将其人力资本投资于新企业的目的是获取投资回报及个人的发展。因此,创业计划应明确拟建企业需要什么样的员工来从事什么样的工作,将带来什么样的回报。通过描绘新企业的发展前景和成长潜力,使员工对企业及个人的未来充满信心;明确员工要从事什么项目和活动,从而使其了解将要充当什么角色,完成什么工作,以及自己能否胜任这些工作。因此,创业计划可以为企业的发展定下比较具体的方向和重点,从而使新企业的员工了解企业的经营目标,有助于企业员工协同工作,并通过一致的行动向目标前进。

第二节　创业计划制订的准备

创业计划的准备过程实质上是信息的收集过程,是分析并预测环境和市场进而化解未来不确定性的过程。任何企业在制订创业计划前,都必然首先进行市场调查,通过收集、整理、分析和研究相关行业和市场信息,对自己将涉足的行业和市场有深入的了解,从而确定是否选择该项目进行投资开发,并正确地制订创业计划。

一、信息收集

创业者所收集到的信息包括市场信息、环境信息、运营信息和财务信息。

1. 市场信息

对创业者来说,首先需要收集的信息就是其产品或服务的潜在市场信息,目标市场的明确定义将会使新企业的市场规模及市场目标的确定较为容易。市场信息包括以下几种。

(1)行业信息。行业信息包括新企业所在行业的基本情况、存在的问题和发展趋势及企业产品在行业当中的需求变化情况。

(2)市场需求信息。市场需求信息包括目标市场是否存在新企业的产品或服务的需求、需求的程度及所带来的利益、目标市场规模、需求发展的未来趋势及其状态、影响目标市场需求的因素等。

(3)产品信息。产品信息包括新企业产品的同类品牌、生产厂家、技术认证、产能规模、价格、销量及所占市场份额等。

(4)消费者信息。消费者信息包括消费者构成及数量、消费者购买力、消费心理、消费行为、消费动机等。

(5)竞争信息。竞争信息包括市场竞争的结构和变化趋势、主要竞争对手的情况以及新成立企业的产品或服务的竞争力等。

2. 环境信息

创业者需要收集的环境信息包括以下几种。

(1)政治环境信息。政治环境信息包括政治体制、经济体制、政府的管制、税法的改变、各种政治行动、产业政策、投资政策、政府补贴水平、反垄断法规等。

(2)经济环境信息。经济环境信息包括宏观层面的国民收入、国民生产总值(GDP)及其变化情况、微观层面的企业所在地区消费者的收入水平、消费偏好、储蓄情况和物价水平等。总体来说,需收集的关键经济环境信息主要有GDP的变化发展趋势、利率水平、通货膨胀程度及趋势、失业率、居民可支配收入水平、物价指数等。

(3)社会文化环境信息。社会文化环境信息包括人口规模、年龄结构、种族结构、收入分布、受教育程度、人口流动性等信息。其中,人口规模直接影响一个国家或地区市场的容量,年龄结构则决定消费品的种类及推广方式。

(4)技术环境信息。技术环境信息包括国内外科技总的发展水平及发展趋势,与企业所处领域直接相关的技术手段的发展情况,与企业生产有关的新技术、新工艺、新材料的出现和发展趋势及应用前景,技术转移和技术商品化速度等。

3. 运营信息

创业者需要收集的运营信息包括地点、制造运营、原材料、设备、劳动力技能、空间和间接费用等。

4. 财务信息

在准备创业计划之前,创业者必须对企业的盈利能力有一个完整的评价。判断创立一个新企业的可能性,一般需要三方面的信息。

(1)新企业在起步阶段至少三年的预计销售额及支出费用。

(2)新企业起步阶段三年的现金流数据。

(3)新企业现在的资产负债表数据和起步阶段前三年的资产负债预估表。

二、市场调查

在收集了解各种资料后,新企业还要进行市场调查,从而为新企业制订创业计划提供更加科学的依据。

1. 市场调查的内容

市场调查的内容主要包括市场需求调查(消费者数量和结构、购买力、行为、心理等)、市场环境调查(政治、经济、社会文化、技术等环境)、营销实务调查(产品调查、价格调查、分销渠道调查、促销调查等)、市场竞争调查(竞争对手的市场占有率、经营特征、营销策略、产品优势及定位等)。

2. 市场调查的方法

市场调查的方法主要有以下几种。

(1)文案调查法。文案调查法又称间接调查法,是指围绕一定的目的,通过查看、检索、阅读、购买、复制等手段,收集并整理企业内部和外部现有的各种信息、情报资料,对调查内容进行分析研究的一种调查方法。

文案调查法所调查的资料可分为内部资料和外部资料。内部资料主要是企业内部会计、统计资料和销售报告、分销商反馈报告等资料;外部资料主要是可以从企业外部获取的一些资料,如图书馆及各类期刊出版单位的文案资料,政府、行业协会公布的数据,在线数据库等。新企业想通过市场调查对行业和市场中的现有企业进行一定的了解，其他企业的内部资料可能不易获取，但外部资料还是可以通过多种途径获取和收集的，创业者通过整理和分析这些资料，最终撰写文案调查报告，为创业计划的制订提供参考。文案调查法可为新企业了解市场进行实地调查提供经验和背景资料。

(2)实地调查法。实地调查法可分为观察调查法、询问调查法和实验调查法。

①观察调查法。观察调查法是创业者通过现场自己的感观或借助影像摄录器材，直接或间接地观察和记录正在发生的行为或状况，以获取第一手资料的实地调查方法。观察调查法适用于商场消费者流量的测定，对竞争对手进行跟踪或暗访观察，消费者购买行为、动机、偏好调查，产品跟踪测试等。

②询问调查法。询问调查法主要包括入户访谈调查、拦截调查、电话调查和邮寄调查等。入户访谈如今广泛用于与工业、企业用户的访谈；拦截调查大多在购物中心、广场或商业街区进行，以获得适合于大多数消费者的研究总体样本；电话调查比前两种效率高，但是容易被拒绝；邮寄调查是将设计好的调查问卷邮寄给已联系好的被调查者，但是回收率低。对于新企业来说，询问调查法便于对本企业的产品或服务确定初期的市场需求和目标消费者。

③实验调查法。实验调查法是调查者通过改变某些因素，来测试对其他因素的影响，通过实验对比分析，收集市场信息资料的一种调查方法，常用于产品的品质、价格等改变后，对企业产品销售量、市场份额等有什么样影响的研究。

(3)问卷调查法。问卷调查法是调查者通过设计适合新企业的问卷，向被调查者发放，并于其填写后收回，根据数据处理的结果进行统计分析和定量研究的一种调查方法。问卷是市场信息的重要载体，也是市场调查活动过程的重要控制工具。新企业可通过问卷调查获取市场需求、营销实务、市场竞争等多方面的信息。

(4)抽样调查法。抽样调查法是从所要调查的总体中选出一部分个体作为样本进行调查，并根据抽样所得的结果推断总体的一种调查方法。新企业在进行前期市场调查时，由于企业可能规模较小，创业者可根据企业的情况选择部分调查对象作为抽样样本，以便较快获取所需市场信息。

不同的市场调查方法具有不同的特点，具体见表 12-1。

表 12-1　各种市场调查方法的优缺点

调查方法		优点	缺点
文案调查法		信息丰富，收集方便，费用较低	不能直接针对消费者
实地调查法	观察调查法	简单易行，信息直观可靠	耗时长、成本高，只观察到表象而不够深入
	询问调查法	获取信息较为直接灵活，数据准确	时间比较受限制，拒访率较高
	实验调查法	能够揭示市场变量的因果关系，提高企业决策的科学性	设计较为复杂
问卷调查法		便于对数据进行统计分析，调查结论更为科学	调查时间较长，问卷的有效回收不能得到完全保证
抽样调查法		费用低，易广泛使用；质量可控，可信度高；时间短，收效快	抽样样本的选取可能存在抽样误差

经典案例

吉列公司的成功

男人长胡子,因而要刮胡子;女人不长胡子,自然也就不必刮胡子。然而,美国的吉列公司却把“刮胡刀”推销给女人,居然大获成功。

吉列公司创建于1901年,其产品因使男人刮胡子变得方便、舒适、安全而大受欢迎。进入20世纪70年代,吉利公司的销售额已达20亿美元,成为世界著名的跨国公司。然而吉列公司的领导者并不以此满足,而是想方设法继续拓展市场,争取更多用户。就在1974年,公司提出了面向妇女的专用“刮毛刀”。

这一决策看似荒谬,却是建立在坚实可靠的市场调查的基础之上的。

吉列公司先用一年的时间进行了周密的市场调查,发现在美国30岁以上的妇女中,有65%的人为保持美好形象,要定期刮除腿毛和腋毛。这些妇女之中,除使用电动刮胡刀和脱毛剂之外,主要靠购买各种男用刮胡刀来满足此项需要,一年在这方面的花费高达7 500万美元。相比之下,美国妇女一年花在眉笔和眼影上的钱仅有6 300万美元,染发剂5 500万美元。毫无疑问,这是一个极有潜力的市场。

根据结果,吉列公司精心设计了新产品,它的刀头部分和男用刮胡刀并无两样,采用一次性使用的双层刀片,但是刀架则选用了色彩鲜艳的塑料,并将握柄改为弧形以利于妇女使用,握柄上还印压了一朵雏菊图案。这样一来,新产品立即显示了女性的特点。

为了使雏菊刮毛刀迅速占领市场,吉列公司还拟定几种不同的“定位观念”到消费者之中征求意见。这些定位观念包括:突出刮毛刀的“双刀刮毛”,突出其创造性的“完全适合女性,需求”,强调价格的“不到50美分”,以及表明产品使用安全的“不伤玉腿”,等等。

最后,公司根据多数妇女的意见,选择了“不伤玉腿”作为推销时突出的重点,刊登广告进行刻意宣传。结果,雏菊刮毛刀一炮打响,迅速畅销全球。(摘自豆丁网)

第三节 创业计划的撰写和展示

创业计划是将创业活动的相关内容,借由白纸黑字最后落实的载体。创业计划的质量,往往会直接影响创业者能否找到合作伙伴、获得资金及其他政策的支持。因此,一份好的创业计划往往可以节省创业者大量的时间、金钱和人力成本,还会为创业者寻找资金来源提供清楚而准确的书面保证。

一、创业计划的撰写

为了确保创业计划能起作用,创业者在编制创业计划时应严格注意其撰写的范围、原则、要点和内容。

(一)创业计划的撰写范围

创业计划的撰写要求创业者必须从不同的角度进行广泛而深入的思考,以确定创业计划的范围。

1. 创业者的角度

创业者应比任何人都了解包含在新企业中的创造力和技术。创业者首先必须清楚地表达出新企业在经营什么、有什么特色和卖点。

2. 市场的角度

创业者如果是一位技术专家，他往往只考虑技术和产品本身，而不会去考虑产品能否卖得出去，这就是创业失败的前奏。因此，创业者必须以消费者的眼光来审视企业的经营运作，采取以消费者为导向的市场营销策略，这就需要创业者进行大量的市场调查工作，必要时还可向市场营销专家请教。

3. 投资者的角度

创业者应用投资者的眼光来考察企业的生产经营，投资者往往特别关注创业计划书中的财务规划，如果创业者不具有财务分析和预测的能力，也可聘请外部的财务顾问提供帮助。

(二)创业计划的撰写原则

创业者在撰写创业计划时应遵循以下五个原则。

1. 针对读者，突出主题

创业计划的读者可能是风险投资者、银行、供应商、消费者、雇员及顾问。创业者在编制制创业计划时一定要考虑目标读者，因为每位目标读者感兴趣的内容不同，如风险投资者对创业计划中的市场增长及盈利感兴趣，创业伙伴主要关注产品或服务、市场、盈利及管理团队的运作能力，主要雇员、管理团队则主要关注新企业今后的发展前景。因此，为了引起目标读者的阅读兴趣，创业计划的编写要确定主题，围绕创业产品或服务展开阐述，避免与主题无关的一些内容。

2. 结构完整，内容规范

创业计划要有一套完整的格式，各部分的内容应具有连贯性并严格按顺序编排。首先，创业计划要有索引和目录，以便于读者查阅各个章节；摘要应位于创业计划的最前面。其次，在具体内容上，产品或服务的描述、行业分析、营销策略、创业团队等应使用管理学专业术语，尽量做到规范化、科学化；财务分析最好采用图表描述，形象直观。此外，还应注意创业计划的排版和校对，拼写和排印错误很可能使创业者丧失获得投资或创业伙伴的机会。

3. 周密计划，协调统一

由于创业计划涉及的内容很多，创业者应事先做好计划工作，使写作过程有条不紊地进行。通常，创业者可成立一个写作小组，制订创业编写计划，确定创业计划的种类与总体框架，并确定创业计划编写的日程安排与人员分工。小组成员分工协作，各负其责，最后由组长统一协调定稿，以免零散、不连贯、文风相异等。

4. 合理预测，数字准确

创业者在编写创业计划时，一定要对相关数字以合理的方式进行预测。例如，市场占有率、财务预测分析、投资报酬率等都尽可能做到数字准确，不应做大而化之的粗略估计，不要过分强调或夸大收益状况与可能的成就，不要依据生产能力来预估销售量。同时，创业计划中对目标市场消费特性的描述也要有确实的依据，为此创业者需要做好市场调查研究，并引证官方或学术研究机构的客观统计资料。如果已有具体产品原型，创业者应考虑先进行消费者使用测试并取得专家的检验意见，这样有助于提高创业计划的质量与可信度。另外，还要注意使用资料的时效性，及时更新有关资料数据。

5. 保护知识产权，注意保密

创业计划是创业者辛勤的智力劳动成果，其内容往往具有巨大的商业价值，涉及一些技术和商业机密，因此要求目标读者阅读创业计划后对其内容进行保密是合理的，也是必要的。创业者应尽量不把敏感信息写进创业计划，但要有充分的阐述以令人信服。在创业计划中处理保密问题有多种办法，如在创业计划中添加一段保密条款，其内容的多少和复杂程度视情况而定或者要求读者在一份保密协议上签字等。

(三)创业计划的撰写要点

为了确保创业计划能“击中目标”，创业者在撰写创业计划时应重视以下几点。

1. 关注产品或服务

在创业计划中，创业者应提供所有与企业的产品或服务有关的细节，包括企业所实施的所有调查。例如，产品品牌和商标是什么；产品组合策略是什么；产品正处于什么样的生命周期阶段，它的独特性怎样；产品的生产成本是多少，基于什么定价；企业分销产品的方法是什么；谁会使用企业的产品，为什么；企业新产品开发计划是什么等。创业者应尽量让投资者理解企业的产品或服务，这样投资者才会对创业者的产品或服务产生兴趣。

2. 关注竞争对手

在创业计划中，创业者应细致地分析竞争对手的情况，界定竞争者(竞争对手都是谁)，识别竞争者的目标和战略(竞争对手的战略目标和选择是什么，竞争对手所采用的营销策略是什么，包括产品特点、价格、销售额、毛利润、收入以及市场份额)，分析竞争者的优势和劣势(本企业的产品或服务与竞争对手的产品或服务相比有无差异，本企业相对于每个竞争对手所具有的竞争优势是什么)。总之，创业者要向投资者展示消费者偏爱本企业的具体原因，如本企业的产品质量好、渠道顺畅、定价合理等。此外，创业者还应阐明竞争者给本企业带来的风险及本企业所采取的对策。

3. 关注市场需求

创业者编制的创业计划要为投资者提供新企业对目标市场的深入分析和理解。创业者要通过市场细分变量细致分析地理、人口、心理和行为等因素对消费者购买的影响，并由此选择适合本企业发展的目标市场。目标市场选择完成后，创业者应为目标消费者生产其所需要的产品或服务，进行市场定位，而不是盲目生产、大规模营销，造成企业资源的不足或浪费。

4. 关注财务状况

创业企业的财务计划是投资者最为关注的内容之一，因为它直接关系到新企业能否成长并且成功运作。融资后的资金该如何运用，利润能否保证，创业者只有提供详细的财务信息才能告诉投资者其投资是否值得，投资风险如何。因此，创业计划中必须包括企业的资金明细表、预计的财务报告、资产负债表、现金流量表、盈亏分析、比率分析，具体的生产和设备的成本是多少，企业是买设备还是租设备，解释与产品组装、储存及发送有关的固定成本和变动成本的情况等一系列问题。

5. 关注创业团队

创业者要把创意转化为成功的企业，其关键的因素就是要有一支强有力的管理队伍，这支队伍的成员必须有较高的专业技术知识、管理才能和多年工作经验。在创业计划中，创业者应描述整个管理队伍及其职责，再分别介绍每位管理人员的特殊才能、特点和造诣，细致地描述每位管理者将对公司的贡献。创业计划中还应明确企业管理目标及企业组织机构图。

6. 关注计划书的撰写质量

投资者主要是依据创业者提供的创业计划来做出是否对新企业进行投资的决定，故创业计划的撰写质量十分重要。因此，创业计划必须包括企业内部的基本情况、企业的能力及局限性、企业的竞争对手、营销和财务战略、企业的管理队伍等情况。如果公司是一本书，那么创业计划就是这本书的封面，只有将其做好，创业者才能够吸引投资者的关注。

(四)创业计划的基本结构与内容

由于新企业的类型不同，其创业计划的基本结构与内容可能并不一致，但基本结构大致相同。一般来说，比较全面的新企业的创业计划基本结构与内容如图 12-1 所示。

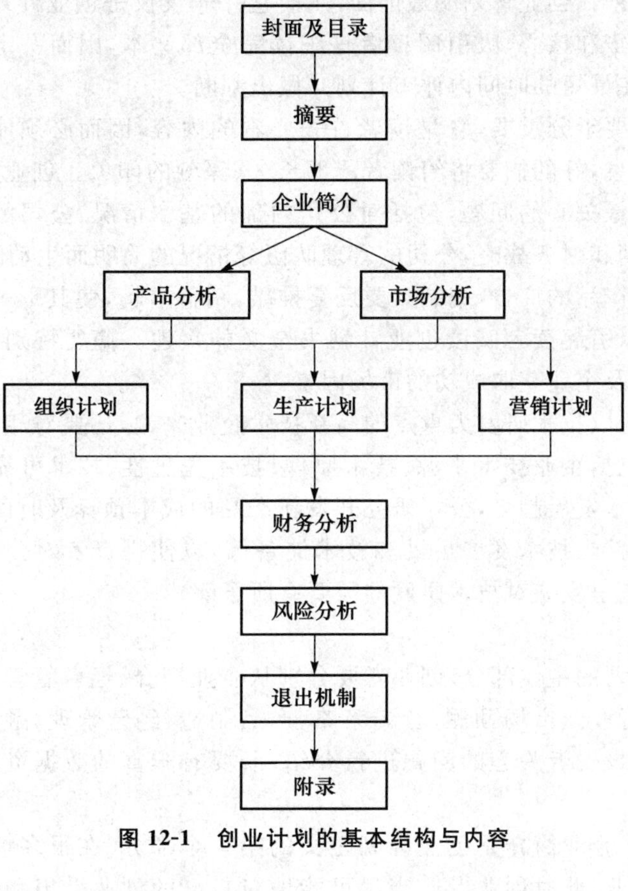

图 12-1　创业计划的基本结构与内容

1. 封面

创业计划的封面页一定要给人以积极、正面的印象，应该看起来既规矩又专业。一般应包括创办企业的名称、地址及传真，创业者的姓名、电话、电子邮件、日期、计划书编号、保密要求等内容。创业计划的标题页则可以放一张企业的项目或产品彩图，但需要留出足够的版面排列上述内容。

创业计划的编号是为了记录发放的具体名单，以免创业计划流传到未授权的人手中。保密要求是有关报告保密性的陈述，这是为了安全起见，对创业者来说很重要。保密要求可放在标题页，也可放在次页，主要是要求投资方项目经理妥善保管创业计划，未经融资企业同意，不得向第三方公开创业计划涉及的商业机密。

创业计划是比较严肃、认真的文件，不可过于耀眼或花哨，封面的设计要具有艺术性，简洁、美观的封面会使阅读者产生最初的好感，形成良好的第一印象。

2. 目录

目录紧接于封面页之后，列出了计划书的主要章节、附录及其对应页码，以便于查找计划书的内容。在创业计划送出之前，增减计划书上的内容会打乱原来的页码，且一般较容易忘记修改目录中的页码，因此创业者要反复核对目录中的页码是否与正文页码一致。

3. 摘要

摘要是对整个创业计划的概括，目的在于用最简练的语言将计划书的核心、要点、特色展现出来。摘要列在创业计划的最前面，然而它并非仅仅是创业计划的前言部分，而是整个创业计划的精华和核心，吸引阅读者仔细读完全部文本，因而一定要简练，以求一目了然，以便读者能在最短的时间内评审计划并做出判断。

创业计划的摘要十分重要，它是读者首先要看的内容，因而必须能让其感兴趣，进而渴望得到更多的信息，好的摘要将给读者留下长久、深刻的印象。创业计划的摘要应从正文中摘录出投资者最关心的问题，包括对公司内部的基本情况、公司的能力及局限性，公司的竞争对手、营销和财务战略，公司的管理队伍等情况的简明而生动的概括。

摘要如同推销产品的广告，编制人要反复推敲，精益求精，使其形式完美，语句清晰流畅而富有感染力，以引起读者阅读创业计划书全文的兴趣。摘要特别要详细说明自身企业的与众不同之处及企业获取成功的市场因素。

此外，对于一些以技术研发为重点的高新技术企业来说，还要对相关技术及其企业研发情况进行分析，包括企业技术来源、技术原理、技术先进性、技术可靠性，公司的技术研发力量和未来的技术发展趋势，公司研究开发新产品的成本预算及时间进度，技术的专利申请、权属及保护情况、技术发展后劲和技术储备等，以使投资者对公司的技术研发队伍的实力、公司未来竞争发展对技术研发的需要有所了解。

4. 正文

正文是创业计划的主体部分，创业者要分别从企业简介、经营管理团队、产品或服务、技术研究与开发、行业及市场预测、营销策略、产品制造、经营管理、融资计划、财务预测、风险控制等方面对投资者关心的问题进行介绍，既要有丰富的数据资料，使人信服，又要突出重点，实事求是。

(1)企业简介。企业简介是创业计划正文的第一个部分，在很多情况下，创业者还没有建立起实际的企业，此时创业者应当尽可能地对自己的创业设想和企业未来的发展规划做一番介绍，让投资者认识自己。在介绍新企业时，创业者首先要说明新企业的发展思路、创意的形成和发展过程,以及企业的目标和发展战略。在这一部分主要介绍企业基本情况(如企业名称、地址、性质等信息)、企业理念和宗旨、企业近期以及未来发展规划和前景等。

(2)产品分析。具有市场前景的产品或服务是新企业利润的源泉,创业伙伴和风险投资者最关心的问题之一就是新企业的产品或服务的创新性和实用性。创业者要对新产品或服务做出详细的说明,且该说明应该准确、通俗易懂,尽量避免用专业性很强的术语,使即使是外行的投资者也能够清楚地理解。需要注意的是,创业者在描述产品或服务时,应力求实事求是,计划中的每一笔承诺都要在未来尽力去兑现。通常产品分析应包括以下六方面的内容。

①产品的名称、特征及性能用途。

②产品的研究和开发情况。

③产品处于生命周期的哪一阶段。

④产品的成本分析。

⑤产品的市场前景和竞争力如何。

⑥产品的技术改进及改进的成本。

(3)市场分析。市场分析有助于创业者确定企业的业务性质和种类,也有助于创业者了解消费者需求和购买行为特点,从而提供相适应的产品或服务。此外,市场分析能够描述出企业预期的销售额和市场份额,有助于企业说服投资者相信创业者对于创业机会的把握是准确的。市场分析主要涵盖需求调查、购买行为调查及销售预测等。通常来说,市场分析应包括以下五方面的内容。

①市场对这种产品或服务的需求。企业要想在市场中取得有利地位,就必须对市场及需求有深入的了解和敏锐的洞察力。

②市场细分及其特征。市场细分即把潜在的消费者按某种特点进行细分,如地理因素、人口统计学变量(年龄、性别、家庭人数、收入)、行为变量(利益追求、产品使用率、品牌忠诚)和产品种类(因产品而异),并在此基础上确定本企业的目标市场,包括销售对象(目标消费者与主要消费者)、销售区域以及销售范围。

③目标市场的竞争状况。创业者要明确新企业面临的主要竞争对手,他们的产品优势、产品定位和销售策略,以及他们在市场中占有的份额,通过与本企业进行对比,评估自己的市场竞争力和竞争地位,进而说明本企业的相对竞争优势及其来源。

④未来市场的发展趋势。创业者要结合具体的企业营销战略和竞争情况,建立营销预算,然后根据预算结果及创业者对竞争的分析,综合预测未来市场的前景和发展趋势。

⑤预计的市场份额和销售额。创业者应以上面陈述的各种因素为基础,从行业协会中寻找一家具有可比性的企业或出售具有可比性产品的企业,分析其销售数据,预测本企业1～3年内能够获取的市场份额百分比,以及1～3年内的销售额。

(4)组织计划。作为创业计划的一部分,组织计划主要介绍了以下内容。

①公司的组织情况。具体包括公司的性质(股份制公司、合作经营公司还是个人独资公司)、公司的股本情况和股权结构、公司的组织结构图及各部门的职能。

②团队介绍。介绍当前或未来有可能参与公司经营和业务发展的主要人员(包括董

事、监事、高级管理人员及主要技术人员），描述他们的背景及能够为公司业务发展做出贡献的特殊才能。

③人力资源发展计划。具体包括公司的人才招聘计划、员工培训计划、公司的报酬和分红体系及激励机制。

④聘请中介机构情况。介绍公司聘请的财务顾问、会计师、律师及关联银行等中介机构。中介机构的作用不可忽视，它们一般有一定的行业背景，新企业聘请中介机构，借助“外脑”可以高效地拓宽公共关系。

(5)生产计划。如果新企业是零售店或服务型企业，则这一部分计划内容为“经商计划”，其内容应包括对货物购买、存储控制系统及库存需求等的具体描述。生产计划应主要介绍以下内容。

①产品的生产流程。

②产量或生产规模。

③需要的生产设备和购置设备的成本。

④产品的质量控制和质量改进计划。

⑤对于该产品的进一步的研发计划。

(6)营销计划。潜在的投资者通常认为营销计划是新企业成功的关键。营销计划是系统性的经营计划，包括产品从生产直至达到最终用户手中的全过程。营销计划的质量可以充分展示创业者的创业能力，其主要介绍以下内容。

①预期的销售渠道构成及实现的方案。创业者在选择销售渠道时，应从畅通高效、覆盖适度、稳定可控等方面来考虑，并确定销售渠道的构成及如何实现。

②销售队伍人员的配置及管理方法。创业者应比较完整地介绍销售队伍的组建方式，包括人员安排、具体职责、培训计划及考核和管理办法等，尤其要提到培训计划和激励机制的相关内容。

③销售渠道建设中可能遇到的问题及解决方案。创业者应列出销售渠道建设中可能出现的问题，并提出可能的解决方案，提前做好准备。

④销售渠道的发展方向及各阶段目标。创业者需要展示新企业营业渠道的动态变化过程，明确销售渠道未来的发展方向和目标，统一、协调、有效地引导各渠道充分合作，确保总体营销目标的实现。

⑤产品的价格及制定依据。产品的价格受多种敏感因素的影响，如成本、市场需求等。创业者既要考虑成本的补偿，又要考虑消费者对产品价格的承受能力，因此在创业计划中应该明确表述这些内容，并讲清缘由。

⑥产品的促销策略。产品的促销策略主要包括人员推销(推销人员和消费者面对面进行推销)和非人员推销(广告、公共关系、营业推广等)。创业者在创业计划中应结合市场和产品的实际情况，设计切合实际的促销策略，通过向消费者传递产品信息，引起他们的注意和兴趣，激发他们的购买欲望和购买行为，从而达到扩大销售的目的。

(7)财务分析。投资者会根据财务分析这部分内容来判断企业未来经营的财务损益状况，进而从中判断能否确保自己的投资获得预期理想的回报，因此财务分析需要创业者花费较多的精力来做具体分析，以吸引风险投资者。财务分析一般要包括以下内容。

①投资估算。准确全面估算创业计划的投资需求是创业计划可行性研究的重要内容，对投资决策具有重大影响。投资估算包括创业者预计的投资金额、创业者期望从风险投资者那里获得的投资金额、可能的融资方式、投资资金的收支安排、企业的投资收益和未来再投资的安排。

②制作现金流量预估表。现金流量表是反映企业一定期间内现金及现金等价物流入和流出信息的财务报表。通过现金流量表，创业者可以评价企业的支付能力、偿债能力和周转能力，可以了解企业未来的现金流量，有助于分析企业收益质量及影响现金净流量的因素。这些信息对外部投资者来说非常重要，因为现金流量影响银行的贷款能否顺利地收回，风险投资者的资金能否及时地退出。

③制作损益预估表。损益表是反映一定期间内经营成果的财务报表，主要提供有关经营成果方面的信息，包括收入、成本和费用、利润等。利用这些信息，投资者可以了解这一期间内收入实现情况和费用耗费情况，了解生产经营活动的成果，了解企业的盈利能力和变化趋势。

④制作资产负债预估表。资产负债表是反映企业在某一特定时期财务状况的报表。通过资产负债表，投资者可以了解企业资产和负债的总额及构成情况，可以了解所有者的权益。企业未来的每一笔经济业务都会影响资产负债表。

资产负债表就是根据“资产＝负债＋所有者权益”这一关系，依照一定的分类标准和顺序，把企业一定时期的资产、负债和所有者权益各项目予以适当排列。创业者至少应给出新企业开始的3～5年的预计财务报表，以便对企业的长期经营有一个全面的估计和认识。资产负债预估表应与损益预估表和现金流量预估表的数据保持一致，汇总创业者的资产、负债、财产净值。

⑤盈亏平衡分析。盈亏平衡分析是通过盈亏平衡点分析创业项目成本与收益的平衡关系的一种方法。各种不确定因素（如投资、成本、销售量、产品价格、项目寿命期等）的变化都会影响投资方案的经济效果。当这些因素的变化达到某一临界值时，就会影响投资方案的取舍。盈亏平衡分析的目的是找出临界值，即盈亏平衡点（在这一点上，项目刚好不亏不盈），以此判断投资方案对不确定因素变化的承受能力，为决策提供依据。

⑥预计投资回收期。投资回收期是指项目投产后用所获得的年净收益抵偿全部投资（包括固定资产投资和流动资金投资）所需要的时间，又称投资返本期。投资回收期的计算分为静态和动态两种。静态投资回收期是指项目从建设开始之日起，到用项目每年所获得的净收益将全部投资补偿所需的时间，通常以年来表示；动态投资回收期是指项目在某一特定折现率下，各年净现金流量现值累计和为零的年限，是使累计净现金流量现值从负变正的临界点。

(8)风险分析。由于创业环境的动态变化性，任何一家新企业都将面临一些潜在的风险。即使这些因素对新企业不构成威胁，创业计划中也应讨论为什么新企业不受这些风险的威胁。一般来说，创业计划中的风险分析应包括市场风险、技术风险、经营风险、财务风险、人力资源风险、自然灾害风险及其他不可预见的风险等项目，且创业者要针对所提出的各种风险逐项进行风险应对分析。

对于企业可能面临的各种风险，创业者最好采取客观、实事求是的态度，不能因为其产生的可能性小就忽略不计，也不能为了增大获得投资的机会就故意缩小、隐瞒风险因素，而应该对企业所面临的各种风险都认真地加以分析，并针对每一种可能发生的风险制定相应的防范措施，这样才能取得投资者的信任，也有利于引入投资后双方的合作。

(9)退出机制。如果新企业准备吸引风险投资，那么在创业计划中就必须说明风险资本退出的方式，因为风险投资家并不愿意长期持有企业的股份。风险投资者退出的方式包括以下几种。

①偿付协议退出。创业者在一定的时候按照约定的价格和比例回购风险投资者持有的股份。

②上市退出。如果企业能够实现公开上市，则风险投资者能够通过证券市场把手中持有的股份抛出，这样就能够成功地退出企业。

③兼并收购退出。在创业计划中规定风险投资者在一定的条件下可以将手中持有的股份通过协议的方式转让给其他股东或企业。

5. 附录

创业计划的附录主要是对创业计划中涉及的一些问题的细节和相关的证书、图表进行描述或证明，如企业的营业执照、公司章程、验资审计报告、税务登记证、高新技术企业(项目)证书、专利证书、鉴定报告、市场调查数据、主要供货商及经销商名单、主要客户名单、场地租用证明、企业及其产品的介绍和宣传等资料、工艺流程图、各种财务报表及财务预估表、专业术语说明等，其与创业计划主体部分一起装订成册。

经典案例

“都市快餐店”计划书

一、快餐店概况

(1)本店属于餐饮服务行业，名称为“都市快餐店”，是个人独资企业，主要提供中式早餐，如油条、小笼包等各式中式点心和小菜，午餐和晚餐多以炒菜、无烟烧烤为主。

(2)本店位于××路商业步行街，开创期是一家中档快餐店，未来将逐步发展成为像肯德基、麦当劳那样的快餐连锁店。

(3)本店的所有者是×××、餐厅经理×××、厨师×××，3人均有6年以上的餐饮工作经验，以大家的智慧、才能和对事业的一颗执着的心，一定会在本行业内大展拳脚。

(4)本店需创业资金××万元，其中××万元已筹集到位，剩下××万元向银行贷款。虽然开始时只是梦想，但只要不停地努力，不轻易放弃，梦想就能成真。

二、经营目标

(1)由于处于商业街，客源相对充足，但竞争对手也不少，特别是本店刚开业，想要打开市场，必须在服务质量和产品质量上下功夫，并且要进一步扩大经营范围以满足消费者的不同需求。短期目标是在××路商业步行街站稳脚跟，1年收回成本。

(2)本店将在3年内增设3家分店，逐步发展成为一家经济实力雄厚并有一定市场占有率的快餐连锁集团，在本市众多快餐品牌中闯出一片天地，并成为餐饮市场的知名品牌。

三、市场分析

(1)客源。本店的目标消费者包括：到××路商业步行街购物娱乐的一般消费者，约占50%；附近学校的学生、商店工作人员、小区居民，约占50%。客源数量充足，消费水平处于中低档。

(2)竞争对手。本店附近共有4家主要竞争对手，其中规模较大的有1家，其他3家为小型快餐店，这4家饭店的经营期均在两年以上。其中，××快餐店中西兼营，价格较贵，客源相对较少；另外3家小型快餐店卫生情况较差、服务质量较差，就餐环境拥挤、脏乱。本店抓住了这4家快餐店现有的弊端，推出"物美价廉"等营销策略，力争在激烈的市场竞争中占有一席之地。

四、经营计划

(1)本店主要是面向大众，因此菜价不太高，属中低价位。

(2)大力开发便民小吃，早餐要品种丰富、价格便宜，因地制宜地推出中式早餐套餐。

(3)午餐、晚餐提供经济型、营养丰富的菜肴，并提供优雅的就餐环境。

(4)随时准备开发新产品，以适应变化的市场需求，如本年度目标是设立"送餐到家"的服务。

(5)经营时间：6：00-21：00。

(6)对于以上计划，我们将分工协作，各尽其职。我们将会在卫生、服务、价格、营养等方面下功夫，争取获得更多的客源。

五、人事计划

(1)本店开业前期，初步计划招收××名全日制雇员(包括××名厨师)，××名临时雇员(含厨师)，具体内容如下。

①通过劳务市场招聘本市户口、有一定工作经验、有良好职业道德、年龄为20～30岁、有意加入餐饮行业的人员。应聘者持"招聘员工登记表"并附个人资料来本店面试。

②经面试、笔试、体检合格者，与其签订劳动合同(含试用期)。

(2)为了提高服务人员整体素质，被招聘上岗的人员需要接受两个月的培训，具体内容如下。

①制订培训计划，确定培训目的，制定评信方法。

②实施培训计划，贯彻学习劳动纪律和各种规章制度。

③考核上岗，对于不合格者令其停职学习，扣除20%的工资，直至合格为止。对于连续3次考试不合格者，扣除其当月全部工资和福利。

六、销售计划

(1)开业前进行一系列企业宣传工作，向消费者介绍本店"物美价廉"的销售策略，还会发放问卷调查表，根据消费者的需求完善本店的产品和服务内容。

(2)推出会员制的季卡、月卡，从而吸引更多的消费者。

(3)每月累计消费1 000元者可参加每月月末大抽奖，中奖者(1名)可获得价值888元的礼券。

(4)每月累计消费100元者，赠送价值10元的礼券；每月累计消费200元者，赠送20元礼券，以此类推。

七、财务计划

本店内所有账目情况必须及时入账，支出与收入的钱款必须经由会计入账或记录后方能使用，记账使用复式记账法，以科学的方法进行管理，以免账务混乱。每日的收入应及时进行清点，所有点菜的菜单及收款的凭据必须保存并一式两份，以便核对及入账。店内所有的物品属于店内的固定资产，不得随意破坏或带走，每月的总收益，除去一切费用，剩下的存入银行；如果每月结算后，收入比计划高，将适度调整工资，以调动大家的工作热情，如发现有人在工作中无故破坏本店的财产，将从责任人的工资或奖金中扣除以弥补损失。

(1)本店固定资产××万元。

桌椅××套。

营业面积××平方米。

冷冻柜××台。

灶件：若干。

(2)每日流动资金为××万元(主要用于突发事件以及临时进货)。

(3)对于账目，要做到日有日账，月有月账，季有季账，年有年终总账，这样企业的盈亏在账面上一目了然，避免了经营管理工作的盲目性。

注：因刚开业，所以在各种开销上要精打细算，但要保证饭菜的质量，尽量把价格放低。

八、附录

附录1：法律要求

为保证食品卫生，防止食品污染和有害因素对人体的危害，保障人民身体健康，增强人民体质，严格遵守国家、地方有关法规要求，具体如下。

(1)食品生产经营企业和食品摊贩必须先取得卫生行政部门发放的卫生许可证，方可向工商行政管理部门申请登记；未取得卫生许可证的，不得从事食品生产经营活动。食品生产经营者不得伪造、涂改、出借卫生许可证。

(2)食品生产经营过程必须符合下列卫生要求。

①保持内外环境整洁，采取消除苍蝇、老鼠、蟑螂和其他有害昆虫及其滋生条件的措施，与有毒、有害场所保持规定的距离。

②食品生产经营企业应当有与产品品种、数量相适应的食品原料处理、加工、包装、储存等厂房或者场所。

③应当有相应的消毒、更衣、盥洗、采光、照明、通风、防腐、防尘、防蝇、防鼠、洗涤、污水排放、存放垃圾和废弃物的设施。

④设备布局和工艺流程应当合理，防止待加工食品与直接入口食品、原料与成品交叉污染，食品不得接触有毒物、不洁物。

⑤餐具、饮具和盛放直接入口食品的容器，使用前必须洗净、消毒，炊具、用具用后必须洗净，保持清洁。

⑥储存、运输和装卸食品的容器包装、工具、设备和条件必须安全、无害，保持清洁，防止食品污染。

⑦直接入口的食品应当有小包装或者使用无毒、清洁的包装材料。

⑧食品生产经营人员应当经常保持个人卫生，生产、销售食品时，必须将手洗净，穿戴清洁的工作衣帽；销售直接入口食品时，必须使用售货工具。

⑨用水必须符合国家规定的城乡生活饮用水卫生标准。

⑩使用的洗涤剂、消毒剂应当对人体安全、无害。

(3)禁止生产经营的食品。

①腐败变质、油脂酸败、霉变、生虫、污秽不洁、混有异物或者其他感官性状异常，可能对人体健康有害的。

②含有毒、有害物质或者被有毒、有害物质污染，可能对人体健康有害的。

③含有致病性寄生虫、微生物的，或者微生物毒素含量超过国家限定标准的。

④未经兽医卫生检验或者检验不合格的肉类及其制品。

⑤病死、毒死或者死因不明的禽、畜、兽、水产动物等及其制品。

⑥容器包装污秽不洁、严重破损或者运输工具不洁造成污染的。

⑦掺假、掺杂、伪造，影响营养、卫生的。

⑧用非食品原料加工的，加入非食品用化学物质的或者将非食品当作食品的。

⑨超过保质期限的。

⑩为防病等特殊需要，国务院卫生行政部门或者省、自治区、直辖市人民政府专门规定禁止出售的。

⑪含有未经国务院卫生行政部门批准使用的添加剂的或者农药残留超过国家规定容许量的。

⑫其他不符合食品卫生标准和卫生要求的。

附录2：菜单

本店地址：××路商业步行街。

联系电话：××××。

本店的营业时间：××××。

本店提供品种：××××。（摘自职业餐饮网）

二、创业计划的展示

创业计划编制完成并发放后，如果创业者的创业计划引起了一位投资者或银行家的兴趣，或者需要与其他竞争者竞争商业机会，那么创业者通常就需要对自己的创业计划进行口头介绍和展示。要想获得投资者或银行家的最终肯定，创业者如何展示自己的创业计划是关键。

(一)准备并发表精彩的创业计划演讲

首先，创业者尽可能多地收集听众的信息，通过网络搜索和仔细调查听众的背景信息；其次，创业者要清楚自己的演讲时间，并提前做好规划，严格控制时间，反复练习演讲；再次，创业者的着装也要得体，团队成员的着装最好统一。此外，创业者要使演讲生动有趣、充满激情，如介绍个人经历或趣闻逸事、保持幽默、通过手势和激昂的语调显示热情等。

(二)充分利用展示媒介

一场成功的展示仅有激情澎湃的演讲是不够的,通常还要结合多种展示手段,多渠道、全方位地展示创业计划。通常,创业者在创业计划的展示过程中能用到的展示手段有视频、实物(产品、模型)、幻灯片等。

1. 视频

视频可以大幅度地增强视觉信息的传递效果,提高信息的传递效率,这是仅凭口头话语无法达到的。创业计划展示的开场视频一般都可以很好地打开局面,渲染出展示的气氛,吸引投资者的目光。

2. 实物

实物一般指实际产品、模型,具有极强的说服力和吸引力。实物展示主要有两类:一是产品功能效果的展示,二是技术原理的说明。实物展示可以增加真实性,提高创业计划的可信度。

3. 幻灯片

幻灯片展示是创业计划展示必不可少的部分,也是最关键的部分。创业者需要注意的有如下方面。

(1)幻灯片的风格要符合整个展示的主基调,要与创业计划保持统一;幻灯片的背景不要选用太多色彩,一般1～2种比较合适,背景图案要尽量简单大方;幻灯片的版式要统一,有统一的展示模式和模板,要给人规范、专业的感觉。

(2)幻灯片的内容安排要合理,其内容安排主要是指每一张幻灯片展示内容的安排和布局,幻灯片首页设计要美观,在一致性的基础上,增添团队和创业计划个性设计;幻灯片展示要确定一个整体展示思路,按一般的展示顺序进行,通常有概述、问题引出、企业简介、产品或服务介绍、市场分析、团队介绍、生产与销售、财务分析、风险控制和最后的总结。

思考题

(1)创业计划有哪些作用?

(2)制订创业计划需要哪些步骤?它包含哪些内容?

实训与操作

1. 实训目的

(1)培养大学生的创业意识,激发大学生的自主创业热情。

(2)提高大学生的实践动手能力,以提升大学生创业素质及综合能力。

2. 实训内容

以创业计划小组的形式参赛,每组交一份创业计划书。

创业计划书的内容应该包括以下几方面。

(1)核心内容。核心内容包括产品或服务、独特的市场分析和竞争分析、可行的财务预算、明确的投资方式、管理队伍和公司介绍等。每项创业计划的初次投资不超过20万元。

(2)写作框架。

①创业计划概要,包括公司简介、公司名称、公司的基本运作、产品或服务、业务范围

和创立公司的原因等。

②产品或服务。

③市场分析。

④竞争分析。

⑤经营策略。

⑥生产计划。

⑦财务分析。

3. 实训组织与实施

(1)教师介绍本次活动的时间、内容和基本要求,创业计划书的设计样式和具体要求等。

(2)将学生按情况分成若干组。

(3)各组的选题和指导工作可由教师安排和指导。

4. 注意事项

(1)创业计划小组在进行调查研究时要注意安全。

(2)在拟写创业计划书前要认真研究市场需求。

(3)确定产品或服务时最好是自己比较熟悉的行业。

Chapter 13

第十三章 新企业的创建

学习目标

- 了解企业的法律形态、设立条件及登记办法，能够根据自身实际情况选择初创企业的法律形态。
- 了解企业选址所考虑的各方面影响因素。
- 理解新企业涉及的法律及伦理问题。

案例导读

侵害“庆丰”商标及不正当竞争纠纷案

北京庆丰包子铺（以下简称庆丰包子铺）以山东庆丰餐饮管理有限公司（以下简称庆丰餐饮公司）侵害其商标权及构成不正当竞争为由提起民事诉讼。

庆丰包子铺主张，庆丰餐饮公司的法定代表人徐庆丰曾在餐饮服务业工作，明知庆丰包子铺商标及字号的知名度，仍使用“庆丰”字号成立餐饮公司，并在其官网、店面门头、菜单、广告宣传上使用“庆丰”或“庆丰餐饮”标识，构成侵害庆丰包子铺的商标权及不正当竞争。

庆丰餐饮公司认为，其有权将公司法定代表人的名字注册为字号，且有权使用经工商部门依法注册的企业名称；庆丰包子铺的商标并非驰名商标，其使用的标识与庆丰包子铺的注册商标既不相同也不近似。

山东省济南市中级人民法院一审认为，庆丰餐饮公司使用“庆丰”与其使用环境一致，且未从字体、大小和颜色方面突出使用，属于对其字号的合理使用。庆丰包子铺在庆丰餐饮公司注册并使用其字号时的经营地域和商誉未涉及或影响到济南和山东其他地区，不能证明相关公众存在误认的可能，故不构成对庆丰包子铺商标权的侵害，判决驳回庆丰包子铺的诉讼请求。山东省高级人民法院二审维持一审判决。

庆丰包子铺向最高人民法院申请再审，最高人民法院提审后认为，庆丰餐饮公司构成侵害庆丰包子铺的商标权及不正常竞争，改判撤销一审、二审判决，庆丰餐饮公司立即停止侵害商标权的行为及停止使用“庆丰”字号并赔偿庆丰包子铺经济损失及合理费用5万元。

对于该案典型意义，最高法介绍，本案中明确，公民享有合法的姓名权，当然可以合理使用自己的姓名。但公民在将其姓名作为商标或企业字号进行商业使用时，不得违反诚实信用原则。

明知他人注册商标或字号具有较高的知名度和影响力，却仍然注册与他人字号相同的企业字号，在同类商品或服务上突出使用与他人注册商标相同或相近似的商标或字号，具有攀附他人注册商标或字号知名度的恶意，容易使相关公众产生误认，其行为不属于对姓名的合理使用，构成侵害他人注册商标专用权和不正当竞争。

最高法院进一步指出，如本案中的情形，在注册商标已经具有较高知名度的情况下，庆丰公司的使用方式一方面容易使相关公众对其与庆丰包子铺的关系产生混淆误认；另一方面其所创造的商誉也只能附着在“庆丰”品牌上，实则替他人做嫁衣裳，也不利于其企业自身的发展。反之，其变更企业名称后，可以通过诚信经营及广告宣传，提高企业的商誉和知名度，打造出自己的品牌，获得双赢格局。(摘自《人民法院报》)

第一节　新企业的创建条件与法律形式

新企业是指创业者在不确定的环境中，把握创业机会，有效整合创业资源，并进行从无到有、从简单到复杂的创新性经济活动的组织。新企业既有动态含义也有静态含义。从动态含义来看，新企业是一种创业活动、创业行为、创业过程；从静态含义来看，新企业是上述活动、行为和过程的结果，是对这种结果的组织描述。

当创业者决定开始创业时，需要做很多事情，其中比较重要的事情有考察创建新企业的条件、决定新企业的注册形式、考虑新企业的选址及解决新企业成立时的相关法律伦理问题。企业注册主要遵循相关法律要求即可，企业选址则需要遵循更多的技巧和方法；法律伦理问题经常为新企业所忽视，但对于希望实现健康、可持续成长的新企业来说是必须积极应对的。

一、新企业的创建条件

有关学者和业内人士认为，新企业的创建及新事业的诞生是衡量创业者创业行为的直接标志，甚至可以将是否创建了新企业作为个人是否为创业者的衡量标准。不管是在既有企业内部创业，还是创办新企业，创业者都面临着时机、地点等要素的选择。创业者在决定创业之前首先应该清楚自己该不该建立新企业，是否具备建立新企业的一些必要条件。

(一)是否具备创建新企业的外部环境

一个好的外部环境可以为创业者提供建立企业的良好时机。创业需要有适当的制度、政策、金融、市场、科技和人文环境。传统计划经济时期,个人无法创业,关键在于那时缺少个人创业的经济制度与政策环境,而现在虽然国家和社会对创业都非常支持,但是创建一个新企业之前同样要考察相关的外部环境。

政府对创业者的帮助和支持表现在对新企业提供包括房产、水电、通信方面的基础设施支持,鼓励创业的财政支持和税收等方面的政策支持,以及对特定行业的发展支持等。没有政府的政策支持,新企业很难在艰苦的投入大于收益的阶段获得持续的发展动力和回报。例如,政府对于高科技企业的创办给予了良好的支持,包括制定具有引导性的政策,制定新的法律法规;建立高新技术创业园区、减免部分新企业税收;提高新企业的审批效率;鼓励留学人员创业等。

创业者在做出创业决策时,需要考虑新企业的产品或服务是否符合当地政府的要求、企业的经营业务将受到政府鼓励还是抑制、能够享受哪些优惠政策、需要履行怎样的企业义务等。

(二)是否具有强烈的创业意识

很多创业者都是在强烈的"做老板"的意识下创建了自己的企业,在自己创办的企业里为自己工作,做自己喜欢的事情,实现自己的人生理想和抱负,这也是大多数创业者的创业动因。一个没有"做老板"的欲望的人是无法创业的,因为他不可能有应对创业的挑战、机遇、困难、烦恼的任何心理准备,即使他受人挑动,盲目上阵创办企业,也必然会败下阵来。

(三)是否出现了有利的市场机会

市场机会源于创意,但并不是所有的创意都会成为市场机会。大多数经营者在代理其他品牌产品的时候,往往希望能够存在一个很好的市场机会,使自己目前的业务有所发展或者开拓更多的业务方向。因此,绝大多数的经营者对创意都很敏感,而很多很好的市场机会并不是突然出现的,而是对于"一个有准备的头脑"的一种"回报"。

寻找市场空白是最直接有效的发掘有利市场机会的方法。市场存在空白就意味着巨大的消费需求的存在,但问题是创业者本人看到的市场空白其他人往往也能看到,即使创业者是最先看到这片市场空白的人,但也有可能被后来者模仿甚至超越。

(四)是否可以开发能创造市场的产品

开发出能创造市场的产品是创业者起步创业的最为直接的可能性。

经典案例

大疆:用无人机科技改变世界

最近三年,随着无人机市场的兴起,大疆的销售额增长80倍,成为全球增长最快的科技公司之一。

2014年11月13日,美国洛杉矶,一家公司的发布会吸引了美国科技媒体像报道苹果一般的"礼遇",会上该公司发布了目前技术最先进、拍摄性能最完美的消费级飞行器。

这是一家名为“大疆创新”的中国公司，英文名 DJI，是一家深圳本土的无人飞行器控制系统和无人机制造商，曾被《连线》前主编、全球创客运动的旗帜人物克里斯·安德森称作无人机领域“最像苹果的公司”，安德森的另一个身份则是大疆的竞争对手——美国无人机制造商 3D Robotics 的创始人。

湖南卫视热播电视节目《爸爸去哪儿》中经常在空中飞舞的高空拍摄设备，便是大疆公司的产品。2013 年底给员工发了 10 辆奔驰作为年终奖的公司，也是大疆。

无人机市场的中国身影：大疆

大疆最新发布的产品 Inspire 1，重约 2.7 kg，属于其产品线中的中端产品，与上一代产品 Phantom 相比，Inspire1 速度可提升至 45 km/h，最高能飞至 300 m 的空中，与操控者的最远距离能达到 700 m。

这款飞行器配备了大疆目前最高规格的相机，支持最高可达 4K 的视频录制，较 Phantom 的 1 080 p 有了三倍的提升，而且可以通过大疆的 App 将高清视频实时传回移动设备。

Inspire 1 的另外一个亮点，是其可在飞行中变形，通过遥控器可以在飞行中升起螺旋桨臂，收起起落架，保证航拍 360°无遮挡。另外一个比较实用的功能是，Inspire 1 支持双人同时操控，使用中可以一个人用遥控器控制机器飞行，另一个人则通过另一台遥控器控制拍摄。Inspire 1 价格并不便宜，单个遥控器版预售价 17 999 元，双遥控器版售价 19 999 元。

公开资料显示，大疆公司创办于 2006 年，2010 年，其年销售额仅为 300 万元，而仅仅四年后，根据研究机构 Frost & Sullivan 的数据，在全球小型无人飞行载具市场中，该公司控制了惊人的、超过一半的份额。

大疆创始人汪滔表示，“我们的目标就是自己至少要高第二名的出货量十倍以上。因为量大之后可以做到成本更低；而且好的收益让我的研发能力也可以是他们的十倍，最终好产品和技术一定是来自我们。”

最近三年，随着无人机市场的兴起，大疆的销售额增长 80 倍，成为全球增长最快的科技公司之一。

“无人机技术正处在颠覆世界的前夜。”×大奖创始人、奇点大学联合创始人彼得·戴曼迪斯(Peter Diamandis)如此评价这波无人机技术浪潮。他被誉为全球商业太空探索的领军人，共创立了十几家商业太空探索公司，已将 8 位顾客送上了国际空间站。（摘自腾讯科技）

(五)是否有能创造市场的商业模式

21 世纪是信息时代，互联网的飞速发展极大地推动了信息的数字化和网络化，信息的获取和传递变得非常容易。一些著名的大公司和中小公司纷纷通过互联网获取和发布信息，直接进行网上交易。借助互联网，消费者可以随时在网上购物，企业也可以利用互联网为消费者提供适时、特定的服务，企业之间也可以通过互联网进行产品销售或购买，因此互联网上蕴藏着大量的商机。正是看到了这一庞大的商机，亚马逊公司创造了新的图书销售模式，团购、云计算等新兴的商业模式造就了大量的市场。

(六)是否有机会掌握独立创业的独特资源

这里所说的独特资源有很多种，如获得了某种有利于自己独立创业的特许权就是一种独特资源。创业者一旦拥有了这类资源，就不会遇到过多的竞争者，也就不会进入一个拥挤的市场,其创业成功的概率会大大提高。

二、新企业的法律形式

当前,中国注册登记的企业法律形式一般包括个体工商户、个人独资企业、合伙企业和有限责任公司四种。对大学生创业者来说,注册登记的企业法律形式基本上也是这四种。

(一)个体工商户

个体工商户经营的主要法律依据是《个体工商户条例》。个体工商户是指有经营能力并依照《个体工商户条例》的规定经工商行政管理部门登记,从事工商业经营的公民。截至2014年2月底,全国个体工商户户数达4 480.18万户,已成为促进社会经济发展和吸纳劳动力就业的重要力量。

公民要申请登记为个体工商户,应当向经营场所所在地登记机关申请注册登记。申请人应当提交登记申请书、身份证明和经营场所证明。个体工商户登记事项包括经营者姓名和住所、组成形式、经营范围和经营场所。个体工商户使用名称的,名称作为登记事项。个体工商户的字号名称在申请登记管辖机关范围内同一行业中不得重名。个体工商户的字号名称一般应体现其所属行业,字号名称前冠以区县地点,直接冠以市名的须经市级工商行政管理部门核准后方可。目前,国家大力推行电子营业执照,电子营业执照与纸质营业执照具有同等法律效力。

个体工商户可以由个人经营,也可以由家庭经营。由个人经营的商户,以个人全部财产承担民事责任;由家庭经营的商户,以家庭全部财产承担民事责任。

(二)个人独资企业

个人独资企业是指依照《中华人民共和国个人独资企业法》(以下简称《个人独资企业法》)在中国境内设立,由一个自然人投资,财产为投资者个人所有,投资者以其个人财产对企业债务承担无限责任的经营实体。

1. 个人独资企业的设立条件

(1)投资者为一个自然人。

(2)有合法的企业名称。个人独资企业的名称应当与其责任形式及从事的营业相符合,不能使用"有限""有限责任""公司"字样,可以是厂、店、部、中心、工作室等。

(3)有投资者申报的出资。设立个人独资企业,投资者可以用货币出资,也可以用实物、土地使用权、知识产权或其他财产权利出资。

(4)有固定的生产经营场所和必要的生产经营条件。

(5)有必要的从业人员。

2. 个人独资企业的法律特征

(1)在组织结构形式上,个人独资企业是由个人创办的独资企业,其投资者是一个自然人。国家机关、国家授权投资机构或国家授权的部门、企业、事业单位等都不能作为个人独资企业的设立人。

(2)在责任形态上,投资者个人以其个人财产对企业债务承担无限责任。投资者若以家庭共同财产作为个人投资的，以家庭共同财产对企业债务承担无限责任，这是个人独资企业区别于有限责任公司和股份有限公司等企业形式的基本特征。

(3)从性质上看，个人独资企业是非法人企业。个人独资企业没有独立的资产，企业的财产就是投资人的财产，企业的责任就是投资人的责任。因此，个人独资企业无独立承担民事责任的能力。个人独资企业虽然不具备法人资格，但它是独立的民事主体，能够以自己的名义从事民事活动。

(三)合伙企业

合伙企业是指自然人、法人和其他组织依照《中华人民共和国合伙企业法》(以下简称《合伙企业法》)在中国境内设立的，其分为普通合伙企业和有限合伙企业。普通合伙企业由普通合伙人组成，合伙人对合伙企业债务承担无限连带责任；有限合伙企业由普通合伙人和有限合伙人组成，普通合伙人对合伙企业债务承担无限连带责任，有限合伙人以其认缴的出资额为限对合伙企业债务承担责任。

1. 合伙企业的设立条件

订立合伙协议、设立合伙企业，应当遵循自愿、平等、公平、诚实信用原则，并具备以下条件。

(1)有两个以上的合伙人，合伙人为自然人，应当具有完全民事行为能力。

(2)有书面合伙协议。合伙协议应当载明的事项有：合伙企业的名称和主要经营场所的地点，合伙目的及合伙企业的经营范围，合伙人的姓名及其住所，合伙人出资的方式、数额和缴付出资的期限，合伙企业的解散与清算，违约责任。

(3)有合伙人认缴或者实际缴付的出资，可以是货币、实物、土地使用权、知识产权或其他财产权利出资，甚至可以用劳务出资。对出资的评估作价可以由合伙人协商确定。

(4)有合伙企业名称。合伙企业在其名称中不得使用“有限”或者“有限责任”字样。

(5)有经营场所和从事合伙经营的必要条件。

2. 合伙企业的法律特征

(1)合伙企业以合伙协议为成立的法律基础。合伙协议是调整合伙关系、规范合伙人相互权利、义务、处理合伙纠纷的基本法律依据，对全体合伙人具有约束力，是合伙得以成立的法律基础。

(2)合伙企业须由全体合伙人共同出资，合伙经营。出资是合伙人的基本义务，也是其取得合伙人资格的前提条件。

(3)合伙人共负盈亏，共担风险。

(4)合伙制企业的数量不如个人独资企业和公司制企业多，一般在广告、商标、咨询、会计师事务所、法律事务所、股票经纪人、零售商业等行业较为常见。

(四)有限责任公司

有限责任公司是指根据《中华人民共和国公司法》(以下简称《公司法》)规定注册登记，每个股东以其所认缴的出资额对公司承担有限责任，公司以其全部资产对其债务承担责任的经济组织。

1. 有限责任公司的设立条件

根据《公司法》的规定，要设立有限责任公司应当具备下列条件。

(1)股东符合法定人数。有限责任公司由50个以下股东出资成立。

(2)有符合公司章程规定的全体股东认缴的出资额。关于出资方式,股东可以用货币出资,也可以用实物、知识产权、土地使用权等可以用货币估价并可以依法转让的非货币财产作价出资;但是,法律、行政法规规定不得作为出资的财产除外。

(3)股东共同制定公司章程。

(4)有公司名称,建立符合有限责任公司要求的组织机构。公司作为独立的企业法人,必须有自己的名称,公司设立名称时还必须符合法律、法规的规定。有限责任公司的组织机构是指股东会、董事会或执行董事、监事会或监事。

(5)有公司住所。

2. 有限责任公司的法律特征

(1)相对于承担无限责任的组织形式来说,组建有限责任公司的法律风险较小。有限责任公司对外承担有限责任,限定了创业者承担的法律风险不会超过注册资本金,但有限责任公司的组建及运作过程仍会存在风险。

(2)创业者在组建有限责任公司的过程中,应当根据法律的规定,规范股东之间的股份分配、权利义务,规范公司的运作,以降低法律风险。创业者设立一人有限责任公司,还应当注意明确个人财产与公司财产,避免个人财产与公司财产混淆。

在创业实践中,有些创业者为注册有限责任公司的需要,采取隐名股东(实际投资人)与股东名册不一致的方式,但中国的法律法规不支持隐名股东这种方式,因此隐名股东的利益往往得不到保障。

三、新企业法律形式的选择

不同的企业制度不但在法律形式与规定上有着较大的差别,而且其适用程度随创业者选择的新企业的法律制度的不同而有很大的变化。因此,创业者有必要对所选择的新企业的法律形式进行利弊比较分析。

(一)启动成本分析

对于白手起家的创业者而言,启动成本无疑是他们创建自己企业的第一屏障,且越复杂的组织,创办成本越高。

(1)相对而言,创办成本最少的是个人独资企业,只需要有注册企业或商品名的费用。

(2)合伙企业除注册外还要订立合伙协议,这就涉及一些专业中介机构的咨询成本及谈判成本。

(3)有限责任公司和股份有限公司相对来讲比较“昂贵”,因为其在成立前需要履行一系列法律所规定的程序,这就不可避免地会产生一系列费用。

(二)新企业的稳定性分析

无论是对创业者、投资者还是消费者来说,企业能否长久地存续,是否能够稳定地发展下去都是他们最关心的问题之一。

(1)个人独资企业完全是基于创业者个人的能力、资金等因素而建立起来的,如果创业者死亡或个人情况发生改变,个人独资企业的稳定性就会发生动摇。

(2)在合伙企业中,合伙人之间的信任是建立合伙企业的基础,合伙人之一的死亡、退出或信赖基础的丧失都可能导致合伙企业结束。中国的合伙企业法对入伙和退伙都做出了具体的规定,退伙包括正常退伙、当然退伙和强制退伙。

(3)有限责任公司与股份有限公司在各种企业形式中拥有最好的稳定性。由于董事会在公司治理中起到了十分重要的督导作用,股东的死亡或退出对企业的连续性基本上无太大的影响。

(三)从权益的可转让性方面进行分析

所有者对于企业的权益是否容易转让决定着所有者财产的流动程度。当利润一定时,创业者会努力持有流动性高的资产,反之亦然。

(1)在个人独资企业中,创业者有权随时出售或转让企业的任何资产。

(2)在合伙企业中,除非合伙协议允许或其他合伙人同意,否则合伙人一般无权出售企业的任何权益。

(3)在有限责任公司与股份有限公司中,股东在出售企业的权益方面有很大的自由。特别是股份有限公司,一般股东可以在任何时间不经其他股东同意就转让自己的股份。当然,由于股权分置等历史原因,中国的公司法对股份有限公司的股份转让规定了某些限制,如发起人持有的本公司股份,自公司成立之日起 3 年内不得转让,公司董事、监事、经理应当向公司申报所持有的本公司的股份,并在任职期间内不得转让。

(四)从获得增加资金的方面分析

一般而言,新企业增加资金的机会和能力依据企业形式的不同会有很大的差别。

(1)对个人独资企业而言,任何新资金只能来自贷款和创业者个人的追加投资。

(2)合伙企业可以从银行借贷,也可以要求每个合伙人追加投资或者吸收新的合伙人。

(3)有限责任公司与股份有限公司则有很多途径可以增加资金,要比企业的其他法律形式有更多的选择渠道。股份有限公司可以发行股票、债券,也可以直接向银行贷款。

(五)从管理控制方面分析

每种企业形式都会给管理控制和决策责任带来不同的机会和问题。在许多新企业中,创业者通常希望尽可能多地保留对公司的控制权。

(1)在个人独资企业中,创业者拥有最大的控制权,可以灵活制定企业决策。

(2)在合伙企业中,一般由合伙人根据合伙协议协商解决日常及关键性问题。

(3)有限责任公司与股份有限公司日常业务的控制权掌握在职业经理的手中,但大股东有权投票决定公司较重要的长期决策。按照公司制的设计要求,法人公司中的管理权和控制权进行了适当的分离。

(六)从利润与损失的分配方面分析

毋庸置疑,利润最大化和损失最小化是新企业的经营目标,因此利润与损失分配问题也是创业者选择企业法律形式时需要着重考虑的问题。

(1)个人独资企业的负责人取得企业经营中的所有利润,同时他们也要为经营中的所有损失承担无限责任。

(2)在合伙企业中,利润与损失的分配取决于合伙人出资的份额或合伙协议。

(3)有限责任公司与股份有限公司一般严格按照股东的出资比例分配利润和承担损失。

(七)从对筹资吸引力方面分析

由于个人独资企业和合伙企业对企业的债务承担无限责任，因此任何债务性融资对他们来讲都需要慎重考虑和决策；相对而言，股份有限公司和有限责任公司仅对企业的债务承担有限责任，因此，无论是债务性融资还是权益性融资都对这两类公司的吸引力要强许多。当然，公司实力越强，筹资就越容易。

第二节 新企业的选址与注册登记

一、新企业的选址

创业者开始走上真正的创业之路，并需要成立一家企业，那么有一个真正属于自己的正规的办公场所就显得十分重要。新企业的选址对于新企业的生存有时起着非常关键的作用。创业者在进行新企业的选址时需要考虑一些具体的因素，遵循一定的规范流程，在开展具体选址调查时要符合客观、科学、全面等要求。

(一)新企业选址的重要性

对新企业来说，选址是关系企业发展成败的关键因素。据香港工业总会和香港总商会统计，在开业不足两年就倒闭的企业中，由于选址不当导致企业失败的数量就占到总量的50%以上。究其原因，一方面是新企业的竞争力受到该地区商业环境质量的强烈影响；另一方面是不同地域存在诸如管理大师迈克尔·波特(Michael Porter)所说的知识、关系、动机等要素，这些要素具有难以被其他地域竞争对手模仿的特性，构成了该地域独有的地域竞争优势，使新企业难以立足。

(二)新企业选址需要考虑的因素

经济、技术、政治、社会文化、自然等方面的因素均会影响新企业选址的决策过程。

1. 经济因素

一般来说，新企业设立在关联企业和关联机构相对集中的地区就会相对容易获得成功。这是因为如果相互关联的企业集中在某一地区选址，该区域内的企业将产生一种既竞争又合作的关系，这种关系将推动该地区经济竞争力的发展，共同实现区域繁荣。

2. 技术因素

由于新技术对于高科技新企业的成功起着关键作用，因此相当多的高科技企业在创业选址时，把企业建在技术研发中心附近或新技术信息传递比较迅速的地区，以在第一时间掌握技术的变化趋势，规避技术进步的不确定性带来的风险。例如，美国的硅谷、中国的中关村等都是根据技术因素选址的典型代表。

3. 政治因素

新企业必须考虑政府对相关产业的政策，将企业建在政府支持该产业的地区，尤其是进行跨国经营时，创业者必须考虑经营所在国的政治环境，评估该环境对企业提供的产品或服务、分销渠道、价格、促销策略等造成的影响。

4. 社会文化因素

不同地域的社会习俗、文化价值观、生活态度等方面差别很大，社会对安全、健康、营养及环境的关注程度也不尽相同，因此新企业在选址时，如果不考虑上述因素，其所提供的产品或服务就很可能不被其所在地的市场接受。

5. 自然因素

在新企业选址时，创业者还必须考虑气候变化、地质状况、水资源可利用性等自然因素，这些因素可能影响企业日常生产经营调度、原材料供给、安全生产等方面。

不同企业对上述因素的侧重有所不同，制造业往往优先考虑会对生产成本造成影响的因素，如原材料与劳动力；而服务业则往往优先考虑对市场造成影响的因素，如消费者的消费水平、市场竞争状况等。

(三)新企业选址的思路

新企业都需要有经营场所，企业的选址与未来的经营发展有着很大的关系。对于创业者来说，将新企业的地点选在哪个城市、哪个区域具有重要意义，尤其是以门店为主的商业或服务型企业，店面的选择往往是成败的关键。好的选址等于成功了一半，大多数创业者都会选择在熟悉的市、地(家乡或者学习的城市等)开展创业活动。在选定目标城市后，创业者还需要进一步选择具体的经营地点。不同类型的新企业，在选址上优先考虑的因素是不同的。

1. 生产性质的新企业选址

生产性质的新企业在选址时要考虑周边地区具备的生产条件：交通方便，便于原料运进和产品运出；生产用电要充足，生产用水要保证；生产所使用的原料基地要尽量距离企业地址不远；所使用的劳动力资源要尽量解决；当地税收是否有优惠政策等。如果是一些可能对环境造成影响的生产项目，还须考虑环保问题。

2. 商业性质的新企业选址

商业性质的新企业在选址时应考虑创业地点的实际情况、客流量、店铺租金等方面，如在城市，若干个商业圈往往可以带动圈内商业的规模效应，新企业选择建立在商业圈内会较易经营，但与繁华商业圈寸土寸金的消费能力相应，其店铺租金或转让费十分昂贵，往往会让创业者捉襟见肘，使新企业很难在商业圈内得到一席之地。为此，创业者可以在商业圈内利用联合经营、委托代销等方式或者在商业圈边缘选址，转向“次商圈”，将因此而节约下来的资金用于货品升级、提升服务等。

新企业在选址时要有“借光”的意识，如在体育馆、展览馆、电影院旁边选址等；选择商圈之外的经营场所，则要注意做出特色，形成自己独特的风格，以达到“酒香不怕巷子深”的效果。

3. 服务性质的新企业选址

服务性质的新企业在选址时要根据具体的经营对象灵活选址，但对客流量要求较高。“天下熙熙，皆为利来；天下攘攘，皆为利往”，因而可以说客流在一定意义上就等于财流。在车水马龙、人流量大的地段经营，服务性质的新企业成功的概率往往比在人迹罕至的地段要高得多，但也应结合企业的目标消费群体特点。

例如，针对居民消费的企业应设在居民社区附近，针对学生消费的企业则应设在学校附近;如果服务性质的新企业的经营模式以订单为主,那么低成本、高效能的办公楼成为新企业选址的首选。目前,创业的年轻人多以从事服务性和知识性产品的创业者为主,集中在网络技术、电子科技、媒体制作和广告等产业。这些性质的公司可以选在行业聚集区或较成熟的商务区以及新兴的创意产业园区。

在选择经营场地时,各行业的考虑重点各不相同,其中有两项因素是不容忽略的,即租金给付能力和租约条件。经营场地租金是企业最固定的营运成本之一,即使休息不营业,也得支出。有些货品流通迅速、空间要求不大的行业,如精品店、高级时装店、餐厅等,负担得起高房租,就设于高租金区;而家具店、旧货店等,因为需要较大的空间,最好设在低租金区。

经典案例

英特尔选址大连

2007 年 3 月,美国英特尔公司宣布在中国大连投资 25 亿美元,建立一个生产 300 mm 晶圆的工厂。在同英特尔长达三年的艰苦“恋爱”时间里,大连击败群雄,在众多竞争对手中脱颖而出。

英特尔的严格是举世闻名的。在英特尔落户大连过程中,英特尔先后向大连提出了 1 000 多个问题,每个问题都要求在规定的时限内完成,而且答案要有详细明确的证据,英特尔还要暗中调查。比如,需要提供一份过去 100 年中关于大连地区地震情况的资料。英特尔的考察人员来大连,从来不事先通知政府部门,他们同大连方交流有自己的原则,即“三不准”:不准交换名片、不准递交资料、不准近距离接触。在两年多时间里,英特尔究竟有多少人次来大连考察访问,谁也统计不出来。据大连市有关部门保守估计,至少也有 400 多人次。

在引进英特尔过程中,大连海纳百川的城市性格,还突出表现在政府的热情、高效、规范的服务上。英特尔公司 CEO 欧德宁认为,吸引英特尔的主要原因,除了成本、市场等因素外,大连市的公共服务做得很好。

大连在群雄中脱颖而出,确实令人大跌眼镜。“很多欧美媒体纷纷而至,一下子惊异这个名气不算太大的‘二流城市’(华尔街时报用语)经济发展的竟这么好,环境好的不像是中国城市,天那么蓝,空气那么清新。”当时英特尔在上海有很大的芯片后线装配机测试工厂,还有研发中心,将新的前线工厂设在上海是很自然的决定。但最后的结果是英特尔选择了大连。其实不同地区的投资者对选址因素的重视程度是不一样的,也就是说这些因素在不同地区的投资者心目中的权重是不一样的。纵观英特尔的选址历史,将 Fab 7(半导体生产线)设立在美国新墨西哥州的阿尔伯克基(Albuquerque),将 Fab 8 设立在以色列耶路撒冷,把 Fab 10 设立在爱尔兰的 Leixlip,所有这些地方此前并没有任何现成的半导体基础设施。而且英特尔非常重视对员工的投资培养,新厂选址也会考虑专业人才队伍的开发,英特尔在这方面已积累了一流的经验,即使没有现成的半导体专业人才也可以成功。不同的公司赋予选址考虑因素不同的权重,尽可能多地去了解投资者,了解他们的投资选址习惯,提供符合他们最看重的因素的保证,才有可能使他们下决心进行长期投资。(摘自京津冀投资网)

(四)新企业选址的步骤

新企业选址一般要经历市场信息收集研究、多地点评价和最终地点确定等步骤。

1. 市场信息收集研究

在新企业开始选址时,创业者必须首先依据影响选址的各种因素,自己或借助专门调查机构收集市场信息,并对收集到的信息进行整理分析,信息收集研究的效果将对后期的选址决策产生非常重要的影响。

2. 多地点评价

对市场上各种信息收集研究后,创业者应该得到若干关于新企业厂址的候选地,此时可以借助科学的定量方法进行评价。目前,采用多因素综合评价法进行选址较为常见,此方法首先赋予不同的因素权重,再给不同选择下的各因素打分,最后求各方案的加权平均值以得出最佳方案。除多因素综合评价法外,收益分析法、运输模型法、重心法等也可以用于选址评价。

3. 最终地点确定

当创业者在分析市场信息的基础上,结合所要进入行业的特点及自己企业的特征,运用以上一种或几种方法进行评估后,将最终确定某一候选地为新企业的地址,从而完成选址决策。

(五)商业选址调查

创业者在进行新企业的选址时,只运用技巧并无多大实际用处,而是需要明确一个原则:商业选址不是纸上谈兵,单纯依靠看书在头脑中设计选址方案往往不能成功,创业者只有亲自进行实地调查,多看、多听、多问,才能找到适合新企业建立的地点。

市场调查既可以弄清楚店址的具体位置,又可以调查诸如周围环境、客流量大小、店址是否具有发展潜力等问题;而商业选址调查的要点包括选址地人口数量、职业分布、人口年龄层次调查,商店基本设施及竞争者调查,商店周围人群的消费习性、生活习惯调查,流动人口调查,商圈未来发展调查等。

1. 家庭状况

家庭状况是影响消费者消费需求的基本因素。家庭状况包括人口数量、收入状况、年龄状况等。

(1)家庭人口数量会对未来的商店销售产生较大的影响。例如,对于一个由一对年轻夫妻组成的家庭,其购物倾向为追求时尚化、个性化、少量化;对于一个三口之家(有一个独生子女),其消费需求则基本上是以子女为中心的。

(2)每个家庭的平均收入和家庭收入的分配可明显影响未来的商店销售,与商圈周边邻近家庭收入分配结构相适应的商店往往能取得较好的效益,而所在地区家庭平均收入的提高,则会提高家庭对选购商品数量、质量和档次的要求。

(3)家庭成员的年龄状况也会对商品需求产生影响。例如,老龄化的家庭的购物倾向为购买保健品、健身用品、营养食品等;而有儿童的家庭则重点投资于儿童食品、用品、玩具等。

2. 人口密度

一个地区的人口密度可以用每平方千米的人数或户数来衡量。人口密度越高,则选址商店的规模可相应越大。

计算人口密度可通过计算白天人口数来实现，即户籍中除去幼儿的人口数加上外地在该地区上班、上学的人口数，减去到外地上班、上学的人口数，随机客流人数不在考察数之内。白天人口密度高的地区多为办公区、学校等地。对白天人口多的地区，创业者应在分析其消费需求特点的基础上进行经营，如采取延长下班时间、增加便民项目等以适应人群的消费需要。一般来说，人口密度高的地区，如果离商业设施的距离近，可增加到店购物频率，而人口密度低的地区吸引力低，且消费者光临的次数也少。

3. 潜在消费者的数量

每个人都可以是商店的消费者，因此创业者在选择店址时必须了解当地的人口总数、人口密度、人口增长情况、人口年龄结构等。

一般来说，人流密集的地方有利于开店，但并非只要是人多的地方就适合开店，创业者还要结合商店周围的流动人群的特征和客流规律进行分析。首先，创业者要了解流动人群的年龄和性别，如有些过路者是儿童，则他们可能是快餐店的消费者，而不会是服装店的消费者；其次，要了解行人来往的高峰时间和低谷时间；再次，要了解行人来往的目的及停留的时间。

4. 行人的去向

在新店选址时，创业者要将来往的客流量作为考虑的重点。同时，来往消费者的去向也是一个非常值得研究的问题，即使是同一个人，由于每次外出购物的目的不同，情况也就有所差别，如购买日常生活用品与购买高档艺术品的情况就完全不同。店前经过的行人，有去百货店买东西的，有去吃饭的，有去看电影的，因此创业者在开店的时候，应根据人们去向的差异，选择适当的店址。

5. 交通地理条件

商店附近的交通状况会在很大程度上影响商店的经营状况，尤其是住宅区，上班与下班的高峰时间，街道两旁的行人、车辆，可呈现明显的差异，因此创业者在商店选址时都会考虑交通路线问题。

例如，很多消费者通常会在下班回家的途中进行消费，因此并不是主干道的旁边才算是开设商店的黄金位置，由主干道延伸出的巷弄内，也有许多适合开店的地点。而一般评估巷道内的“黄金店面”，多可用漏斗理论，即同一个街口，如果有数家商店，那么位于主干道转进巷道的第一家商店，会像漏斗一样，最先吸引消费者入店。

6. 购买力

消费水平取决于收入水平的高低，因此商店附近人口的收入水平对店址地理条件有决定性的影响。人均收入可通过入户抽样调查获取。在选择店址时，创业者应以处于青年和中年的消费者较多、社会经济地位较高、可支配收入较多者的居住区域作为优先考虑的店址。

7. 竞争程度

如果商店经营的是挑选性不强、购买频率较高的日用消费品，在同一地区又有很多同行在恶性竞争，那么势必会影响商店的经济效益，除非新设的商店有特殊的经营风格、能力或不寻常的商品来源，否则很难成功。当然，在某些环境中，上述情况也并不完全如此，有些行业因同行都集中在一起，反而会形成一条别具特色的商业街。

因此，在选择经营地点时，创业者要详细了解在该地点附近类似商店的数量，这些商店的规模、装修、商品品种、价格及待客态度如何，自己的加入将是增加竞争还是互相有利等。

8. 未来有何变化

创业者在进行选址时要清楚城市建设的规划，包括短期规划和长期规划。有的地点从目前来看是最佳位置，但随着市场的改造和发展将会出现新的变化而不适合开店；反之，有些地点从目前来看不理想，但从规划前景看会成为有发展前途的新的商业中心。因此，创业者必须放眼未来，从长计议，在了解地区内的交通、街道、市政、绿化、公共设施、住宅及其他建设或改造项目的规划的前提下，做出最佳地点的选择。例如，在游乐街开设餐饮店之前，创业者必须事先调查未来几年街道可能发生的变化。在游乐街开设餐饮店需要高额投资，而且商店内外装饰所花的费用也很多，因此选址绝对的条件是必须能长期地保持餐饮店的繁荣。然而，对于处在发展中的游乐街，创业者选定的商店地点极易发生变化，新建地下街道、发展超高层建筑等都会给餐饮店带来很大冲击，创业者必须在选址时全面考虑。

二、新企业的注册与开业

根据我国相关法律规定，新办企业必须经工商行政管理部门批准登记发给营业执照，并获得有关部门颁发的经营许可证，如卫生许可证、环保许可证、特种行业许可证等。企业只有领取了营业执照，才算有了合法身份，才可以开展各项法定的经营业务。

1. 注册登记

企业只有注册登记，领取了营业执照才是合法的企业，才能取得法人资格，得到国家法律法规的保护，享受国家有关的优惠政策。

企业申请登记的事项是指企业在申请登记时应填报的项目，其主要事项有企业名称、住所、法定代表人、注册资金、经营范围、所有制形式、经营形式、从业人数、经营期限等。

工商行政管理部门对企业法人申请登记注册事项的核定是企业法人登记注册程序中最重要的一个环节，其意义是：企业法人登记注册一经核定，企业即具备法人资格，其权利能力和行为能力随之产生。

新企业注册登记流程如下。

(1)办理企业名称核准。可登录所在地的工商管理局网站填写相关信息，办理企业名称登记。企业名称一般由行政区划、字号、行业特点和组织形式四部分组成，例如，北京(行政区划)时代(字号)信息咨询(行业特点)中心(组织形式)，企业名称填写完成后可检查是否可用，一般通过工商局网上申办名称预先登记的，可不领取纸质《企业名称预先核准通知书》。需要注意的是，经营范围中的行业名称一定要写规范，如有特殊经营许可项目(如卫防、消防、治安、环保、科委等)还需相关部门报审盖章，办理特种行业的许可证。

(2)申领营业执照。企业核名通过后，申办人可在工商局网上预约现场办理执照申领时间，并准备好所需材料按照预定时间到现场办理。2014 年 6 月 4 日，国务院《关于促进市场公平竞争维护市场正常秩序的若干意见》(国发〔2014〕20 号文)在“(四)改革市场准入制度”中提出“简化手续，缩短时限，鼓励探索实行工商营业执照、组织机构代码证和税务登记证‘三证合一’登记制度”，各地纷纷响应。“三证合一、一照一码”登记是指申请人向工商行政管理、质量技术监督、税务部门分别申请办理营业执照、组织机构代码证、税务登记证，改为通过“一表申请、一窗受理”的方式向工商行政管理部门申请办理加载统一社会信用代码的营业执照，组织机构代码证和税务登记证不再办理，即加载统一社会信用代码的营业执照代替原营业执照、组织机构代码证、税务登记证、统计登记证的使用功能。

(3)制章。申办人在申领营业执照后，可到指定的刻章地点办理企业公章、合同章等的刻制。

若应届毕业生在自主创业中担任企业法人代表的，则需要出具的证明包括：①学校就业办公室出具的应届毕业生证明。②公安处户政科出具的集体户口证明。③公安处治安科出具的无刑事犯罪记录证明。

2. 择日开业

在所有的前置手续全部完成后，创业者就可以择日开业了。这里需要考虑的是开业时间的选择。选择开业时间时，创业者一般要考虑有关部门人员是否有时间参加、天气是否晴好等，如开店要考虑是否在节假日等因素。

以上就是自主创业运作的基本程序，希望能够为有志于自主创业的大学毕业生们提供帮助，但是这些还仅仅是创业的前置程序。在顺利开业以后，创业者还面临着维持企业的日常活动，以及积累资金、发展企业等重要任务，这些都更需要创业者具备相关的经验及胆识。

新企业的建立不仅需要考虑自身的发展问题，还需要考虑其行为对社会及所在社区的影响。现有的法律制度和伦理要求对新企业成长来说是最基本的底线，只有那些能有效遵守法律制度和相关伦理要求的新企业才能获得持久发展的保证。

第三节 新企业创建的相关法律和伦理问题

一、新企业创建的相关法律问题

(一)创建新企业需要了解的法律法规

(1)《个人独资企业法》。2000 年 1 月 1 日，《个人独资企业法》开始实施。《个人独资企业法》规定了创建个人独资企业的权利和所需要担负的责任，同时规定了任何单位和个人不得违反法律、行政法规的规定，以任何方式强制个人独资企业提供财力、物力、人力；对于违法强制提供财力、物力、人力的行为，个人独资企业有权拒绝。《个人独资企业法》强有力地保证了个人自主创业将有一个更为宽松的法律和政策环境。

(2)《合伙企业法》。2007 年 6 月 1 日，新修订的《合伙企业法》开始实施。出于促进中国创业投资的发展，新修订的《合伙企业法》增加了有限合伙，为风险投资扫清了法律的障碍，促进了科技创新投入。新一轮的投资高峰将随之到来，这对广大大学生创业者无疑是一个有利的消息。

有限合伙主要适用于风险投资，由具有良好投资意识的专业管理机构或个人作为普通合伙人，承担无限连带责任，负责企业的经营管理；作为资金投入者的有限合伙人享受合伙收益，对企业债务只承担有限责任。有限合伙因具有避免双重纳税、出资人有限责任等诸多优点，相当受投资者和创业者的青睐。

(3)《公司法》。2014 年 3 月 1 日，新修订的《公司法》开始实施。新《公司法》的实施对想创业的大学生来说是一个令人振奋的消息，因为新《公司法》将注册资本实缴登记制改为认缴登记制，放宽了注册资本登记条件，简化了登记事项和登记手续。

拓展阅读

初创企业注册资本的正确姿势

注册资本，可以说是创业者在准备创业时要遇到的第一个与自己所学专业无关的晦涩名词，也是第一个要与新公司合规化发生关联的事项。看似是一个简单的数字，其中学问其实不少。

注册资本是一个公司法概念。按照新修订的《公司法》及相关条例，注册资本的登记管理从“实缴登记制”调整为“认缴登记制”。

关于这个变化，有几个创业者必须知道的关键信息。

(1)注册资本的实缴已经没有期限承诺要求。如果一定要为这个承诺加上一个期限，不要超过公司经营期限就可以。

(2)注册资本已经没有认缴最低限额。也就是说理论上“一元公司”可以存在，最高也没有限制，土豪随意！

(3)实际缴存的注册资本不再是工商登记事项。“实收资本”不再是工商登记事项，也不再需要《验资报告》。

如果把以上的所有信息简化成一句话，貌似就是“啥都不管了”。那么我们登记注册资本的时候，真的就可以要出各种姿势吗？答案是否定的，有些姿势是可能会造成伤筋动骨的笨姿势！

1. 初创企业注册资本的“笨姿势”

(1)笨姿势一：注册资本能写多大写多大。虽然《公司法》以及工商登记不再管实际缴存资金的环节，但是除非你是真正的土豪，否则注册资本不能随便写，写多了惹的事儿很大！

首先，这事儿还是会有别人管的。比如公司的投资人，再比如未来走向资本市场过程中的监管机构，都会有可能要求认缴资本实际到位。

当然如果到时候发现实际到位无法达成，可以采用减资的方法降低注册资本，但是这个过程费时费力，会严重影响融资和走入资本市场的进度。

有人说：没事！写大点开心！以后再减不迟！这么做的后果真的可能很严重！注册资本是法律上股东承担有限责任的承诺，当公司资产不足以清偿公司债务时，股东有义务按承诺的注册资本清偿剩余债务。最近，上海法院已经有判例，要求在经济纠纷诉讼中败诉公司的股东，先实缴补足注册资本，之后承担赔偿责任。也就是说，写1个亿的注册资本就要承担1个亿限额内的责任。对于大多数人，这相当于有限责任变成无限责任了。

(2)笨姿势二：不切实际的非货币资产出资。有的创业者，或者自己琢磨，或者在某些"专家"的建议下，在注册资本中设置非货币资产出资，比如自己持有的软件著作权、专利权等。默默地认为通过加大资产评估值，在不掏钱的情况下就能占有较大比例的股份，挺合适！

实际上，从税法角度看，个人以非货币资产出资，其分解动作是个人转让非货币资产和个人投资，且两者同时发生。应按照"财产转让所得"项目计算缴纳个人所得税(具体见财税〔2015〕41号文件)。

虽然这个税务规定在执行层面有些争议，甚至有的"专家"已经将批判上升到"堵上创新之路"的高度。但是老祖宗一直教育我们"不要在一棵树上吊死"，请三思有必要一定用非货币资产出资吗？

况且，即使税交了，出资完成了，这些非货币资产入账后就变成了公司资产，正常的话需要分期折旧摊销，变成了公司的成本费用，直接增加了公司会计报表盈利的负担。

好了，笨姿势说完，接下来说一下初创企业注册资本的正确姿势。

2. 初创企业注册资本的"正确姿势"

第一，注册资本登记时量力而行，匹配自己的当期资金能力和可预期资金能力，为未来的资本运作和经营运行降低压力。如果一时头脑发热，已经把注册资本写的很大，且出资任务预期无法完成，那就尽快减资。

第二，章程约定中尽可能采用货币资金的出资方式。公司设立后、注册资本没有完全到位前，任何一笔股东的个人资金进入公司，都一定要在汇款时注明"某某投资款"。如果在公司注册前，发生由股东个人代垫的、属于公司应该负担的资金支出，建议在货币资金入资后，按照报销的方式将资金转出到股东个人。

注册资本，可能是创业者遇到的第一个坑。看似简单，然而实操复杂，采用"正确姿势"十分重要。传统的工商注册代理机构不一定能给出太多专业意见，如果遇到难点问题，建议向专业的财税、法务服务机构咨询。(摘自创业邦)

(二)创建新企业时面临的法律问题

一般来说，新企业在创建过程中面临的法律问题主要包括知识产权、合同、税收、商业秘密等方面的问题。

1. 知识产权

知识产权是指人们对从事创造性智力劳动而取得的知识、智能性成果享有的权利。知识产权一般只在有限时间内有效。各种智力创造如发明、文学和艺术作品，以及在商业中使用的标识、名称、图像及外观设计，都可被认为是某一个人或组织所拥有的知识产权。

知识产权虽然并非有形实物，但它也是创业者的重要资产。现实中，很多创业者由于并不了解知识产权的相关知识，而忽视了对知识产权进行有效的保护或导致出现侵犯别人知识产权的后果，这些情况都会对新企业造成严重影响。

(1)知识产权的特点。知识产权与其他权利相比具有如下特点。

①知识产权是一种无形的财产，所以企业对其享有无形财产权。

②一个企业知识产权的确认必须经由国家专门的立法机构进行办理。

③双重性。也就是说，知识产权既有某种人身权的性质，又有财产权的性质（商标权除外）。

④专有性。知识产权的专有性是指知识产权为权利主体所专有，具有排他性。

⑤地域性。知识产权的确立只能在本国生效，在其他国家所有者拥有的知识产权不享受法律保护。

⑥时间性。知识产权的保护是有时间限制的，只有在规定的时间内才能受到法律的保护。

(2)知识产权的种类。知识产权主要包括专利权和商标权等。

①专利权。《中华人民共和国专利法》（以下简称《专利法》）将专利定义为受法律规范保护的发明创造，专利权是指一项发明创造向国家审批机关提出专利申请后，经依法审查合格后向专利申请人授予的在规定时间内对发明创造享有的专有权。

《专利法》所称的发明创造是指发明、实用新型和外观设计。发明是指对产品、方法或者其改进所提出的新的技术方案；实用新型是指对产品的形状、构造或者其结合所提出的适于实用的新的技术方案；外观设计是指对产品的形状、图案或者其结合以及色彩与形状、图案的结合所做出的富有美感并适于工业应用的新设计。

专利属于知识产权的一部分，是一种无形财产，与有形财产相比其具有特别之处，这些特别之处主要表现在排他性、区域性与时间性方面。排他性是指只要在专利权有效期和法律管辖区内，任何单位或个人未经专利权人许可都不得实施其专利，否则属于侵权行为；区域性是指专利权是一种有区域范围限制的权利，它只有在法律管辖区域内有效，同一发明可以同时在两个或两个以上的国家申请专利，获得批准后其发明便可以在所有申请国获得法律保护；时间性是指专利只有在法律规定的期限内才有效，通常在中国发明专利权的期限为 20 年，实用新型专利权和外观设计专利权的期限均为 10 年。

对以下几种情况，国家将不授予专利权：科学发现，智力活动的规则和方法，疾病的诊断和治疗方法，动物和植物品种，用原子核变换方法获得的物质，对平面印刷品的图案、色彩或二者的结合做出的主要起标识作用的设计。

经典案例

筑牢保护城墙、侵权者无空可钻

原告鹤山银雨灯饰有限公司是“一种新型彩色美耐灯”实用新型专利独占实施许可的被许可人。自 2001 年以来，原告发现被告东莞市某企业有限公司在没有得到专利权人及原告的许可的情况下，擅自以生产、销售、出口等方式实施原告合法拥有的上述专利技术，严重冲击原告上述专利产品的国外市场，给原告造成较大的经济损失，故依法向广州市中级人民法院提起诉讼。

法院经审理认为，原告的合法权益受法律保护，被告未能就其主张的本案专利技术是公知技术及缺乏专利性提交足够证据，被告的行为构成侵权。判决被告立即停止侵权并销毁侵权产品，赔偿原告损失人民币 200 000 元。此案正在二审中。

此外，原告就“一种新型装饰灯灯头”实用新型专利及“一种五角星形装饰灯灯头”“一种心形装饰灯灯头”“装饰灯灯头(钻石形)”外观设计专利诉被告深圳某灯饰有限公司侵权案，经深圳市中级人民法院一审，判决被告立即停止侵权，销毁生产侵权产品模具，四案共赔偿原告损失人民币602 480元，被告不服一审判决向广东省高级人民法院上诉，经广东省高级人民法院二审做出维持原判的终审判决。(摘自华律网)

②商标权。世界知识产权组织(World Intellectual Property Organization，WIPO)在其官方网站上给出了商标的定义：商标是将某商品或服务标明是某具体个人或企业所生产或提供的商品或服务的显著标志。根据《中华人民共和国商标法》(以下简称《商标法》)的规定，经商标局核准注册的商标为注册商标，包括商品商标、服务商标和集体商标、证明商标。商标注册人享有商标专用权，受法律保护。

集体商标是指以团体、协会或者其他组织名义注册，供该组织成员在商事活动中使用，以表明使用者在该组织中的成员资格的标志。证明商标是指由对某种商品或者服务具有监督能力的组织所控制，而由该组织以外的单位或者个人使用于其商品或者服务，用以证明该商品或者服务的原产地、原料、制造方法、质量或者其他特定品质的标志。

a. 为了避免商标的侵权行为，新企业在成立之初为自己的企业选择商标时，应当遵循以下五个基本准则。

第一，新企业要花费一定的时间与精力调查自己所选商标的使用情况。

第二，针对商标问题咨询律师的意见，如果律师不同意使用该商标，那么在大部分情况下这个商标是有问题的。

第三，寻找一个有创新性的商标。

第四，在营销的过程当中为自己的商标选择一个独特的暗示符号，以给消费者留下深刻的印象。

第五，避免恶意模仿，如不运用相同音不同字的商标，否则会给自己的新企业带来不必要的麻烦。

b.《商标法》第十条规定，下列标志不得作为商标使用。

第一，同中华人民共和国的国家名称、国旗、国徽、国歌、军旗、军徽、军歌、勋章等相同或者近似的，以及同中央国家机关的名称、标志、所在地特定地点的名称或者标志性建筑物的名称、图形相同的。

第二，同外国的国家名称、国旗、国徽、军旗等相同或者近似的，但经该国政府同意的除外。

第三，同政府间国际组织的名称、旗帜、徽记等相同或者近似的，但经该组织同意或者不易误导公众的除外。

第四，与表明实施控制、予以保证的官方标志、检验印记相同或者近似的，但经授权的除外。

第五，同“红十字”“红新月”的名称、标志相同或者近似的。

第六，带有民族歧视性的。

第七，带有欺骗性，容易使公众对商品的质量等特点或者产地产生误认的。

第八，有害于社会主义道德风尚或者有其他不良影响的。

县级以上行政区划的地名或者公众知晓的外国地名，不得作为商标。但是，地名具有其他含义或者作为集体商标、证明商标组成部分的除外；已经注册的使用地名的商标继续有效。

c.《商标法》第十一条规定，下列标志不得作为商标注册。

第一，仅有本商品的通用名称、图形、型号的。

第二，仅直接表示商品的质量、主要原料、功能、用途、重量、数量及其他特点的。

第三，其他缺乏显著特征的。

经典案例

"非诚勿扰"商标侵权案

2009 年 2 月 16 日，金阿欢向商标局申请注册商标，并于 2010 年 9 月 7 日获得核准，核定服务项目为第 45 类，包括"交友服务、婚姻介绍所"等。

江苏省广播电视总台(以下简称江苏电视台)旗下的江苏卫视于 2010 年开办了以婚恋交友为主题、名称为"非诚勿扰"的电视节目。深圳市珍爱网信息技术有限公司(以下简称珍爱网)为"非诚勿扰"节目推选相亲对象，提供广告推销服务，并曾在深圳招募嘉宾，报名地点设在深圳市南山区。

金阿欢以江苏电视台和珍爱网侵害其注册商标专用权为由，向深圳市南山区法院提起诉讼，请求法院判令江苏卫视频道立即停止使用"非诚勿扰"栏目名称等。

一审法院认为，"非诚勿扰"电视节目虽然与婚恋交友有关，但终究是电视节目，相关公众一般认为两者不存在特定联系，不容易造成公众混淆，不构成侵权。

深圳市中级人民法院二审认为，从非诚勿扰节目简介、开场白、结束语，以及参加报名条件、节目中男女嘉宾互动内容，以及广电总局的发文、媒体评论，可认定其为相亲、交友节目，与金阿欢涉案注册商标所核定的"交友、婚姻介绍"服务相同，构成侵权。

广东省高级人民法院再审认为，非诚勿扰电视节目与金阿欢注册商标所核准使用的"交友服务、婚姻介绍"在服务目的、内容、方式和对象上均区别明显，以相关公众的一般认知，能够清晰区分电视文娱节目的内容与现实中的婚介服务活动，故两者不构成类似服务。江苏电视台对"非诚勿扰"标识的使用，不构成对金阿欢注册商标权的侵犯，从而撤销二审判决，维持一审判决。

对于该案的典型意义，最高法介绍，再审判决认为不能简单、孤立地将电视节目的某种表现形式或某一题材内容从整体节目中割裂开来，而应当综合考察节目的整体和主要特征，把握其行为本质，做出合理认定。

判决同时立足于商标法的宗旨，以相关公众混淆、误认的可能性，作为是否构成商标侵权的判断标准。再审判决认为，对注册商标的保护范围和保护强度，应与注册商标权利人对该商标的显著性和知名度所做出的贡献相符，也体现了知识产权司法保护力度与创新程度相适应的"比例协调"司法政策。(摘自《人民法院报》)

2. 合同

合同是当事人或当事双方之间设立、变更、终止民事关系的协议。合同依法成立后，受法律保护。新企业在开始生产经营的时候涉及与供应商、客户等签订合同，这要求创业者必须了解中国与合同相关的法律法规。

3. 税收

税率直接关系到新企业能否设立和续存。如果税率很高，创业者就只能保留所赚利润的一小部分，导致可获得的潜在利润变得很少，以致不足以抵消创建新企业所带来的风险。

在个人独资企业、合伙企业和有限责任公司这三种企业形式中，有限责任公司只承担有限责任，风险相对较小；个人独资企业和合伙企业由于要承担无限责任，风险较大。尤其是个人独资企业，还存在增值税一般纳税人认定等相关法规不易操作的问题，更增加了企业风险。

在中国创业领域，比较重要的税种包括流转税（增值税、营业税、消费税和关税）和所得税（个人所得税和企业所得税）。此外，还涉及一些新企业当地的税种。需要注意的是，只有有限责任公司适用企业所得税，个人独资企业、合伙企业则不适用企业所得税而适用个人所得税。创业者在选择创业所在地和企业形式时都应该考虑这些税收政策，充分运用合理的税收策略，实现税后利润最大化。

4. 商业秘密

《中华人民共和国反不正当竞争法》第十条规定，商业秘密是指不为公众所知悉、能为权利人带来经济利益、具有实用性并经权利人采取保密措施的技术信息和经营信息。

商业秘密可以分为两大类，即技术信息和经营信息。技术信息为技术所承载的信息，主要包括两种类型：有形的技术信息（技术设计、技术样品、工艺流程、工业配方、计算机程序等）和无形的技术信息（员工的技能及经验等）。经营信息是指技术信息以外的能够给权利人带来竞争优势的用于经营的信息，包括两种类型：与市场有关的商业情报和信息（客户名单、货源、标书标底、谈判方案等）和与经营管理有关的资料和信息（发展规划、竞争方案、管理诀窍等）。

商业秘密有可能会产生泄密问题，因此企业有必要采取相应的措施来保护自己的商业秘密。

二、新企业创建的相关伦理问题

创业伦理是人们在创业过程中调整人与人、人与职业、人与社会之间关系的所有行为规范的总和。创业伦理的主要功能是约束和引导人们的创业行为，使其在社会通行准则可接受的范畴之内，从而维护正常创业秩序，并为创业成功提供道德保障。

创业伦理包含责任、诚信、服务等内容。责任指创业者不但将创业视为满足个人职业要求的有效途径，而且将其视为为社会做出贡献、为民族进步、为国家分忧的个人责任，通过创业承担个人、社会、民族、国家的责任；诚信指创业者在其创业活动中遵纪守法、诚恳待人、信守承诺，不因外部因素影响放弃内心操守，坦率面对自己；服务指创业者以服务为核心，通过服务客户，服务社会，服务民族获得个人、企业在现实社会中的生存空间和发展空间，在达成个人创业理想的同时造福他人与社会。

具体来说，创业者在创业过程中应体现以下伦理道德素质。

(1)捍卫本企业所制定的道德准则、价值规范。

(2)强化本企业在业界和社会的形象和声誉。

(3)维持本企业的道德责任感，以诚信为原则。

(4)永远以客户的需求为第一考虑，时刻为客户着想。

(5)确实掌握生产和服务成本，获取合理利润。

(6)确保安全性和效率。

(7)避免违法和不道德的行为。

思考题

(1)创办一家新企业需要哪些条件？

(2)不同的企业法律形式有什么优势和劣势？

(3)新企业的选址需要注意哪些方面？

(4)如何注册一家新的有限责任公司？

实训与操作

1. 实训目的

通过模拟选择新企业法律形式，深入了解各种类型企业的相关优劣势。

2. 实训内容

按照第十章实训的创业计划，以小组为单位选择新企业的法律形式。

3. 实训组织与实施

(1)教师布置实训项目及任务，并提示相关注意事项及要点。

(2)将班级成员划分为4～5个小组，小组成员既可以自由组合，也可以由教师指定组合。小组人数划分视班级总人数而定。每个小组选出组长1名。

(3)以小组为单位，按照小组在第十章实训时编制的创业计划来选择企业的法律形式，并提出做出选择的依据。

(4)将选择结果和依据形成文字，交由教师点评。

Chapter 14

第十四章

新企业的管理与建设

学习目标

- 掌握新企业生存和成长管理的问题和策略。
- 熟悉新企业营销管理、财务管理和人力资源管理的过程与注意事项。
- 了解新企业的生命周期理论。

案例导读

星巴克咖啡的经营之道

星巴克对人文特质的坚持：采购全球最好的高原咖啡豆，向消费者提供最佳的咖啡产品、深厚的文化底蕴和不懈的品位追求。

星巴克的价值主张：星巴克出售的不是咖啡，而是人们对咖啡的独特体验。

1. 星巴克给消费者的体验

(1)对产品质量的追求达到疯狂的程度。星巴克所有的咖啡豆来自世界主要的咖啡豆产地的极品，并在西雅图烘焙，消费者推门进店的10 s之内，吧台服务人员不管多忙也会与他眼神交流，笑着说“欢迎光临”，一杯咖啡限定在18～23 s内冲出。为保持咖啡的香味，任何员工不允许使用香水。

(2)咖啡远不只是一种饮品，围绕它的是情感。咖啡是一种典型的体验式消费，人们渴望在办公室和家庭之外找到“第三空间”。星巴克总是出现在最繁华的街道、最显眼的位置，让消费者第一时间看到它。星巴克提供音乐、网上点餐、高速无线上网服务；消费者可以在此聚餐聚会，也可以在此工作，甚至举行会议。室内音乐、家具、墙面色彩、室内读物，每个细节都构建着“第三空间”。

(3)人们去咖啡馆喝咖啡，还是一次美学的体验。在星巴克的消费过程是一次从嗅觉、视觉、听觉、触觉到感觉的美学体验：绿色的美人鱼商标，美国时尚壁画与艺术品，悬挂的灯，摩登舒适的家具，石板地面，与众不同的大杯子，独有的音乐，百分之百的咖啡香味于口中交融的顺爽感。

(4)传统欧式咖啡馆与美式快餐咖啡馆的双重体验。星巴克让消费者享受美好感觉的咖啡时光与更加快捷的现代服务。

2. 星巴克给消费者的价值创新

与传统的欧式咖啡馆选址在环境清幽的地方不同，星巴克的店面通常是在市区繁华地段。星巴克的店面是明亮、清新、舒适的，与传统咖啡馆的昏暗舒适的环境相比较更有现代户外的气息，是一片城市绿洲。星巴克给人更多的自主性，按自己要求调制咖啡。

选择一——饮料大小：小杯、中杯、大杯。

选择二——浓缩咖啡：低咖啡因、半脱咖啡因、增加浓度。

选择三——糖浆选择：香草、焦糖、杏仁、榛果、覆盆莓、原味、无蔗糖。

选择四——牛奶选择：全脂、低脂、豆奶。

选择五——特别偏好：泡奶的多少、鲜牛奶的多少、牛奶热度。（摘自创业邦）

第一节　新企业的生命周期理论

企业就像所有的生命体一样具有生命周期，处于不同的时期企业会具有不同的特征、面临不同的问题，而新企业面临的问题则更加严峻。因此，要想使新企业能够快速发展、健康成长，创业者就必须要做好成长管理工作。

一、企业生命周期阶段的划分

企业生命周期阶段的划分有多种不同的方法。迄今为止，已有二十余种企业生命周期理论模型问世。不同的学者对生命周期的阶段划分数目不同，有三段、四段、五段、七段甚至十段等，其中影响最大的当属伊查克·爱迪思(Ichak Adizes)的分法。爱迪思将企业生命周期分为三个阶段十个时段。三个阶段分别为成长阶段、再生与成熟阶段、老化阶段。其中，成长阶段包括孕育期、婴儿期和学步期三个时段，再生与成熟阶段包括青春期、盛年期和过早老化三个时段；老化阶段则包括贵族期、官僚化早期、官僚期和死亡期四个时段(图 14-1)。

在总结国外企业生命周期理论模型的基础上，国内一般以企业年龄、规模、成长速度等因素为划分依据，将企业的生命周期划分为创业期、成长期、成熟期和衰退期四个阶段(图 14-2)。

二、企业生命周期阶段的特点

企业生命周期的各个阶段的特点都非常鲜明。

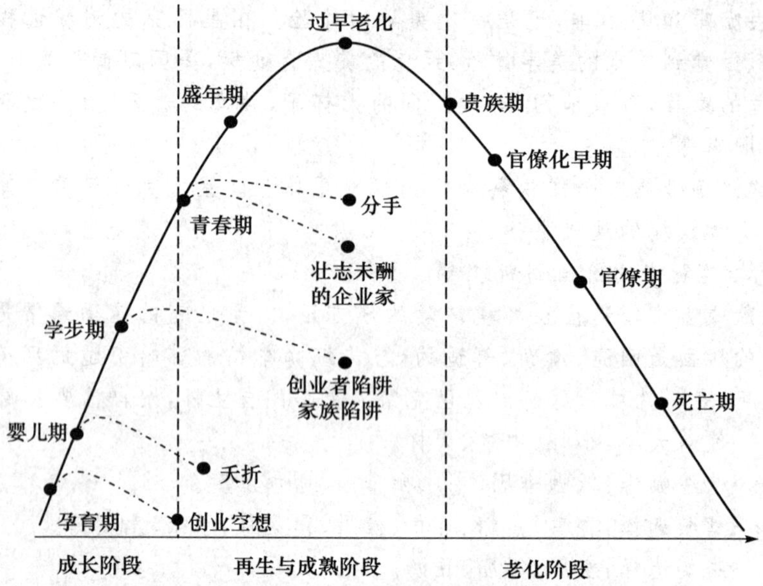

图 14-1　企业生命周期

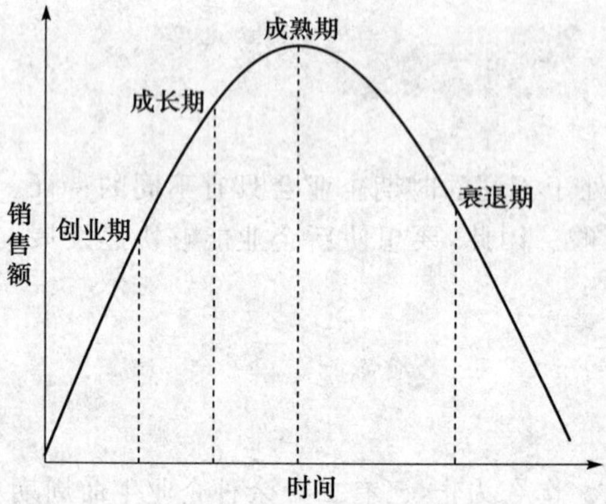

图 14-2　企业生命周期的四个阶段

(一)创业期

当创业者将创业计划付诸实践后,企业便进入了创业期。创业者敢作敢为,常常把所有的事情都看作商业机会,而且他们更愿意按照人而不是职能来组织企业。在这一阶段,如果创业者的胆识建立在足够理性的基础之上,把握机会大胆进取,不但极有可能取得成功,而且在这一过程中可以建立起创业者的领导权威;反之,则可能为企业的发展种下祸根。

创业期是新企业初创阶段,企业的生存能力还比较弱,企业的财务资源、人力资源、技术水平、治理结构和管理制度都十分有限,而品牌等无形资产可以说是一片空白。人们对企业的产品尚未接受,销售增长缓慢;企业负担较大,通常没有利润甚至亏损。实力弱小、经验不足的企业不得不面对创业空想、资金不足、生产不稳定、创业团队成员分道扬镳甚至企业夭折等问题。

在创业期,生存是企业压倒一切的目标。在这一阶段,企业的可塑性强,主要工作是设计、制定战略,并制订经营计划,为企业未来的发展制定长远的规划。创业者应解决的关键问题是为企业的发展争取良好的商业环境,避免产品定位失当的陷阱,坚持“销售是王”的方针;同时,注意对人、财、物的恰当投入以确保企业的正常运转。

(二)成长期

企业经过创业期存活下来,就会较快地转入成长期。为了进一步占领市场和增强盈利能力，企业在产品或技术上的创新开始增多、增强，使企业充满活力。成长期是企业发展最快的时期。企业经济实力增强，市场占有率提高，员工人数增加，主业日益明确，抵御市场风险的能力得以加强。在成长期，企业会出现新的格局，企业产权结构可能会发生变化，股权开始出现多元化或社会化，创业者雇请职业经理人（如 CEO），自己逐渐从管理层淡出，并逐步推行授权管理和规范化管理。

与创业期相比，在成长期创业者所要面对的是更多、更新的问题。企业的成长期是矛盾多发期，这些矛盾主要与股权资源优化、贡献利益分享、组织结构变革及文化冲突有关。同时，在这一时期企业一般都会经历剧烈的变革，如何在企业中注入新的理念和活力、克服巨大的成本压力、快速响应消费者多样化的需求、整合现有业务实现业务转型等，都是这一时期企业需要面临的巨大挑战。

成长期企业的经营更为合理、更具获利能力，但同时也出现了衰退期的前奏。在这一时期，变革创新对企业未来的成功显得至关重要。处在成长期的企业应高度重视战略管理，使企业的业务内涵更加清晰，主业更加明确，管理更有章法；同时，使文化和组织结构更能适应企业发展的需要，否则企业将会在一系列冲突与变革中提前走向衰亡。

(三)成熟期

进入成熟期意味着企业进入了盛年期和稳定期，这是企业生命周期中最理想的黄金阶段。在这一阶段，企业的灵活性和可控性达到平衡，既不过于幼稚也不会老态龙钟，同时具备年轻和成熟、纪律和创新的双重优势。

能够顺利进入成熟期的企业往往规模较大，市场占有率较高，竞争对手已不太容易撼动其在市场中的地位，因而不再需要做大量的投入就能获得比较高的效益。但在这一阶段，企业人员趋向于保守，企业内部的关系网日益重要；企业收入常用在控制系统、福利措施和一般设备等方面；讲究做事的方式，讲究穿着与称谓；缺乏创新，拘泥传统等。

处于成熟期的企业不应满足于保持既得利益和地位，而要积极进取，重视消费者需求，注意对市场的响应速度，提升消费者满意度和市场美誉度；企业要力戒形式主义和官僚主义，加强变革管理，避免机构臃肿、人浮于事等弊端；企业要进一步增强自主创新的能力，通过国际化、战略联盟等手段，练就在国内和国际两个市场、在现实和虚拟两个空间都能作战的本领，加强对未来趋势的研究和判断，避免核心能力的刚性化。对一个谋求长治久安的企业而言，接班人十分重要，创业者在成熟期要将接班人的遴选和培养问题提上议事日程。

(四)衰退期

企业发展到衰退期时，产品的销售量和利润持续下降，产品在市场上已经老化，不能适应市场需求，市场上已经出现其他性能更好、价格更低的新产品，足以满足消费者的需求。因此，处在衰退期的企业的市场占有率大大降低，企业运营机制老化，盈利能力下降，面临着被市场淘汰的风险。

企业并不是必然走向衰退和死亡的，而是可以逃脱衰退和死亡的厄运、实现蜕变和复兴的。企业只要通过重塑组织愿景，再造工作流程，重新规划工作架构，掌握市场焦点，不断创立新业务，不断注入新技能、使命和适应环境变化的反射能力，就可以塑造崭新的企业形象，改变衰退的状态，在投资组合、资源分配、运营战略等方面，就会有健康的表现。

因此，企业的重振和复兴就不是一句空话。

第二节 新企业的管理

一、新企业的财务管理

财务管理是企业管理的一部分，是有关资金的获得和有效使用的管理工作。对企业而言，牢牢把握住企业的财务状况至关重要，若企业在财务上运转不灵，则很难长久存活。

(一)财务管理的职能

财务管理的职能分为财务决策、财务计划和财务控制，如图 14-3 所示。这里的财务计划专指期间计划。期间计划是针对一定时期的(如一年)，其编制目的是落实既定决策，明确本期间应完成的全部事项。控制是执行决策和计划的过程，包括对比计划与执行的信息、评价下级的业绩等。期间计划和控制都是决策的执行过程。

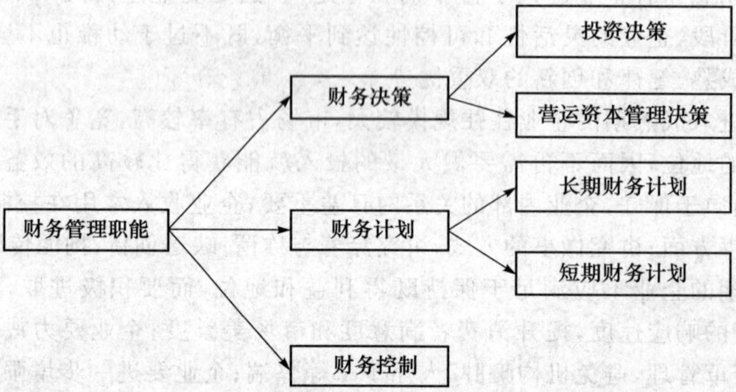

图 14-3 财务管理职能

(二)财务管理的目标和原则

1. 财务管理的目标

在财务管理目标方面，大多数创业企业都要面对四个主要的财务目标，即营利性、流动性、效率和稳定性。理解这些目标有利于企业财务步入良性轨道，并帮助企业对上述问题做出满意的回答。

(1)营利性。营利性是企业赚取利润的能力。许多新企业在成立的最初三年需要培训员工并树立品牌，因此开始并不会获得盈利。但企业必须获得盈利才能保持运转并向所有者提供回报。

(2)流动性。流动性是企业偿还短期债务的能力。即使企业能够盈利，它也必须保证在银行里有足够的钱及时满足日常贷款需要。为此，企业必须时刻关注应收账款和存货。应收账款是客户欠企业的货款，而存货则是企业的货物、原材料和待售产品。如果企业的这两项资产都过高,就很难保证企业有足够的现金来满足短期债务的需要。

(3)效率。效率是相对于收益和利润而言的,是企业利用其资产的生产效率水平。以美国西南航空公司为例,该企业利用资产的生产效率水平非常高,其飞机在港停泊时间或飞机在地面卸货和装填货物的停留时间在航空企业中是最短的。西南航空对此的解释是"停在地面上的飞机不能带来任何价值,我们需要飞机尽快返回空中"。

(4)稳定性。稳定性是企业整体财务状况的活力与实力。稳定的企业,不仅要能够赚取利润和保持资金流动性,而且要能控制企业债务。如果企业不断向贷款者借款,它的权益负债率就会过高,这对企业偿还债务非常不利,会使企业的财务水平难以满足企业持续成长的需要。

拓展阅读

财务管理中的常用术语

(1)资产。资产是指过去的交易、事项形成并由企业拥有或者控制的资源,该资源预期会给企业带来经济利益。

(2)负债。负债是指由过去的交易或事项引起的公司、企业的现时义务,这种义务需要公司、企业在将来以转移资产或提供劳务加以清偿,从而引起未来经济利益的流出。

(3)所有者权益。所有者权益是公司、企业投资人对公司、企业净资产的所有权,是公司、企业全部资产减去全部负债后的余额。

(4)收入。收入是指企业在销售商品、提供劳务及让渡资产使用权等日常活动中所形成的经济利益的总流入。这种总流入表现为资产的增加或债务的清偿。

(5)费用。费用是指企业在生产和销售商品、提供劳务等日常活动中所产生的各种耗费,是经济利益的流出。

(6)利润。利润是公司、企业在一定期间内生产经营活动的最终财务成果,即收入与费用相抵后的差额,是反映经营成果的最终要素。

(7)流动资产。流动资产是指可以在1年(含1年)或者超过1年的一个营业周期内变现或者耗用的资产,主要包括现金、银行存款、短期投资、应收及预付款项、存货、待摊费用等。

(8)固定资产。固定资产指使用年限在1年以上、单位价值在规定标准以上,并在使用过程中保持原有物质形态的资产,包括房屋建筑物、机器设备、运输设备、工具器具等。

(9)折旧。折旧是指根据固定资产在整个使用寿命中的磨损状态而确定的成本分析结构。

(10)流动负债。流动负债是指将在1年(含1年)或者超过1年的一个营业周期内偿还的自债,包括短期借款、应付票据、应付账款、预收账款、应付工资、应付福利费、应付股利、应缴税金、其他暂收应付款项、预提费用和1年内到期的长期借款等。

其中,第(1)～(6)项是会计的六大基本要素。

2. 财务管理的原则

财务管理的原则是企业财务管理工作必须遵循的基本准则,是从企业财务管理实践中抽象出的并在实践中得以证明是正确的行为规范。它反映了企业财务管理活动的内在本质要求。企业财务管理主要遵循以下原则。

(1)价值最大化原则。企业价值最大化既是财务管理的目标,又是财务管理的一项基本原则。企业财务管理的一切管理活动都要按照价值最大化的原则来进行。在整个经营过程中,财务管理人员要严格控制企业的各项投入与产出、耗费与收入、盈利与亏损,努力使企业的资金在系统价值观念的指导下得以高效运行。

财务管理还应将价值最大化的基本理念贯穿于企业财务的预测与决策、编制财务计划、进行财务控制和开展财务考核与分析等各项财务管理活动之中,自觉运用价值管理的有效手段,促使企业在整个经营与投资等资金运作过程中保持稳定和高效,确保企业价值最大化目标的实现。

(2)风险与收益均衡的原则。财务管理的目标是企业价值最大化,这种价值最大化是与收益均衡前提下的风险价值紧密相连的。高风险高收益是市场经济的基本规律,如何在收益与风险之间取得均衡,做到既不盲目冒险又不过于保守,这就取决于企业经营管理当局的风险意识和财务管理的正确决策。

在企业的各项财务管理活动中,要十分慎重地对各种风险因素做深入的研究和仔细的分析,"好大喜功"的决策思想会给企业带来不可预料的严重后果。

(3)成本—效益原则。财务管理要追求企业价值最大化,就必须处处讲求效益和节约成本,即把以最小的成本支出来获取最大的收益作为实现财务管理目标的基本手段。在企业的整个财务管理活动中,始终要坚持成本效益原则,任何不顾成本、盲目追求产值或利润最大化的做法都是错误的,其结果只能给企业造成更大的损失。

(4)资源合理配置原则。企业作为现代市场经济的微观组织,在财务管理方面应十分重视如何将其财力资源得到最优化的合理组合,最大限度地发挥其整体的效用功能,既要防止资源供应不足而影响企业的整体规模效益,又要避免各个环节上的资源过剩和浪费。财务管理应通过帮助企业合理配置财力资源来促进企业生产规模的合理发展、产品结构的有效调整、产品质量的不断提高、资金管理和利用效益的增长,以及企业员工福利待遇的改善等。

(5)利益关系协调原则。企业财务管理的重要性直接表现为它涉及企业各方面的利益关系,这种关系在财务中称为财务关系。财务管理要厘清企业的财产资源,也必须理顺企业不同利益者之间的利益关系。它直接关系到企业的投资人、债权人、经营者和内部员工及外部合作者的积极性和期望收益的满足程度,也直接关系到能否最大限度地实现企业价值最大化。在处理企业与经营者的财务关系时,企业要建立相应的机制,确保经营者的利益与企业的利益相一致;在处理企业利益与国家利益关系时,企业首先应做到依法纳税,同时在不违反税法的前提下尽可能地维护企业利益;在处理企业与员工的利益关系时,企业应充分关心职工的利益,确保员工的工薪收入和各项福利。财务管理只有正确地处理好各个方面的财务关系,确保企业具有长久的综合发展能力,才能使企业财务管理的目标得以实现。

(三)初创企业财务管理的策略

对初创期的企业来说,企业管理的各项财务活动、处理各种财务关系应以稳健、谨慎为原则。

1.筹资管理

初创阶段的企业要想求生存、谋发展,必须获得充足的资金支持。筹资管理要解决以何种形式、何种渠道、什么时机筹集经营所需资金的问题,重点把握各种资金的结构、资金成本等问题。

创业投资是创业期企业主要的资金来源,吸引风险投资是创业期企业主要的筹资渠道,创业者应注意寻找适合自己的风险投资商。一般来说,大企业及其所属的风险投资机构等战略投资者,通常能为创业企业提供一些技术支持,甚至是共享其已有的宝贵的客户资源;而且,纯粹的风险投资公司有良好的培育创业企业的经验和声誉,有广泛的网络关系,能够及时发现创业企业成长中的问题,并帮助解决这些问题。投资银行则能够帮助企业改善管理,为企业发行股票并上市、为实现更大范围的融资提供市场运作的专业服务。

2.投资管理

投资管理要解决做什么(投资方向)、做多少(投资金额)、何时做(投资时机)、怎么做(资金来源与运用)等问题。由于企业在初创阶段需要大量的资金,而且市场具有很大的不确定性,因此,这个阶段的投资要处理好所面临的风险和收益问题。创业者要在充分搜集信息的基础上,进行深入细致的市场调查和充分的可行性研究,通过审慎的研究评估、科学预测企业的投资价值和可能出现的风险,做到事先防范,将投资风险降到最低。创业期企业一般采用集中化投资战略,利用有限资金投资于某个特定市场,最大限度发挥资金使用效率。

3.营运资金管理

营运资金管理是财务管理活动的重要环节,企业按月编制营运资金分析表可以有效地控制营运资金。发现营运资金不足时,企业应立即采取相应的措施来弥补不足。

4.利润分配

企业进行股利分配时,要从企业战略的角度出发,根据企业自身的情况选择适宜的股利分配政策,使股利分配既能满足企业发展的需要,又能满足投资者的需要。股利分配关系到企业战略资金能否得到有效的保障,因为股利发放的多少决定着企业内部资金来源的多寡,关系到企业财务战略的成败。如果企业的留存收益水平较高,那么意味着企业发放的股利较少。如果企业留存收益较高,那么这些留存收益可以给企业发展提供资金保障。

创业期企业收益水平低且现金流量不稳定,因此低股利政策或零股利政策往往是较明智的选择。

5.财务控制

要解决创业期企业财务管理上存在的问题,完善内部控制成为创业期企业财务管理的基础工作,只有完善内部控制才能发挥财务管理的应有职能,实现财务管理的目标。创业期企业在加强财务控制的过程中,应该重视以下几方面。

(1)聘请专业的财务人员,加强财务部门的力量。

(2)保持会计记录的准确性、完整性。建立必要的会计制度,加强对员工的专业培训和后续教育,防止出现会计记录混乱、错误或不完整的情况,这是发挥财务管理其他职能的最基本前提。

(3)建立健全职务分离制度。企业对记账、出纳、保管等不相容职务实行分离,应尽量由不同人员担任,避免一个人从头到尾处理一项业务,减少错误和舞弊出现的可能性。根据分工原则,企业要尽量将不同功能的工作安排不同的人来完成。

(4)避免任人唯亲。特定的亲属关系会弱化企业内部的互相制约关系,使内部控制制度的作用得不到充分发挥,容易产生不公平现象,影响企业的整体激励制度,有时还存在难以管理的问题。

(5)建立完善的资产管理制度,合理保证资产的安全性和完整性。首先,企业要建立健全物资购、销的内控制度,在物资采购、领用、销售,以及样品管理上建立合适的操作程序,从制度上保证操作规范,堵住漏洞,维护安全;其次,企业要做到不相容职务分离,将资产管理和凭证记录分开,形成有力的内部牵制;再次,企业要建立实物资产盘存制度。

(四)初创企业应对财务风险的措施

在企业面对复杂的经营环境的时候,财务风险总是在不同程度上存在的,尤其是初创企业。企业应对财务风险管理有足够的重视,对财务风险的成因及其防范进行研究,有效开展对财务风险的控制与管理、监测与预警,有效降低财务风险,提高企业的效益。一般来说有效降低企业创业初期财务风险的方法有以下几种。

(1)建立有效的风险防范处理机制,正确理解经营风险与财务风险的关系。风险防范是企业在识别风险、估量风险和研究风险的基础上,用最有效的方法把风险导致的不利后果降低到最低限度的行为。企业各部门、各人员,特别是企业的决策管理部门必须增强风险防范意识,不论是对外投资还是对内融资,也不论是研制产品还是销售产品,都应预测可能产生的风险及企业的承受能力,加强企业管理的基础设施建设,加强对企业管理人员的业务培训,增强他们认识风险、分析风险和防范风险的能力,提高管理决策水平,以降低经营的盲目性和决策的随意性。

(2)不断提高财务管理人员的风险意识,理顺企业内部的财务关系,做到责、权、利统一。企业要使财务管理人员明白,财务风险存在于财务管理工作的各个环节,任何环节的工作失误都可能会给企业带来财务风险,财务管理人员必须将风险防范贯穿财务管理工作的始终。企业应设置高效的财务管理机构,配备高素质的财务管理人员,规范各项规章制度,强化各项基础工作,使财务管理人员的风险意识不断提高。与此同时,企业必须理顺内部的各种财务关系,明确各部门在企业财务管理中的地位、作用及应承担的职责,并赋予其相应的权力,真正做到权责分明、各负其责。在利益分配方面,企业应兼顾各方利益,以调动各部门参与企业财务管理的积极性,从而真正做到责、权、利相统一,使企业内部各种财务关系清晰明了。

(3)引进科学的风险管理程序,加强制度建设,建立健全财务风险管理机制。此外,建立一套良好的员工激励机制也是一项重要措施。例如,运用薪资、福利的灵活性吸引人才,或者通过股权赠予,以远景吸引和留住人才。

二、新企业的人力资源管理

在现代社会的发展中,人力资源越来越重要,各种类型的组织对人力资源管理的重视程度也越来越高。是否拥有优秀的人才是企业能否创业成功的关键因素之一，而人力资源的管理是创业者必须做好的工作之一。

(一)新企业常见的人力资源管理问题

新企业的管理体系大多处在不断调整的状态中，加之其竞争地位相对较弱，因此在招聘、用人等方面存在诸多问题。

1.难以找到合适的人才

由于新企业提供的薪酬、福利相对较低，而风险又较高；有的企业地处中小城市，甚至是偏僻地区，因此很难吸引到合适的人才。

2.稳定性差

新企业通常成立时间较短，内部成员间未经充分磨合，而又面临较大的生存与竞争压力，容易产生矛盾与冲突，导致人员流动频繁；也有新加入者，如大学应届毕业生等，把企业当成了获得经验的跳板，一旦获得一定经验便跳槽，因而其人员流动性较大。

3.缺乏完整的人力资源管理体系

新企业的发展更多地依赖于每个员工的能动性，但新企业往往难以形成系统、完善的人才管理制度及体系，其招人、用人可能有较大的随机性。

4.良好的企业文化尚未形成

大多数新企业的企业文化尚在形成过程中，还没有成熟和定型，员工之间往往缺乏共同的价值观念，对企业的认同感不强，容易造成个人价值与企业理念的冲突，有可能造成不必要的内讧及人才流失。

(二)新企业人力资源管理的重点

相较于既有企业，新企业在人力资源管理工作上也存在着一些不同。总的来说，创业者应把人力资源工作的重点放在以下几方面。

1.员工的招聘

员工招聘是人力资源管理的第一项工作，也是最关键的一项工作。创业者可通过多种渠道向社会发布招聘信息，在招聘信息中应尽可能多地介绍公司的发展优势，以吸引优秀人才前来应聘。就招聘渠道来说，企业可以通过人才交流中心、招聘洽谈会、媒体广告、网上招聘、校园招聘、熟人推荐等渠道进行。企业招聘新员工应遵循以下几个原则。

(1)公开、公平、公正原则。公开就是企业要把招聘信息、招聘方法及招聘结果公示出来，使整个招聘过程置于公开监督之下，防止出现以权谋私和假公济私的现象，确保招聘到真正优秀的人才；公平、公正就是确保给每个参加应聘的人平等的机会。

(2)实际需要原则。招聘新员工应以工作的实际需要和岗位的空缺情况为出发点，以工作需要和岗位要求选聘工作人员；同时还应避免盲目攀比，过度消费人才资源，造成企业成本提高和人才浪费。

(3)竞争择优原则。竞争择优是指在招聘过程中引入竞争机制，在对应聘者的思想品质、道德品质、业务能力等各方面进行全面考核的基础上，按照考查的成绩择优录用。

(4)效率优先原则。新企业应用尽可能低的招聘成本录用到最合适的人选。

2.员工定岗

员工定岗是指在企业组织结构确定的条件下，采用科学的方法确定企业岗位设置和各岗位人员数量的过程。定岗的基础是科学、合理地设岗。创业者可以将企业的所有工作内容按专业划分成若干个组成部分，其中职能和业务流程中相同或相类似的部分可以组合起来设为一类岗位。企业给新进员工定岗应遵循以下几项原则。

(1)因事设岗原则。岗位和人应是设置和被设置的关系，岗位设置必须按照企业各部门职责范围设定，不能颠倒。很多企业也存在因人设岗的现象，如果不是针对少部分高端人才，因人设岗就会导致人力资源浪费和劳动力成本提高的现象出现。

(2)协作原则。岗位设置强调专业化分工，但各岗位之间的有效协调也非常重要，因此应在分工的基础上有效地综合，使各岗位职责明确又能相互协调，这样才能发挥人力资源的最大效能。

(3)最少岗位原则。对创业者来说节省每笔开支都非常重要，在人力成本中，如果按照最少岗位原则，做到非必要不设岗，既可以最大限度地节约人力成本，又可以尽可能地缩短岗位之间信息传递的时间，减少信息传递中的衰减效应，从而达到提高工作效率的目的。

(4)客户导向原则。为客户创造价值是企业存在的基础，因此岗位设置必须从客户的角度考虑问题，以尽可能满足客户不同需求为标准。

(5)监控原则。在企业中，有些工作之间存在监督与被监督的关系，如财务中的会计和出纳，这两种不同性质的工作就必须分别设岗。

3. 员工的培训

培训作为现代企业管理的重要内容和手段，已越来越被企业所重视。一方面，培训可以改变员工的工作态度，让员工增长知识，提高技能，激发他们的创造力和潜能，提高企业运作效率和销售业绩，使企业直接受益；另一方面，培训也增强了员工自身的素质和能力，让员工体会到企业对他们的重视，认识到培训是公司为他们提供的最好福利。

4. 员工的激励

员工被分配到一定岗位上之后，企业就要充分调动员工的工作积极性，使其立足本职岗位，充分发挥出其聪明才智，为企业带来更大的效益。要达到这一目的，企业除科学管理、合理使用之外，建立一套良好的员工激励机制也是一项重要措施。例如，运用薪资、福利的灵活性吸引人才，或者通过股权赠予，以远景吸引和留住人才。

三、新企业的市场营销管理

市场营销是从卖方的立场出发，以买主为对象，在不断变化的市场环境中，以消费者需求为中心，通过交易程序，提供和引导商品或服务到达消费者手中，满足消费者需求与利益，从而获得利润的企业综合活动。

(一)市场营销活动的过程

市场营销活动的过程包括以下四个步骤。

(1)分析、发现和评估市场机会。企业必须随时关注宏观环境和微观环境的变化。宏观环境主要包括政治法律环境、经济环境、社会文化环境、科学技术环境、人文环境、自然环境等；微观环境主要包括供应商、竞争对手、消费者、替代产品生产者、潜在进入者等。

企业必须通过对宏观、微观环境信息的搜集和分析，发现市场机会，抓住市场机会，利用市场机会。

(2)细分市场，选择目标市场。企业可以根据消费者不同的消费特征将市场细分，然后根据自己的资源优势选择自己的目标市场，采取不同的目标市场战略措施。

(3)制订营销计划，规划营销策略。在选定的目标市场上，创业者要实现自己的营销目标，就需要制订一系列营销计划，然后规划营销策略。

(4)营销计划的落实。所有的营销计划、营销策略都必须很好地得到落实，并且在实施过程中根据实际情况加以改进，才能使其转化为实际的竞争优势，实现企业的营销目标。

(二)市场营销策略

1. 目标市场策略

目标市场策略是指企业通过市场细分选择了自己的目标市场，专门研究其需求特点并针对其特点提供适当的产品或服务，制定一系列的营销措施和策略，实施有效的市场营销组合。一般来说，目标市场策略包括无差异性市场策略、差异性市场策略和密集性市场策略。

(1)无差异性市场策略。无差异性市场策略是指企业不考虑各个细分市场之间的差异，只推出一种产品、设计一套市场营销组合方案去满足整个市场的需求。

优点：生产经营品种少、批量大，节约成本，提高利润率。

缺点：忽视了需求的差异性，市场部分需求得不到满足。

(2)差异性市场策略。差异性市场策略是指企业准备为各个细分市场或为许多细分市场服务，并按照各个细分市场的需求差异，分别提供不同的产品、设计不同的市场营销组合方案去满足目标市场的需求。

优点：适应了各种不同的需求，能扩大销售，提高市场占有率。

缺点：增加设计、制造、管理、仓储和促销等方面的成本，造成市场营销成本的上升。

(3)密集性市场策略。密集性市场策略又称集中性市场策略，即企业以一个或少数几个细分市场作为目标市场，并集中力量为目标市场服务。

优点：由于目标集中能更深入地了解市场需要，使产品更加适销对路，有利于树立和强化企业形象及产品形象，在目标市场上建立巩固的地位；同时，由于实行专业化经营，可节省生产成本和营销费用，增加盈利。

缺点：目标过于集中，把企业的命运押在一个小范围的市场上，有较大风险。

这三种目标市场策略各有其长处和不足，企业应根据具体情况加以选择。其中，无差异性市场策略和差异性市场策略一般适用于生产规模大、实力雄厚的大企业，而新企业则更适合选择密集性市场策略。

2. 产品定位策略

产品定位是针对消费者或用户对某种产品的某种属性的重视程度，塑造产品或企业的鲜明个性或特色，树立产品在市场上的形象，从而使目标市场上的消费者了解和认识本企业。这里的产品定位与前面提到的目标市场定位有一定区别。目标市场定位是指企业对目标消费者或目标消费市场的选择，而产品定位是指企业选择什么样的产品来满足目标消费者或目标消费市场。一般来说，新企业应先进行市场定位，然后进行产品定位。具体而言，产品定位策略主要有以下几种。

(1)产品专门化策略。产品专门化策略即产品组合单一，在产品组合坐标系中，该产品处于原点位置——坐标。例如，可口可乐公司在相当长的时间里实行的是产品专门化策略，以统一的产品、包装、价格和宣传推广向全世界的消费者提供可口可乐。产品专门化策略在一定程度上视消费者的需求为无差异。

(2)产品差异化策略。产品差异化策略即企业通过自己的营销努力使产品组合向深度、广度发展。例如，可口可乐公司在满足消费者多样化需求的前提下，生产了雪碧、健怡可乐、芬达、酷儿等产品，从更多的角度满足了消费者的需求。

(3)产品边缘化策略。产品边缘化策略即产品组合由深度向关联度发展。以金利来为例，其产品组合最初只是生产各种档次、规格、系列的男性领带，而现在其产品涉及男女用钱包、箱包、服装等多个领域，从多方面满足了男性消费者和女性消费者的需求。

(4)产品多角化策略。产品多角化策略即产品组合由关联度向广度发展或由深度向广度发展。例如，国内的电器厂商海尔集团最初是靠生产冰箱起家的，但是如今已拥有包括电视机、洗衣机、空调、计算机等在内的大小家电 800 多个项目的产品。

经典案例

名创优品的定价策略

2013 年，叶国富创建了日用零售品牌名创优品，他只定 1 倍的定倍率，意思就是零售价等于出厂价。这么低的价格，怎么做呢？他用两年的时间，开了 1 100 多家门店，聚合这些订单，跟厂家谈判，可以用出厂价一半的价格，拿到同样质量的产品。工厂接到这么大的单，当然愿意降价，并且他们也有筹码和上游的供应商谈判。所以，名创优品的产品价格＝50％出厂价＋(8％～10％)运营成本＋(32％～38％)门店利润。别人买 3 块钱的东西，他可以卖不到 1 块钱。1 年销售超过 1 亿，就能赚钱。2015 年年底收入已经接近 60 亿，预计 2016 年收入会超过 100 亿。叶国富不但做到了盈利，还牢牢地把竞争对手挡在了门外。(摘自简书网)

1.渗透定价策略

渗透定价即在新产品上市之初将价格定得较低，吸引大量购买者，扩大市场占有率。低价产生的两个好处是：首先，低价可以使产品尽快为市场所接受，并借助大批量销售来降低成本，获得长期稳定的市场地位；其次，微利阻止了竞争者的进入，增强了自身的市场竞争力。当然，低价利微投资回收期较长，不利于企业形象的树立，有可能招致反倾销报复。1 999 元就能够买到相当不错的智能手机，这对消费者来讲是一种很大的诱惑，小米手机第一次网上销售被一抢而空更能说明高性价比对消费者的诱惑，这对小米手机提高市场占有率有很大的优势。

2.心理定价策略

(1)尾数定价。所谓尾数定价，就是保留价格尾数，采用零头标价，将价格定在整数水平以下，使价格保留在较低一级档次上。

(2)招徕定价。招徕定价，也称特价商品定价，即利用消费者的求廉心理，以接近成本甚至低于成本的价格进行商品销售的策略。通过细致的市场调研并合理地运用了多种新产品定价策略，小米手机最终定价 1 999 元，实践证明这个价格发挥了其应有的作用。

(3)品种定位。所谓品种定位，就是根据特定产品与自己的竞争对手在产品类型方面存在的差异，来确定该产品的市场位置。采用这种定位方法，要突出本产品与其他同类产品在品种方面存在的分歧。例如，美国七喜汽水进入市场后一炮打响就是成功运用品种定位策略的佐证。实施品种定位策略的前提是自己的产品的确比竞争产品优秀；否则，如果在消费者了解了本产品与其他产品的分歧之后发现自己的产品还不如别人的，那无异于搬起石头砸自己的脚。

(4)市场定位。所谓市场定位，就是根据市场细分的原则来确定特定产品的市场位置。这是市场细分策略在广告宣传中的具体运用，其目的是将商品定位在最有利的市场位置。这里所说的市场是指经过细分以后的市场。例如，主要面对的对象是富人还是工薪阶层、是婴幼儿还是青少年、是男性消费者还是女性消费者等。面对的市场不同，消费者的消费需求就有所不同，市场定位的策略在实施时就要做适当的调整。

3. 市场营销组合策略

市场营销的主要目的是满足消费者的需要。消费者的需要多种多样，因而要满足消费者需要所应采取的措施有很多。因此，企业在开展市场营销活动时，就必须把握住那些基本性措施，合理组合，并充分发挥整体优势和效果。市场营销组合策略主要体现在 4 个因素上，分别是产品(product)策略、价格(price)策略、营销渠道(place)和促销(promotion)策略，这就是市场营销的“4P”组合。

(1)产品策略。产品策略包括产品发展、产品计划、产品设计、产品交货期等决策的内容，其影响因素包括产品的特性、质量、外观、附件、品牌、商标、包装、担保和服务等。

(2)价格策略。价格策略包括确定定价目标、制定产品价格的原则与技巧等内容，其影响因素包括分销渠道、区域分布、中间商类型、运输方式和存储条件等。

(3)分销策略。分销策略主要是指研究使商品顺利到达消费者手中的途径和方式等方面的策略，其影响因素包括付款方式、信用条件、基本价格、折扣、批发价、零售价等。

(4)促销策略。促销策略主要是指研究如何促进消费者购买商品以实现扩大销售的策略，其影响因素包括广告、人员推销、宣传、营业推广、公共关系等。新企业的建设不可忽视企业文化建设、企业品牌建设及企业可持续发展的问题。

第三节　新企业的建设

新企业的建设不可忽视企业文化建设、企业品牌建设及企业可持续发展的问题

一、新企业的企业文化建设

创业者在创业初期，大多注重物质回报，而不重视精神或文化方面的建设；有些创业者对创业的想法非常简单，缺少长远的计划；由于创业初期比较艰难，创业者往往将大多

数精力和资源都投入到如何使企业生存上面;还有的创业者受本身的能力或知识背景限制,不知道应该如何创建企业文化,因而往往会忽视企业文化建设。

1. 企业文化的内涵

企业文化是企业的价值观、经营理念、群体意识和行为规范的总和,而其最基本、最核心的部分就是企业的价值观。企业文化不能脱离企业的经营管理,企业的经营管理特色决定了企业文化的特色。

2. 企业文化建设的原则

企业文化建设应遵循以下原则。

(1)以人为本。文化应以人为载体,人是文化生成与承载的第一要素。企业文化中的人不仅体现在企业家、管理者身上,也体现在企业的全体员工身上:企业文化建设要强调关心人、尊重人、理解人和信任人。企业团体意识的形成,首先是企业的全体成员有共同的价值观念,有一致的奋斗目标,这样才能形成向心力,才能成为一个具有战斗力的整体。

(2)内外一致。企业文化属于意识形态的范畴,但它又要通过企业或员工的行为和外部形态表现出来,这就容易造成表里不一的现象。因此,建设企业文化要从员工的思想观念入手,使员工树立正确的价值观念和哲学思想,在此基础上形成企业精神和企业形象,防止形式主义、言行不一现象的发生。

(3)注重个体差异性。个体差异性是企业文化的重要特征之一。文化本来就是在本身组织发展的历史过程中形成的。每家企业都有自己的历史传统和经营特点,企业在进行文化建设时要充分利用这一点,只有建设具有自己特色的文化,才能在众多企业中独树一帜,打造竞争的优势。

(4)重视经济性。企业是一个经济组织,企业文化是一个微观经济组织的文化,故应具有经济性。所谓经济性,是指企业文化必须为企业的经济活动服务,有利于提高企业生产力和经济效益,有利于企业的生存和发展。

3. 企业文化建设的方法

建设企业文化实际上就是要重新审视企业所遵循的价值观体系,根据长远发展战略重新建立起一套可以共享、传承,可以促进并保持企业正常运作期长足发展的价值理念、思维方式和行为准则,企业可以从以下两个途径来进行企业文化建设。

(1)企业理念建设。新企业想要切实建立企业价值观体系,首先要从实际出发,从企业自身所处的地位、环境、行业发展前景及其经营状况着手,通过大量枯燥但是必需的调研、分析,结合企业家本身对企业发展的考量,从企业发展众多的可能性中确认企业的远景。其次要根据企业发展必须遵循的价值观,确立企业普遍认同、体现企业自身个性特征的,可以促进并保持企业正常运行值长足发展的价值体系。特别是企业战略目标和经营理念,无论社会环境和时间怎么变化都应是成立的。

(2)行为文化建设。企业理念制定之后,企业并不只是把它形式化、停留在口号的层面,而是需要贯彻,需要对员工的理想追求进行引导,主要可以从以下几方面着手。

①规章制度。企业理念能够落实,最重要的应该是表现在企业的规章制度中,使员工的行为能够体现出企业理念的要求。例如员工行为规范、公共关系规范、服务行为规范、危机管理规范、人际关系规范等。

②工作与决策。企业理念必须反映到企业的日常工作和决策中，企业领导应该以身作则使员工有效跟从和仿效。

③典礼、仪式。必不可少的各类典礼和仪式可以有效推广企业理念，丰富生动地贯彻到各个方面，如企业各类会议、展览、庆典及企业内外部节日等。

④榜样和典范。企业要实施和贯彻企业理念，就需要树立值得各个部门员工学习的榜样，即典范或优秀人物，让所有员工切实感受到企业理念的影响。

⑤传播途径，教育培训。企业要建立有效传播企业理念、共享价值的体系，让员工切实地参与到企业文化中，创业者可以通过建立畅通和多样化的途径，如内部网络、报刊、论坛、宣传阵地等，利用这些途径经常性地对员工进行教育和培训。

二、新企业的品牌建设

被誉为现代销售学之父的菲利普·科特勒对品牌的定义是：一种名称、术语、标记、符号或图案，或是它们的相互组合，其目的是用以识别企业提供给某个或某群消费者的产品或服务，必使之与竞争对手的产品或服务相区别。具体来说，品牌是人们对一个企业及其产品、售后服务、文化价值的一种评价和认知，是一种信任，是消费者对产品及产品系列的认知程度。

(一)企业品牌的内涵

企业品牌的内涵包括以下三方面。

(1)企业品牌传达的是企业的经营理念、企业文化、企业价值观以及对消费者的态度等。企业品牌能够有效突破地域之间的壁垒，开展跨地区的经营活动，并且为各个子公司提供一个统一的识别形象，使不同的产品之间形成关联。企业品牌不易被复制、模仿，是企业的最大无形资产。

(2)企业品牌的内涵至少应包含商品品牌和服务品牌两项内容，并在两者的基础上衍生出企业品牌。只有企业建立有别于竞争对手的富有企业文化内涵的独特的服务品牌，才能不断提升商品品牌的价值含量和提高企业的美誉度；否则，企业品牌的内涵就要大打折扣。

(3)企业品牌是在企业成立的初期进行设定的。通常，企业品牌都同它所提供的特定的产品或服务相联系，在随后的经营过程中，不会轻易进行调整。企业品牌确定了与其专属领域的位置，便于客户形成清晰的认知。

(二)中小企业品牌建设的方法

中小企业大部分还处于企业的成长阶段，这时候的企业领导者一定要把品牌的实施推广作为企业最重要的事务亲自抓，一切工作的主体围绕品牌的培育进行，并深入产品的质量、服务、生产流程、特质、企业文化等方面，使产品给消费者不断带来良好的信息刺激，形成消费者对品牌的忠诚度，使企业能在较短的时期走出市场底层，摆脱处处被人挤压的被动局面。中小企业品牌建设的具体方法如下。

1.进行准确的品牌定位

很多中小企业在创业和产品生产之初没有明确进行产品定位，一切只凭感觉或随大流，在经营过程中也没有根据市场和自己的实际情况给产品重新找准品牌定位，企业的品牌形象模糊，这样很难给市场和消费者一个良好的和较深刻的印象，一旦市场波动或出现其他不利因素，就极易被市场淘汰。

2. 从产品质量、服务开始创建品牌

质量是品牌的生命，是品牌的灵魂，没有质量的产品注定要被市场所淘汰，其品牌也就无从谈起。因此，对于中小企业而言，在创建企业品牌的过程中要严把产品的质量关，保障优质的服务，根据市场和客户的需求不断创新和提高，这样才能使产品逐渐被消费者认可，形成一批优质忠诚的消费者。

3. 打造特色的品牌文化

品牌文化是产品在实际使用价值之外给予消费者的一种印象、感觉和附加价值，如归属感、身份感、荣耀感等。企业只有具有了一定的品牌文化，才可能全面地满足消费者的需要。

在建设品牌文化之前，企业首先要搞清楚企业品牌所存在的根本意义是什么，它和消费者、政府、竞争者等其他市场主体间构成了什么样的关系，它主张一个什么样的价值观、产品研发观、产品观、市场观和服务观等。其中，价值观犹如个人的世界观，被企业称为企业精神，是品牌文化建设的核心内涵，其他理念则由它延展开来。由于品牌文化是一种外化的企业文化，最终要使消费者受益，因此，企业就必须考虑那些消费者能看得到的并依此评估其价值观的特征，如效率、乐趣、卓越、美、地位、道德、尊严和精神面貌，并运用比喻、象征的手法予以提炼。

4. 制订整体的品牌计划，进行品牌传播

品牌的创建应着眼于整体，循序渐进，不断积累。品牌的传播是系统、规范、持续的；否则，再好的品牌也会很快被消费者淡忘，退出历史舞台。对于中小企业来说，品牌传播需要在不同时期采用不同的策略。

(1)品牌初创期。在品牌创立初期，企业应以提高品牌知名度为主要任务，告诉消费者“我是谁”“我的优势是什么”。中小企业在这一阶段要拿出魄力，敢于做宣传，大力推销自己，以销售来促进产品的生产，扩大产品的市场份额与品牌的影响力。企业要有专门的企划部和专业人才来进行品牌宣传推广，这也是企业初创阶段至关重要的环节。

(2)品牌成长期。在品牌成长期，企业应以提高品牌影响力尤其是美誉度为主要任务，品牌以感性诉求赢得消费者在情感上的认可与偏爱。

(3)品牌成熟期。在品牌成熟期，企业应以巩固品牌的影响力、成为区域文化或国家文化的代表为主要任务，告诉消费者品牌代表了什么样的文化观念、民族性和国家精神。例如，可口可乐已经成为美国文化的符号，被视为“崇尚个人感受”的美国文化的代表。

三、新企业的可持续发展

随着经济全球化的进程加快，市场环境变得更加不确定，市场竞争更趋激烈；同时消费者的需求也变得更加多样化、个性化和理性化，这些对企业实现长期可持续发展提出了更高的要求。企业可持续发展是指企业在追求自我生存和永续发展的过程中，既要考虑企业经营目标的实现和提高企业市场地位，又要保持企业在已领先的竞争领域和未来扩张的经营环境中始终保持持续的盈利增长和能力的提高，保证企业在相当长的时间内长盛不衰。

(一)企业可持续发展的关键因素

1. 核心竞争力

企业的核心竞争力是支撑企业可持续发展的关键因素。从本质上讲，企业的核心竞争力是一种不易被竞争对手超越的独特能力，它表现为持续的学习能力、独特的企业文化、不断创新的能力及较强的实践能力。拥有强大核心竞争力的企业能够适应社会，在竞争中立于不败之地，能够实现企业的可持续发展。

2. 持久的创新力

持久的创新力是企业可持续发展的有效保证。创新力是指当企业在面对各种市场机会和市场竞争压力时，为了达到优化状态，表现出来的能够适时地对内外生产经营要素进行重新组合以实现利润最大化的能力。创新力已成为企业可持续发展的不竭动力。

经典案例

吉利汽车——为了一个美丽的追求

浙江吉利汽车有限公司历经九年成长，已发展成为中国自主品牌汽车制造基地的典型代表，也是吉利控股集团最核心的集整车、发动机、变速器的研发、制造为一体的战略发展基地。

“吉利的成功，就在于创新。”总经理安聪慧介绍说，“吉利”始终有一个美丽的追求，就是打造全世界最好的汽车工厂，造最安全、最环保、最节能的好车，让吉利汽车走遍全世界。但公司起点低，又面对着跨国公司的技术封锁和市场垄断，这就决定了“吉利”必须通过创新，为自己开创出一片新天地。

创新，从何入手？面对国内外汽车制造业的实际情况，“吉利”首先导入卓越绩效管理模式，制定了发展目标：从最简单的技术着手，从人才培养着手，从零部件体系建设着手，从标准、规范着手，先把低端市场做好，再进入中级轿车市场，不断形成核心竞争力，最终实现三分之二产品外销。

有了切合实际的定位和发展理念，“吉利”开始一步一个脚印朝着这个方向迈进。经过不懈努力和拼搏，“吉利”在科技创新上已经取得了不少成果：自主开发的4G18CVVT发动机，升功率达到57.2 kW，处于“世界先进，中国领先”水平；自主研发的Z系列自动变速器，填补了国内汽车领域的空白；自主研发的EPS，开国内汽车电子智能助力转向系统的先河……截至目前，“吉利”已经获得各种专利200项，正在申请的专利有近百项。

汽车是人才密集型和技术密集型的产品，没有一流的人才和技术，造汽车就等于天方夜谭。为此，“吉利”在全世界范围内广泛招贤纳士，并注重培养一线员工素质，为他们提供创业创新的平台。

安聪慧告诉记者，日本丰田公司有一项著名的“创造性思考制度”，认为好产品来自于好的设想。该企业就一直通过采用合理化建议制度，激发全体员工的创造性思考。“自进入汽车制造领域，我就一直研究丰田公司的成功之道，发现其制胜核心就在于企业文化充分调动了人的积极性，在企业中形成人人都是丰田主人、人人都代表丰田形象的良好氛围。”

体会到了这一点，安聪慧开始潜心研究适合挖掘吉利人潜在创造性的企业文化。2007年，一个独创的具有“吉利”特色的管理方法——“元动力”工程开始实施。所谓“元动力”工程，就是赋予员工充分的话语权、考评权和监督权，通过领导干部为员工服务，职能部门为一线服务，达到解决实际问题、实施好的建议的目的，从而增强员工的主人翁意识，全面激发广大员工的智慧和力量，推动企业持续发展。

“吉利”的“元动力”工程，为企业发展输送着源源不断的动力：企业内部“点子大王”越来越多，从2007年6月到2008年6月，公司收到建议64 735条，累计创造经济效益超过2.5亿元。“现在我们员工年人均有效提案条数已达7.9条。”安聪慧表示，“元动力”工程已成功调动了全体员工创新的积极性和参与性。（摘自《宁波日报》）

3.明确的企业使命

企业使命是企业开展活动的方向、原则和哲学。企业使命具有探寻企业本质、塑造企业特征、明确企业目标、引领企业成功的重要作用。企业使命建立在对企业现在及未来深入思考的基础上，决定着企业的总体定位，为企业的长远发展指明方向。企业使命是企业存在的意义和价值，是企业所肩负的最大责任或企业存在的最根本目的。

拓展阅读

世界优秀企业的使命

迪士尼公司：使人们过得快活。

荷兰银行：通过长期的往来关系，为选定的客户提供投资理财方面的金融服务，进而使荷兰银行成为股东最乐意投资的标的及员工最佳的生涯发展场所。

微软公司：致力于提供使工作、学习、生活更加方便、丰富的个人计算机软件。

索尼公司：体验发展技术造福大众的快乐。

惠普公司：为人类的幸福和发展做出技术贡献。

耐克公司：体验竞争、获胜和击败对手的感觉。

IBM公司：无论是一小步，还是一大步，都要带动人类的进步。

华为公司：聚焦客户关注的挑战和压力，提供有竞争力的通信解决方案和服务，持续为客户创造最大价值。

联想集团：为客户利益而努力创新，创造世界最优秀、最具创新性的产品，像对待技术创新一样致力于成本创新，让更多的人获得更新、更好的技术，最低的总体拥有成本（TCO），更高的工作效率。

万科集团：建筑无限生活。

4.新业务领域的开拓

企业要根据市场的变化，开拓新的主导业务领域。现代社会，由于市场变幻莫测，企业为了实现利润最大化目标，应当根据实际条件，不断调整主导产业、主导业务，实现企业的可持续发展。

(二)企业可持续发展战略

企业可持续发展战略是企业可持续发展的指导思想，它指出企业可持续发展的目的、使命和长期发展规划，为企业资源的优化配置提供指导方向，为企业可持续发展提供竞争引擎和有效的生存环境。企业可持续发展战略主要包括创新可持续发展战略、文化可持续发展战略和核心竞争力可持续发展战略等。

1. 创新可持续发展战略

创新是指建立一种新的生产函数或供应函数，是在生产体系中引进一种生产要素和生产条件的新组合。经济发展来自企业内部自身创造的关于经济生活的一种变动，创新是一个内在的因素。

现代创新理论的提出者约瑟夫·熊彼特强调，创新是对惯例行为的偏离，创新不断打破均衡。熊彼特的创新理论主要是指生产力方面。企业可持续发展的核心是创新。企业创新是全方位的创新，其核心是观念创新，其次是技术创新。技术创新是指新的技术在生产等领域里的成功应用，包括对现有技术要素进行重新组合而形成新的生产能力的活动。全面地讲，技术创新是一个全过程的概念，包括新发明、新创造的研究和形成过程，也包括新发明的应用和实施过程，还包括新技术的商品化、产业化的扩散过程，即新技术成果价值化的全过程。

2. 文化可持续发展战略

优秀的企业文化是企业战略制定获得成功的重要条件，它包含三个层次，即精神文化、制度文化和物质文化。精神文化是基础，是核心，是企业文化的内容实质；制度文化和物质文化是在精神文化基础上表现出来或形成的形式和结果。

企业文化具有鲜明的个性，有利于企业制定出与众不同的、克敌制胜的战略，指导形成有效的企业战略，并且是实现企业战略的驱动力和重要支柱。企业战略制定之后，企业文化应该随着新战略的制定而有所变化。企业文化一旦形成，企业要对其进行变革，难度是很大的，因为企业文化具有较大的刚性及一定的持续性。因此，在战略管理的过程中，企业内部新旧文化的更替和协调是战略实施获得成功的保证。

拓展阅读

让创新成为企业文化的灵魂

创新是企业永恒的主题，没有创新就没有超越。从某种意义上来说，创新是所有优秀企业的文化核心。索尼的创始人井深大在二战后的一片废墟上，考虑的不是发展什么业务，而是考虑索尼公司的创立原则，那就是以科技为导向，走持续创新之路，后被称为索尼的“先驱”精神，这无疑是索尼公司的立业之本。

创新关键是能够构建一套规则和机制，而文化则是这种规则和机制的灵魂。即使是同一个行业内的企业，创新的机制也会差别很大，而文化则是这种机制的决定因素。比如华为与中兴，是两家都很优秀、但文化迥异的公司。两家公司都注重创新，因为在通讯制造这个行业，没有创新肯定没法生存下来。华为推崇以目标和业绩为导向的“狼”文化，非常的生猛；中兴则倡导以稳健和人本为导向的“牛”文化，也取得了极大的成功。这两种文化的差异与企业创始人的个性和他们对人性的假设有很大关系，只要做到极致，就都能引领企业的快速稳定发展。要打造以创新为导向的企业文化，主要有三种方法：

1. 强化危机意识，营造创新氛围

当年华为的总裁任正非去日本松下公司参观的时候，发现无论是在会议室，还是走廊，都张贴着一幅画，画的内容是一艘即将撞上冰山的巨轮，画的下面还写着一排字：“能拯救这艘船的，唯有你！”危机意识是日本企业文化的重要元素，也是支撑日本企业走向全球的精神支柱，这种意识也被融入华为公司中，是华为文化的重要组成部分。

危机意识是打造创新文化的第一步，尤其是目前的中国企业，面临金融风暴的挑战，必须以更强的竞争力来应对危机。危机意识是创新的原动力，作为企业的高层管理者要经常在各种场合激发大家的忧患意识，并鼓舞大家应对挑战。

当然，创新是需要氛围的，很重要的就是要创造坦诚沟通的氛围。3M公司医药部办公室的阳台扶手上，有很多镂空雕刻的装饰。因为公司发现，很多不同部门的员工在阳台倒水的时候会碰到并简单交流，这时端着水杯就会比较辛苦，所以公司为了鼓励各部门的沟通与交流，特意镂空了阳台的扶手。IBM公司专门打造了面向全体员工的“Think Place”虚拟空间，鼓励大家交流自己的创意和想法。

企业也可以从办公室环境设计、办公布局、雕塑、画廊等很多地方，营造创新的氛围。

2. 制定创新机制，全员参与创新

当然，创新需要一套完善的机制，包括创新的方法、奖励的标准，并能够做到及时、合理兑现。合理化建议制度可以说是创新机制的重要组成部分，很多企业也都有，但实施的效果并不好，原因就在于忽略了文化的因素。

制定一套机制并不难，难的是让员工充分参与进来，并且充满了激情和热情。有一个企业老总跟我抱怨，他说他最近发现，员工的创新动力没有以前强了，以前他跟员工聊天，员工总是有很多的想法，但现在，往往是说一些表面的话。因为我跟他们公司的很多基层员工有过沟通，了解情况，所以告诉他原因：“是因为你忽略了及时的反馈和奖励，员工贡献了自己的想法，却得不到响应，时间长了，大家就有点麻木了。”所以说，企业要鼓励全员参与创新，要有及时的奖励，要能够树立先进的人物事迹。格兰仕公司流传着一个故事，有一次一个研发小组花了很长时间研发的一个产品失败了，根据公司规定是没有奖励的，后来总裁亲自请这个研发小组吃了一顿饭，鼓励大家不要灰心，从头再来。这个故事充分弘扬了公司的创新文化。

3. 领导以身作则，完善激励机制

在创新文化打造中，领导的作用是决定性的，再完善的制度如果没有好的领导，实施效果也会大打折扣。

首先，领导要能够给予下属一定的权限和空间，不要管得过多过严，这样会压抑下属的创新热情。很多领导由于害怕员工出错，所以喜欢事无巨细地管理，时间长了，员工也会形成一种依赖的心态，凡事请示汇报，结果领导忙得焦头烂额，一个劲抱怨下属能力差，其实是他没有给下属锻炼的机会。虽然下属在独立工作时，可能会出一些差错，但如果领导不能容忍，这样的团队是无法具有创造力的。

其次，创新的源泉是企业在生产经营中出现的问题，不管是客户的抱怨，还是员工的牢骚，这些问题的解决本身就是一种创新。所以企业要有良好的沟通渠道，希尔顿有自己的顾客满意度追踪调查，每个月征求 6 万名顾客的意见，管理人员可以在线上看到整理后的意见，这样他们可以确切了解顾客对一系列涉及客服问题的看法，并制定相应的改善计划。希尔顿为此项调查的花费每年超过了 150 万美元！同样的，很多企业由于缺乏有效的公司内部员工之间、与外部客户之间的沟通渠道，所以总感觉创新无处着力。

创新重要的是构建一套机制，但如果得不到文化的支撑，那又会没有实际效果。过于注重物质激励，忽略精神层面的文化引导，是不会取得满意的创新效果的。（摘自创业网）

思考题

(1)新企业生命周期各阶段有什么特点？

(2)新企业如何生存并成长起来？

(3)新企业进行市场营销应该采取什么策略？

(4)新企业应该如何进行人力资源管理？

实训与操作

1. 实训目的

通过实训练习，提升学生对企业品牌的认知度。

2. 实训内容

(1)品牌形象调查。

①了解所调查品牌形象的概况，据此编制品牌形象调查问卷并进行样本选择等。

②根据品牌形象调查结果，总结该品牌形象特点。

(2)品牌形象塑造。

①根据调查结果，对比分析品牌运营环境和自身特点。

②提出规范的品牌形象塑造的设计方案。

(3)品牌资产调查。

3. 实训组织与实施

学生自由结合，2～3 人为一组，选择学校周边企业进行品牌建设调查，最后将小组共同设计的调查问卷、企业品牌形象总结及品牌形象塑造方案交给教师，由教师进行点评。

参考文献

[1] 阿玛尔·毕海德.新企业的起源与演进[M].魏如山,马志英,译.北京:中国人民大学出版社,2004.

[2] 布鲁斯·R·巴林杰.创业计划:从创意到执行方案[M].陈忠卫,等译.北京:机械工业出版社,2009.

[3] 埃里克·莱斯.精益创业:新创企业的成长思维[M].吴彤,译.北京:中信出版社,2012.

[4] 孙诚,冯之浚.企业自主创新与企业家精神[J].中国科技论坛,2006(4):3-5.

[5] 布鲁斯·R·巴林格,R·杜安·爱尔兰.创业管理:成功创建新企业[M].杨俊,薛红志,等译.北京:机械工业出版社,2010.

[6] 查立.给你一个亿[M].北京:电子工业出版社,2010.

[7] 贾森·弗里德,戴维·海涅迈尔·汉森.重来:更为简单有效的商业思维[M].李瑜偲,译.北京:中信出版社,2010.

[8] 卢旭东.创业学概论[M].杭州:浙江大学出版社,2002.

[9] 克雷顿·克里斯藤森.创新者的窘境[M].吴潜尤,译.南京:江苏人民出版社,2001.

[10] 杰弗里·摩尔.跨越鸿沟[M].赵娅,译.北京:机械工业出版社,2009.

[11] 史蒂夫·布兰克,鲍勃·多夫.创业者手册[M].新华都商学院,译.北京:机械工业出版社,2013.

[12] 斯科特·A·沙恩.寻找创业沃土[M].奚玉芹,金永红,译.北京:中国人民大学出版社,2005.

[13] 亚历山大·奥斯特瓦德,伊夫·皮尼厄.商业模式新生代[M].黄涛,郁靖,译.北京:机械工业出版社,2014.

[14] 伊查克·爱迪斯.企业生命周期[M].赵睿,等译.北京:中国社会科学出版社,1997.

[15] 唐纳德·F·库拉特科,迈克尔·H·莫里斯,杰弗里·G·科温.公司创新与创业[M].李波,曹亮,邓汉慧,译.北京:机械工业出版社,2013.

[16] 伊迪丝·彭罗斯.企业成长理论[M].赵晓,译.上海:上海三联书店,2007.

[17] 杰里米·里夫金.第三次工业革命[M].张体伟,孙豫宁,译.北京:中信出版社,2012.

[18] 张玉利,杨俊,任兵.社会资本、先前经验与创业机会——一个交互效应模型及其启示[J].管理世界,2008(7):91-102.

[19] 张玉利,陈立新.中小企业创业的核心要素与创业环境分析[J].经济界,2004(3):29-34.

[20] 杨俊,田莉,张玉利,等.创新还是模仿:创业团队经验异质性与冲突特征的角色[J].管理世界,2010(3):84-96.

[21] Gwen Moran,寒雨.众筹的力量[J].创业邦,2011(2).

[22] 王玉杰.论创业的内涵、价值及实施途径的研究[J].中国集体经济,2011(16):129-

130.
[23] 刘艳.大学生自主创业能力的培养途径[J].江苏高教,2010(3):106-108.
[24] 许中华,雷育胜.大学生自主创业探析[J].科技创业月刊,2005(8):30-31.
[25] 叶育旺,杨惠仪,陈斯明.对大学生自主创业的反思[J].逻辑学研究,2001,21(3):224-227.
[26] 王健.大学生自主创业与高校创业教育的实施[J].中共福建省委党校学报,2005(4):75-78.
[27] 胡艳芳,苏霞.大学生自主创业问题探析[J].中国大学生就业,2006(12):42-43.
[28] 雷家骕.国内外创新创业教育发展分析[J].中国青年科技,2007(2):26-29.
[29] 陈希.将创新创业教育贯穿于高校人才培养全过程[J].中国高等教育,2010(12):4-6.
[30] 李家华,卢旭东.把创新创业教育融入高校人才培养体系[J].中国高等教育,2010(12):9-11.
[31] 刘宝存.确立创新创业教育理念,培养创新精神和实践能力[J].中国高等教育,2010(12):12-15.
[32] 张玉利.企业家型企业的创业与快速成长[M].天津:南开大学出版社,2003.
[33] 戴维·伯恩斯坦.如何改变世界:社会企业家与新思想的威力[M].张宝林,译.北京:新星出版社,2006.
[34] 张兵仿.大学生创业基础教程[M].北京:时事出版社,2016.
[35] 王辑慈.创新的空间:企业集群与区域发展[M].北京:北京大学出版社,2001.
[36] 罗国锋.创新创业[M].北京:经济管理出版社,2013.
[37] 高志宏.创新创业教育的理论与实践[M].南京:东南大学出版社,2012.
[38] 王占仁."广谱式"创新创业教育导论[M].北京:人民出版社,2012.
[39] 雷家骕,曹胜利.中国大学创新创业教育发展报告[M].沈阳:辽万卷出版公司,2009.
[40] 吴金秋.中国高校"融入式"创新创业教育[M].哈尔滨:黑龙江人民出版社,2013.
[41] 倪锋.创新创业概论[M].北京:高等教育出版社,2012.
[42] 田宜松,徐晓明.把促进大中专毕业生就业创业放在当前就业工作的首要位置[J].读写算:教师版,2014(15):66-67.